今注本二十四史

宋書

梁 沈約 撰

朱紹侯 主持校注

中國社會科學出版社

二 紀【二】志【一】

宋書　卷六

本紀第六

孝武帝

　　世祖孝武皇帝諱駿，[1]字休龍，小字道民，文帝第三子也。元嘉七年秋八月庚午生。[2]十二年，立爲武陵王，[3]食邑二千戶。十六年，都督湘州諸軍事、征虜將軍、湘州刺史，[4]領石頭戍事。[5]十七年，遷使持節、都督南豫豫司雍并五州諸軍事、南豫州刺史，[6]將軍如故，猶戍石頭。二十一年，加督秦州，[7]進號撫軍將軍。[8]明年，徙都督雍梁南北秦四州荊州之襄陽竟陵南陽順陽新野隨六郡諸軍事、寧蠻校尉、雍州刺史，[9]持節、將軍如故。自晉氏江左以來，襄陽未有皇子重鎮，時太祖欲經略關、河，[10]故有此授。尋給鼓吹一部。[11]

　　[1]世祖：宋孝武帝劉駿廟號。　孝武：謚號。按《謚法》："慈惠愛親曰孝。""協時肇享曰孝。""威强叡德曰武。""剛强理直曰武。"

[2]元嘉：宋文帝劉義隆年號（424—453）。

[3]十二年：丁福林《校議》據《通鑑》卷一二三、《建康實錄》卷一二、本書卷九九《二凶傳》考證劉駿立武陵王當在元嘉十三年。此“十二年”當爲“十三年”之誤。　武陵王：王爵名。王國在今湖南常德市。

[4]都督：官名。地方軍政長官，亦稱都督諸州軍事，領駐在州刺史，兼理民政，無固定品級，多帶將軍名號，分使持節、持節、假節三種，職權各有不同。　湘州：治所在今湖南長沙市。征虜將軍：官名。可作爲高級文官的加官。三品。

[5]領石頭戍事：兼領石頭城防守任務。領，官制用語。兼領，暫代，即以本官暫行他職，或以卑官領高職。石頭，城名。在今江蘇南京市西清涼山。

[6]遷：官制用語。即官員調動職務，有平遷與超遷之分，降職則爲左遷。　使持節：官名。凡重要軍事長官出征或出鎮，加使持節銜，可誅殺二千石以下官員。皇帝派大臣出巡或擔任祭吊任務，亦加使持節銜，以示權力和尊崇。　南豫：州名。治所在今安徽和縣。　豫：州名。治所在今安徽壽縣。　司：州名。治所在今河南汝南縣。　雍：州名。治所在今湖北襄陽市襄城區。　并：州名。治所在今江蘇南京市。以上均爲僑置州。

[7]加督秦州：本書卷五《文帝紀》衹記“南豫州刺史武陵王駿加撫軍將軍”，無“加督秦州”四字。秦州，時治不詳。據胡阿祥《宋書州郡志彙釋》（安徽教育出版社 2006 年版）載“秦州，僑置南鄭，今陝西漢中市”。

[8]撫軍將軍：官名。將軍名號。三品。

[9]梁：州名。治所在今陝西漢中市。　南秦：州名。僑置，治所在今陝西漢中市。　北秦：州名。僑置，治所不詳。　荆州：治所在今湖北荆州市荆州區。　竟陵：郡名。治所在今湖北鍾祥市。　南陽：各本並作“南陵”，錢大昕《考異》云：“‘南陵’當作‘南陽’。”按：本書《州郡志》荆州有南陽郡，無南陵郡。從

改。　順陽：郡名。治所在今河南淅川縣。　新野：郡名。治所在今河南新野縣。　隨：郡名。治所在今湖北隨州市。　寧蠻校尉：官名。掌管雍州（今湖北襄陽市襄城區）的少數民族事務，多由其他將軍和刺史兼任。四品。

[10]關、河：地區名。泛指關中、河南地區，或指函谷關與黃河。

[11]鼓吹：演奏樂曲的樂隊。皇帝賜鼓吹表示對被賜者尊崇的一種規格。

二十五年，改授都督南兗徐兗青冀幽六州豫州之梁郡諸軍事、安北將軍、徐州刺史，[1]持節如故，北鎮彭城。[2]尋領兗州刺史。始興王濬爲南兗州，[3]上解督南兗。二十七年，坐汝陽戰敗，[4]降號鎮軍將軍。[5]又以索虜南侵，[6]降爲北中郎將。[7]二十八年，進督南兗州，南兗州刺史，當鎮山陽。[8]尋遷都督江州荊州之江夏豫州之西陽晉熙新蔡四郡諸軍事、南中郎將、江州刺史，[9]持節如故。時緣江蠻爲寇，太祖遣太子步兵校尉沈慶之等伐之，[10]使上總統衆軍。

[1]南兗：州名。治所在今江蘇盱眙縣東北盱眙山。　徐：州名。治所在今江蘇徐州市。　兗：州名。治所在今山東兗州市東北。　青：州名。治所在今山東青州市。　冀：州名。僑置，治所在今山東濟南市。　幽：州名。東晉時僑置，治所在今江蘇金湖縣平阿村，時治不詳。　梁郡：治所在今安徽碭山縣。　安北將軍：官名。四安將軍之一，爲出鎮北方某一地區的軍政長官，或作爲刺史等地方官的加官，權任很重。三品。

[2]彭城：地名。在今江蘇徐州市。

[3]始興王：王爵名。王國在今廣東韶關市東南蓮花嶺下。

[4]汝陽：郡名。在今河南商水縣。

[5]降號鎮軍將軍：錢大昕《考異》認爲："由安北改鎮軍，乃是叙遷，非左降也。"鎮軍將軍，官名。主要爲中央軍職，但亦可出任地方軍政長官，並領刺史等地方官，兼理民政，與中軍、撫軍合稱三號將軍，位比四鎮將軍。三品。

[6]索虜：對北魏的蔑稱。北魏爲鮮卑族，男人頭上有辮髮，故南人蔑稱爲索虜或索頭虜。

[7]北中郎將：官名。四中郎將之一，多有固定的轄區和治所，常兼徐、兗等州刺史，或持節都督徐、兗、幽、并等州諸軍事，多以宗室出任。

[8]山陽：郡名。治所在今江蘇淮安市。

[9]江州：治所在今湖北黃梅縣西南。　江夏：郡名。治所在今湖北武漢市武昌區。　西陽：郡名。治所在今湖北黃岡市黃州區東。　晋熙：郡名。治所在今安徽潛山縣。　新蔡：郡名。治所在今河南新蔡縣。　南中郎將：官名。四中郎將之一，或率軍出征，或兼任荆、江、梁等州刺史，多用宗室諸王任此職，權任頗重。

[10]太子步兵校尉：官名。東宮侍從武官，掌步兵，太子三校尉之一，亦稱東宮步兵校尉。　沈慶之：人名。字弘先，吳興武康（今浙江德清縣）人。本書卷七七有傳。

三十年正月，上出次西陽之五洲。[1]會元凶弑逆，[2]以上爲征南將軍，[3]加散騎常侍。[4]上率衆入討，荆州刺史南譙王義宣、雍州刺史臧質並舉義兵。[5]四月辛酉，上次溧洲。[6]癸亥，冠軍將軍柳元景前鋒至新亭，[7]修建營壘。甲子，賊劭親率衆攻元景，大敗退走。丙寅，上次江寧。[8]丁卯，大將軍江夏王義恭來奔，[9]奉表上尊號。戊辰，上至于新亭。

　　[1]五洲：地名。在今湖北浠水縣西南浠水口與巴河口之間的
長江中。

　　[2]元凶：宋文帝的太子劉劭，因弒父奪位落此惡名。本書卷
九九有傳。

　　[3]征南將軍：官名。四征將軍之一，多授予持節都督、出鎮
方面的重臣，地位顯要。三品。

　　[4]加：官制用語。原職之外再加授其他職銜或虛銜。　散騎
常侍：官名。散騎省（集書省）長官，侍從皇帝，主掌圖書文翰，
文章撰述，諫諍拾遺，收納轉呈文書奏事。三品。

　　[5]南譙王：王爵名。王國在今安徽巢湖市居巢區東南。　義
宣：人名。即劉義宣。後封南郡王。本書卷六八有傳。　臧質：人
名。字含文，東莞莒（今山東莒縣）人。本書卷七四有傳。

　　[6]溧洲：地名。又作“洌洲”，在今江蘇南京市江寧區西長
江中。

　　[7]冠軍將軍：官名。將軍名號。三品。　柳元景：人名。字
孝仁，河東解（今山西臨猗縣）人。本書卷七七有傳。　新亭：地
名。在今江蘇南京市西南。

　　[8]江寧：縣名。治所在今江蘇南京市江寧區。

　　[9]大將軍：官名。晋以前位尊權重，宋時不常設，或以爲贈
官。一品。　江夏王：王爵名。王國在今湖北武漢市武昌區。　義
恭：人名。即劉義恭。本書卷六一有傳。

　　己巳，即皇帝位。大赦天下，文武賜爵一等，[1]從
軍者二等。贓汙清議，悉皆盪除。[2]高年、鰥寡、孤幼、
六疾不能自存，人賜穀五斛。逋租宿債勿復收。長徒之
身，[3]優量降宥。崇改太祖號諡。[4]以大將軍江夏王義恭
爲太尉、錄尚書六條事、南徐州刺史。[5]庚午，以荆州

刺史南譙王義宣爲中書監、丞相、録尚書六條事、揚州刺史，[6]安東將軍隨王誕爲衞將軍、開府儀同三司、荊州刺史，[7]雍州刺史臧質爲車騎將軍、開府儀同三司、江州刺史，[8]征虜將軍沈慶之爲領軍將軍，[9]撫軍將軍、兗冀二州刺史蕭思話爲尚書左僕射。[10]壬申，以征虜將軍王僧達爲尚書右僕射。[11]改新亭爲中興亭。

[1]文武賜爵一等：對文臣武將在原有爵位的基礎上各賜爵一級。

[2]臟汙（wū）清議，悉皆盪除：有貪臟受賄和受到社會輿論譴責的污點，全部從籍注中去掉。清議，是評議時政和個人品德的社會輿論。這種輿論一旦形成，屬於個人的就要記入被清議人的户籍籍注欄目中，成爲考核的根據。

[3]長徒之身：長期服役的刑徒。

[4]崇改太祖號謚：尊崇劉義隆而改變他的廟號和謚號。即改中宗廟號爲太祖，改景帝謚號爲文帝。

[5]太尉：官名。秦西漢時爲三公之一，掌有實權，東漢列爲三公之首，魏晋宋無職掌，爲名譽宰相。一品。　録尚書六條事：統領主持尚書省事務。祇有録尚書六條事者才是真宰相。録，官制用語。總領、統領。六條，内容不詳。　南徐州：治所在今江蘇鎮江市南。

[6]中書監：官名。中書省長官之一，掌納奏、擬詔出令，在政歸中書舍人之後，成爲閑職，多用作重臣的加官。三品。　揚州：治所在今江蘇南京市。

[7]安東將軍：官名。四安將軍之一，爲出鎮某一地區的軍事長官，或作爲州刺史兼理軍務的加官。三品。　隨王：王爵名。王國在今湖北隨州市。　誕：人名。即劉誕。字休文，後封竟陵王。本書卷七九有傳。　衞將軍：官名。位在諸名號大將軍之上，常爲

大臣和重要州郡長官的加官。二品。　開府儀同三司：爲大臣的加號，謂與三公的禮制、待遇相同，准許開設府署，自辟僚屬。

[8]車騎將軍：官名。位次驃騎將軍，在諸名號大將軍之上，多作軍府名號以加授大臣和重要軍政長官。二品。

[9]領軍將軍：官名。掌禁軍及京師諸軍。四品。

[10]蕭思話：人名。南蘭陵（今江蘇常州市武進區）人。本書卷七八有傳。　尚書左僕射：官名。尚書省次官，位在右僕射上。參議大政，諫諍得失。糾察百官，可封還詔旨，常受命主持選舉。時尚書令爲宰相之任，不親庶務，尚書省由左僕射、右僕射主持工作。三品。

[11]王僧達：人名。琅邪臨沂（今山東臨沂市）人。本書卷七五有傳。　尚書右僕射：官名。尚書省次官，位在左僕射下，與左僕射聯署主持尚書省工作。

五月甲戌，輔國將軍申坦克京城。[1]乙亥，輔國將軍朱脩之克東府。[2]丙子，克定京邑。[3]劭及始興王濬諸同逆並伏誅。庚辰，詔曰：“天步艱難，國道用否，[4]雖基構永固，而氣數時愆。朕以眇身，奄承皇業，奉尋曆命，[5]鑒寐震懷。[6]萬邦風政，人治之本，感念陵替，若疢在心。可分遣大使巡省方俗。”是日解嚴。辛巳，車駕幸東府城。甲申，尊所生路淑媛爲皇太后。[7]乙酉，立妃王氏爲皇后。[8]戊子，以左衛將軍柳元景爲雍州刺史。[9]壬辰，以太尉江夏王義恭爲太傅，領大司馬。[10]甲午，曲赦京邑二百里內，[11]并蠲今年租税。戊戌，以撫軍將軍南平王鑠爲司空，[12]建平王宏爲尚書左僕射，[13]東海王禕爲撫軍將軍，[14]新除尚書左僕射蕭思話遷職。[15]

[1]輔國將軍：官名。將軍名號。三品。 申坦：人名。魏郡魏（今河北大名縣）人。本書卷六五有附傳。 京城：京口，在今江蘇鎮江市。

[2]朱脩之：人名。字恭祖，義陽平氏（今河南桐柏縣）人。本書卷七六有傳。 東府：又稱東府城，晉司馬道子府第。東晉時簡文帝司馬昱府第在西，道子府第在東，故稱東府。後爲揚州刺史治所，在今江蘇南京市通濟門附近。

[3]丙子：各本及《南史》並作“丙申”，《建康實錄》作“丙子”。據中華本考證：“是月癸酉朔，初二日甲戌，初三日乙亥，初四日丙子，二十四日丙申。據上文，初二日甲戌克京口城，初三日乙亥克東府，克定京師，當在初四日丙子。《元凶傳》，四日建康破，則作丙子是，今據《建康實錄》改。” 京邑：指建康。

[4]國道用否（pǐ）：國運困厄。

[5]奉尋曆命：恭敬地尋求曆數與天命。

[6]鑒寐震懷：憂慮得寢不安席而震驚傷懷。鑒寐，假寐，不脫衣裳而睡。

[7]路淑媛：名惠男，丹陽建康人。本書卷四一有傳。淑媛，九嬪之一，位視九卿。

[8]妃：藩王之正妻，此指武陵王妃。 王氏：即孝武帝文穆王皇后。名憲嫄，琅邪臨沂人。本書卷四一有傳。

[9]左衛將軍：官名。禁衛軍主要將領之一，多由皇帝親信擔任。四品。

[10]太傅：官名。用作贈官以安置元老勳臣，以示尊崇，無職掌。一品。 大司馬：官名。地位尊崇，多用作贈官。一品。

[11]曲赦：對一定地區的特赦。

[12]南平王：王爵名。王國在今湖北公安縣西北。 鑠：人名。即劉鑠。本書卷七二有傳。 司空：官名。漢代爲三公之一，時爲名譽宰相，多用作加官，無職掌。一品。

[13]建平王：王爵名。王國在今重慶巫山縣。　宏：人名。即
劉宏。本書卷七二有傳。

[14]東海王：王爵名。王國在今山東蒼山縣南。　褘：人名。
即劉褘。後改封爲廬江王。本書卷七九有傳。

[15]新除：官制用語。新任命。除，拜官、授職。

六月壬寅，以驃騎參軍垣護之爲冀州刺史。[1]甲辰，
以山陽太守申恬爲青州刺史。[2]丙午，車駕還宮。初置
殿門及上閣屯兵。以江夏内史朱脩之爲平西將軍、雍州
刺史，[3]御史中丞王曇生爲廣州刺史。[4]戊申，以新除雍
州刺史柳元景爲護軍將軍。[5]己酉，以司州刺史魯爽爲
豫州刺史。[6]庚戌，以梁、南秦二州刺史劉秀之爲益州
刺史，[7]太尉司馬龐秀之爲梁、南秦二州刺史，[8]衛軍司
馬徐遺寶爲兗州刺史，[9]寧朔將軍王玄謨爲徐州刺
史，[10]衛將軍隨王誕進號驃騎大將軍。[11]尚書右僕射王
僧達遷職，丹陽尹褚湛之爲尚書右僕射。[12]丙辰，以侍
中南譙王世子恢爲湘州刺史。[13]丁巳，[14]詔曰："興王立
訓，務弘治節，輔臣佐時，勤獻政要，仰惟聖規，每存
兹道。猥以眇躬，屬承景業，[15]闡揚遺澤，無廢厥心。
夫量入爲出，邦有恒典，[16]而經給之宜，多違常度。兵
役糜耗，府藏散減，外内衆供，未加損約，[17]非所以聿
遵先旨，[18]敬奉遺圖。自今諸可薄己厚民、去煩從簡
者，悉宜施行，以稱朕意。"庚申，詔有司論功班賞各
有差。辛酉，安西將軍、西秦河二州刺史吐谷渾拾寅進
號鎮西大將軍、開府儀同三司。[19]庚午，還分南徐立南
兗州。[20]辛未，改封南譙王義宣爲南郡王，[21]隨王誕爲

竟陵王，[22]義宣次子宜陽侯愷爲宜陽縣王。[23]

[1]驃騎參軍：官名。驃騎將軍府僚屬，參謀軍務。　垣護之：人名。字彦宗，略陽恒道（今甘肅隴西縣）人。本書卷五〇有傳。

[2]申恬：人名。字公休，魏郡魏人。本書卷六五有傳。

[3]平西將軍：官名。四平將軍之一，多持節都督或監某一地區的軍務，或作爲刺史等地方官兼理軍務的加官。三品。

[4]御史中丞：官名。亦稱南司，御史臺長官，掌監察執法，糾彈百官。四品。　王曇生：人名。琅邪臨沂人，王弘之子。本書卷九三有附傳。　廣州：治所在今廣東廣州市。

[5]護軍將軍：官名。掌督護京師以外諸軍。三品。

[6]豫州：各本並作“南豫州”。錢大昕《考異》云：“案是時無南豫州，‘南’蓋衍文也。自元嘉二十二年罷南豫州并壽陽，至孝武大明三年始復分置，中間無南豫者計十年。”錢説是，據改。

[7]劉秀之：人名。字道寶，東莞莒（今山東莒縣）人。本書卷八一有傳。

[8]太尉司馬：官名。太尉府高級幕僚，管理府中武職，參贊軍務。　龐秀之：人名。河南人。本書卷七八有附傳。

[9]衛軍司馬：官名。衛將軍府高級幕僚，管理府中武職，參贊軍務。　徐遺寶：人名。字石儁，高平金鄉人。本書卷六八有附傳。

[10]寧朔將軍：官名。幽州地區軍政長官，兼管烏桓事務。此爲遙領，非實任。　王玄謨：人名。字彦德，太原祁（今山西祁縣）人。本書卷七六有傳。

[11]驃騎大將軍：官名。將軍名號，位次大將軍，多加元老重臣。一品。

[12]丹陽尹：官名。京師所在郡長官，亦稱京尹。掌京師政務、詔獄。丹陽，郡名。治所在今江蘇南京市。　褚湛之：人名。

字休玄，河南陽翟（今河南禹州市）人。本書卷五二有附傳。

[13]侍中：官名。掌奏事，直侍皇帝左右，應對獻替，管理門下衆事，法駕出，則正值一人，負璽陪乘。三品。　世子：諸侯王的嫡長子，或諸子中有權繼承爵位的人。　恢：人名。即劉恢。字景度，本書卷六八有附傳。

[14]丁巳：各本均作“丁亥”。孫彪《考論》云：“丁亥蓋丁巳誤。”查是月壬寅朔，無丁亥，在丙辰及下文庚申之間，祇能是丁巳。據改。

[15]景業：大業。

[16]邦有恒典：國家有固定的法典。

[17]未加損約：沒有減省節約。

[18]聿遵先旨：遵循先帝的旨意。

[19]西秦：州名。治所不詳。　河：州名。治所在今甘肅臨夏市。　吐谷渾：古族名。鮮卑族的一支，本居遼東，西晉時在其首領吐谷渾的率領下西徙至甘肅、青海之間，至其孫葉延時，始以吐谷渾爲姓氏、國名。　拾寅：人名。吐谷渾首領樹洛干之子。事見本書卷九六《鮮卑吐谷渾傳》。　鎮西大將軍：官名。多爲持節、都督出鎮方面。二品。

[20]還分南徐立南兗州：《輿地表》元嘉三十年“孝武即位復分南徐州立南兗州，仍治盱眙，兗州如故”。

[21]南郡王：王爵名。王國在今湖北荊州市荊州區。

[22]竟陵王：王爵名。王國在今湖北鍾祥市。

[23]宜陽侯：侯爵名。侯國在今江西宜春市。　愷：人名。即劉愷。字景穆，後封南譙王。本書卷六八有附傳。　宜陽縣王：王爵名。比宜陽縣侯高一等，封國未變。

閏月壬申，以領軍將軍沈慶之爲鎮軍將軍、南兗州刺史。[1]癸酉，以護軍將軍柳元景爲領軍將軍。[2]丙子，遣兼散騎常侍樂詢等十五人巡行風俗。[3]甲申，蠲尋陽、西陽郡租布三年。[4]甲午，丞相南郡王義宣改爲荊、湘二州刺史，驃騎大將軍、荊州刺史竟陵王誕改爲揚州刺史，南蠻校尉王僧達爲護軍將軍。[5]是月，置衛尉官。[6]

[1]鎮軍將軍：官名。位比四鎮將軍。三品。

[2]領軍將軍：官名。掌京師禁衛軍。三品。

[3]樂詢：人名。曾任都水使者、尚書等職。

[4]蠲尋陽、西陽郡租布三年：劉駿任江州刺史時，駐在尋陽（今湖北黃梅縣），征緣江蠻時曾出兵西陽郡，故免除二郡三年租布。

[5]南蠻校尉：官名。主管荊、江二州少數民族事務，其職多由地位較高的將軍兼領，且多兼任荊州刺史或都督周圍數州諸軍事。四品。

[6]衛尉：官名。掌宮禁及京師防衛。三品。

秋七月辛丑朔，日有蝕之。甲寅，詔曰：“世道未夷，惟憂在國。夫使群善畢舉，固非一才所議，況以寡德，屬衰薄之期，夙宵寅想，[1]永懷待旦。[2]王公卿士，凡有嘉謀善政，可以維風訓俗，咸達乃誠，無或依隱。”辛酉，詔曰：“百姓勞弊，徭賦尚繁，言念未乂，[3]宜崇約損。凡用非軍國，宜悉停功。可省細作并尚方，[4]雕文靡巧，金銀塗飾，事不關實，嚴爲之禁。供御服膳，減除遊侈。水陸捕採，各順時月。官私交市，務令優衷。其江海田池公家規固者，[5]詳所開弛。貴戚競利，悉皆禁絕。”戊戌，[6]以右衛將軍宗愨爲廣州刺史。[7]己巳，司空南平王鑠薨。[8]八月辛未，武皇帝舊役軍身，[9]

嘗在齋内，^[10]人身猶存者，普賜解户。^[11]乙亥，尚書左僕射建平王宏加中書監、中軍將軍。^[12]丁亥，以沛郡太守垣閡爲寧州刺史，^[13]撫軍司馬費沈爲梁、南秦二州刺史。^[14]甲午，護軍將軍王僧達遷職。

[1]寅想：敬謹思索，與“寅念”義同。《尚書·多方》：“弗永寅念于祀。”孔傳：“不長敬念于祭祀。”

[2]待旦：等待天明。典出《尚書·太甲上》：“先王昧爽丕顯，坐以待旦。”

[3]言念未乂（yì）：思念不止。未乂，未盡，未止。乂，同“艾”。

[4]細作：官署名。即細作署。專作御用精巧珍寶器玩之物，由細作令、丞主管。　尚方：官署名。即尚方署。掌造金銀器物、亭帳、車輿、床榻、簾席、鞍轡、傘扇及裝訂之事，由尚方令、丞主管。

[5]規固：亦作“規錮”，即劃定區域加以封禁。

[6]戊戌：孫彪《考論》云：“以前後辛酉己巳推之，戊戌必訛。”中華本校勘記云：“是年七月辛丑朔，二十一日辛酉，二十九日己巳，無戊戌，疑是二十二日壬戌或二十八日戊辰之誤。”

[7]右衛將軍：官名。爲禁衛軍主要統帥之一，多由皇帝親信擔任。四品。　宗愨（què）：人名。字元幹，南陽人。本書卷七六有傳。

[8]司空南平王鑠薨：據本書卷七二《南平穆王鑠傳》，南平王劉鑠是因“素不推事世祖，又爲元凶所任”，被孝武帝毒死。此處不講死因，乃史家爲尊者諱的一種筆法。王鳴盛《十七史商榷》批評説：“書法如此，則何以傳信乎？”

[9]武皇帝舊役軍身：爲劉裕打天下的舊軍人。武，宋開國皇帝劉裕的謚號。

[10]齋：供皇帝齋戒之用的宮室。《國語·周語上》：“王即齋宮，百官御事，各即其齋三日。”韋昭注：“所齋之宮也。”

[11]普賜解（jiè）戶：一律賜給解納糧米的差役戶供其役使。

[12]中軍將軍：官名。重號將軍，位比四鎮將軍。三品。

[13]沛郡：治所在今安徽蕭縣西北。　垣閎：人名。略陽桓道人。事見本書卷五〇《垣護之傳》。　寧州：治所在今雲南曲靖市西。

[14]費沈：人名。後任朱提太守，參與征討合浦大帥陳檀戰役，陳檀降服後，費沈殺檀而反，下獄死。事見本書卷九七《林邑國傳》。

　　九月丁巳，以前尚書劉義綦爲中護軍。[1]壬戌，新亭戰亡者，復同京城。[2]劭黨南海太守蕭簡據廣州反。[3]丁卯，輔國將軍鄧琬討平之。[4]

[1]劉義綦：人名。劉道憐之子，封營道侯。本書卷五一有附傳。　中護軍：官名。掌督護京師以外地方諸軍，亦受命出征。三品。

[2]新亭戰亡者，復同京城：隨劉駿攻建康於新亭陣亡者，與劉裕於京口起兵反桓玄的軍人享受相同的免除賦役待遇。復，免除徭役或賦稅。

[3]南海：郡名。治所在今廣東廣州市。　蕭簡：人名。南蘭陵人。事見本書卷七八《蕭思話傳》。

[4]鄧琬：人名。字元琬，豫章南昌（今江西南昌市）人。本書卷八四有傳。

　　冬十月癸未，車駕於閱武堂聽訟。

　　十一月丙午，以左軍將軍魯秀爲司州刺史。[1]丙辰，停臺省衆官朔望問訊。丙寅，高麗國遣使獻方物。[2]

[1]左軍將軍：官名。四軍將軍之一，掌宿衛，領營兵千人。四品。　魯秀：人名。小字天念，扶風郿（今陝西眉縣）人。原爲北魏拓跋燾宿衛，瓜步之戰後投奔南朝宋。事見本書卷七四《魯爽傳》。

[2]高麗國：即高句麗。原爲中國東北地區的少數民族，漢代開始興起，東晋時占領遼寧南部和朝鮮北部地區，後爲唐高宗所滅。

十二月甲戌，省都水臺，[1]罷都水使者官，[2]置水衡令官。[3]癸未，以將置東宮，[4]省太子率更令、步兵、翊軍校尉、旅賁中郎將、冗從僕射、左右積弩將軍官。[5]中庶子、中舍人、庶子、舍人、洗馬，[6]各減舊員之半。

[1]都水臺：官署名。西晋始建，掌舟船水運河渠灌溉事務。

[2]都水使者：官名。都水臺長官。四品。

[3]水衡令：官名。掌舟船水運及河渠灌溉事務。

[4]以將置東宮：意爲改建太子宮的機構。

[5]太子率更令：官名。掌太子宮殿門警衛及賞罰等事。五品。步兵：官名。即太子步兵校尉，亦稱東宮步兵校尉。太子三校尉之一，東宮侍從武官，掌步兵。　翊軍校尉：官名。即太子翊軍校尉。太子三校尉之一，東宮侍從武官。　旅賁中郎將：官名。即太子旅賁中郎將。掌隨從迎送太子。　冗從僕射：官名。即太子冗從僕射。太子侍衛武官。　左右積弩將軍：官名。即太子左右積弩將軍。東宮侍從武官。

[6]中庶子：官名。即太子中庶子。掌侍從、文翰。五品。中舍人：官名。即太子中舍人。掌侍從、文翰，位在中庶子下。六

品。　　庶子：官名。即太子庶子。宿衛東宮。五品。　　舍人：官名。即太子舍人。值宿東宮。七品。　　洗馬：官名。即太子洗馬。亦作"先馬"，掌圖籍、經書，太子出行則爲前導威儀。七品。

孝建元年春正月己亥朔，車駕親祠南郊，改元，[1]大赦天下。壬寅，以丹陽尹蕭思話爲安北將軍、徐州刺史。甲辰，護軍將軍劉義綦遷職，以尚書令何尚之爲左光禄大夫、護軍將軍。[2]戊申，詔曰："首食尚農，經邦本務，貢士察行，寧朝嘗道。[3]内難甫康，政訓未洽，衣食有仍耗之弊，選造無觀國之美。昔衛文勤民，[4]高宗恭默，卒能收賢巖穴，大殷季年。[5]朕每側席疚懷，無忘鑒寐。凡諸守莅親民之官，可詳申舊條，勤盡地利。[6]力田善蓄者，在所具以名聞。褒甄之科，[7]精爲其格。四方秀孝，非才勿舉，獻答允值，[8]即就銓擢。若止無可採，猶賜除署；若有不堪酬奉，虛竊榮薦，遣還田里，加以禁錮。尚書百官之元本，庶績之樞機，丞郎列曹，局司有在。而頃事無巨細，悉歸令僕，非所以衆材成構，群能濟業者也。可更明體制，咸責厥成，糾覈勤惰，嚴施賞罰。"壬戌，更鑄四銖錢。丙寅，立皇子子業爲皇太子。[9]賜天下爲父後者爵一級。[10]孝子、順孫、義夫、節婦粟帛各有差。是月，起正光殿。

[1]改元：改換紀年年號。此次爲由元嘉改爲孝建。改元一般有兩種情況：一是新皇帝即位當年即改換年號；一是新皇帝即位當年仍用舊年號，第二年正月改用新年號。凡父死子繼一般采用後一種。

[2]尚書令：官名。尚書省長官，綜理全國政務，爲高級政務長官，參議大政，實權如宰相，如加録尚書事頭銜，則兼有宰相名義。三品。　何尚之：人名。字彦德，廬江灊（今安徽霍山縣）人。本書卷六六有傳。　左光禄大夫：官名。常作爲在朝顯職的加官，或授予年老疾病者爲致仕之官，亦常作卒後贈官，以示優崇，無職掌。二品。

[3]嘗道：正常的法規，規律。嘗，通"常"。"嘗"各本皆作"當"，據《元龜》卷一九一改。

[4]衛文勤民：衛文公盡心盡力於民事。衛文，即衛文公。名姬毁。《史記》卷三七《衛康叔世家》：衛文公"輕賦平罪，身自勞，與百姓同苦，以收衛民"，使衛國出現平穩發展時期。

[5]高宗恭默，卒能收賢巖穴，大殷季年：殷高宗武丁即位三年不言政事，後以在夢中夢見聖人爲借口，在傅巖找到刑徒傅説佐政，使殷朝得以復興。事見《史記》卷三《殷本紀》。

[6]勤盡地利："勤"各本並作"勸"，中華本據《元龜》卷一九一改。

[7]褒甄之科：褒揚表彰的條款。

[8]獻答允值：給他的報答與其實際貢獻相符合。

[9]子業：人名。即前廢帝劉子業。本書卷七有紀。

[10]賜天下爲父後者爵一級：賜給國內繼承父親門户的後人（一般是嫡長子）爵位一級。這是繼承漢代的賜民爵制度。詳見朱紹侯《軍功爵制研究》（商務印書館 2017 年版）。

二月庚午，豫州刺史魯爽、車騎將軍江州刺史臧質、丞相荆州刺史南郡王義宣、兗州刺史徐遺寶舉兵反。乙亥，撫軍將軍東海王褘遷職。己卯，領軍將軍柳元景加撫軍將軍。壬午，曲赦豫州。辛卯，左衛將軍王玄謨爲豫州刺史。癸巳，玄謨進據梁山。[1]丙申，以安北司馬夏侯祖歡爲兗州刺史。[2]

　　[1]梁山：地名。在今安徽和縣南長江西岸西梁山。

　　[2]安北司馬：官名。安北將軍府高級幕僚，掌府内武職，參議軍務。　夏侯祖歡：人名。本書卷六八《南郡王義宣傳》作"夏侯祖權"。譙（今安徽亳州市）人，以功封祁陽縣子，大明中，爲建武將軍、兗州刺史，卒於官。

　　三月己亥，[1]内外戒嚴。辛丑，以安北將軍、徐州刺史蕭思話爲安南將軍、江州刺史，撫軍將軍柳元景即本號爲雍州刺史。癸卯，以太子左衛率龐秀之爲徐州刺史。[2]徐遺寶爲夏侯祖歡所破，棄衆走。丙寅，以輔國長史明僧胤爲冀州刺史。[3]

　　[1]三月己亥：各本及《建康實録》並作"三月癸亥"，誤。《通鑑考異》云："《宋本紀》《宋略》皆作癸亥，下有辛丑。按《長曆》，是月戊戌朔，癸亥二十六日，辛丑乃四日也，當作己亥。"據改。

　　[2]太子左衛率：官名。領精兵萬人宿衛東宮，亦任征伐。五品。

　　[3]輔國長史：官名。輔國大將軍府幕僚長，處理府内政務。　明僧胤：人名。各本並作"明胤"，平原鬲（今山東平原縣）人，能言玄，曾任江夏王義恭參軍，"別爲立榻，比之徐孺子"。《南朝五史人名索引》注："《宋書》作明胤，其兄弟爲僧暠、僧紹，皆以僧字排行，當有僧字，今從《南齊書》《南史》本傳。"據改。

　　夏四月戊辰，以後將軍劉義綦爲湘州刺史。甲申，以平西將軍、雍州刺史朱脩之爲安西將軍、荆州刺史。丙戌，鎮軍將軍、南兗州刺史沈慶之大破魯爽於歷陽之小峴，[1]斬爽。癸巳，進慶之號鎮北大將軍。[2]封第十六皇弟休倩爲東平王。未拜，薨。

[1]小峴：地名。在今安徽和縣境内。

[2]鎮北大將軍：官名。四鎮大將軍之一，持節都督出鎮方面。二品。

五月甲寅，義宣等攻梁山，王玄謨大破之。己未，解嚴。癸亥，以吳興太守劉延孫爲尚書右僕射。[1]

[1]吳興：郡名。治所在今浙江湖州市南下菰城。 劉延孫：人名。彭城吕（今江蘇銅山縣）人。本書卷七八有傳。

六月戊辰，臧質走至武昌，爲人所斬，傳首京師。甲戌，撫軍將軍柳元景進號撫軍大將軍，[1]鎮北大將軍沈慶之並開府儀同三司。丙子，以征虜將軍武昌王渾爲雍州刺史。[2]癸未，分揚州立東揚州。[3]分荆、湘、江、豫州立郢州。[4]罷南蠻校尉。戊子，省録尚書事。庚寅，義宣於江陵賜死。

[1]撫軍大將軍：官名。將軍名號。二品。

[2]以征虜將軍武昌王渾爲雍州刺史：“征虜將軍”中華本作“征西將軍”。丁福林《校議》考證：“本書《文五王·武昌王渾傳》：‘世祖即位，授征虜將軍、南彭城東海二郡太守，出鎮京口。孝建元年，遷使持節、監雍梁南北秦四州荆州之竟陵隨二郡諸軍

事、寧蠻校尉、雍州刺史，將軍如故。'其云'將軍如故'者，謂征虜將軍如故也。是劉渾以征虜將軍而刺雍州也。又考之本書《符瑞志中》云：'孝武帝孝建元年正月庚申，鳳凰見丹徒惕賢亭……征虜將軍武昌王渾以聞。'《建康實錄》卷一三云：'（孝建）二年……八月庚申，征虜將軍、雍州刺史武昌王渾在襄陽與左右戲造書檄，自署爲楚王……有司奏廢爲庶人，自殺。'"據上可知，時劉渾爲征虜將軍，而非征西將軍。據改。

[3]分揚州立東揚州：《輿地表》："分浙東會稽等五郡爲東揚州。"此五郡爲會稽、東陽、新安、臨海、永嘉。東揚州，治所在今浙江紹興市。

[4]分荆、湘、江、豫州立郢州：《輿地表》："分荆州之江夏、竟陵、隨、武陵、天門，湘州之巴陵，江州之武昌，豫州之西陽，合八郡置郢州。"郢州，治所在今湖北武漢市武昌區。

　　秋七月丙申朔，日有蝕之。丙辰，大赦天下。文武賜爵一級。逋租宿債勿復收。辛酉，於雍州立建昌郡。[1]以會稽太守義陽王昶爲東揚州刺史。[2]

　　[1]於雍州立建昌郡：《輿地表》："雍州刺史朱修之免軍户爲永興、安寧二縣置建昌郡，又立永寧爲昌國郡，並寄治襄陽，屬雍州。"按：雍州時治襄陽。

　　[2]義陽王：王爵名。王國在今河南信陽市。　　昶：人名。即劉昶。字休道，文帝九子，後改封晋熙王。本書卷七二有傳。

　　八月庚午，撫軍大將軍柳元景復爲領軍將軍，本號如故。[1]壬申，以游擊將軍垣護之爲徐州刺史。[2]壬辰，以安西司馬梁坦爲梁、南秦二州刺史。[3]

　　〔1〕本號如故：官制用語。意爲保留原來的官號。即柳元景復爲領軍，仍保留撫軍大將軍的官號。

　　〔2〕游擊將軍：官名。禁軍將領，掌宿衛之任。四品。

　　〔3〕安西司馬：官名。安西將軍府高級幕僚，參贊軍務，管理府中武職，位次長史。　梁坦：人名。文帝時曾任幢主、殿中將軍，隨蕭思話收復漢中，後任後軍參軍，參與討伐楊難當戰争和北伐戰争。元凶弑逆，任龍驤將軍助劉駿收復京口，成爲孝武帝奪權稱帝的功臣。

　　九月丙申，以强弩將軍尹懷順爲寧州刺史。[1]丁酉，左光禄大夫何尚之解護軍將軍。甲辰，加尚之特進。丙午，以安南將軍、江州刺史蕭思話爲鎮西將軍、郢州刺史。[2]

　　〔1〕强弩將軍：官名。弩營長官，侍衛皇帝。五品。　尹懷順：人名。本書僅此一見，其事不詳。

　　〔2〕安南將軍：官名。四安將軍之一，出鎮南方地區的軍事長官，或作爲刺史等地方官兼理軍務的加官。三品。　鎮西將軍：官名。四鎮將軍之一，多授持節都督出鎮方面。二品。無持節都督銜者，三品。

　　冬十月戊寅，詔曰："仲尼體天降德，維周興漢，經緯三極，[1]冠冕百王。[2]爰自前代，咸加襃述。典司失人，用闕宗祀。先朝遠存遺範，有詔繕立，[3]世故妨道，事未克就。國難頻深，忠勇奮厲，實憑聖義，大教所敦。永惟兼懷，無忘待旦。可開建廟制，同諸侯之禮。詳擇爽塏，[4]厚給祭秩。"[5]丁亥，以秘書監東海王褘爲撫軍將軍、江州刺史。於郢州立安陸郡。[6]

[1]經緯三極：治理天下。三極，天、地、人。此處代指天下、
國家。
[2]冠冕：原義爲帝王的帽子，引申爲首位，有蓋過、超過
之意。
[3]繕立：修繕建立，意爲給孔子修廟立祀。
[4]爽塏：高爽乾燥之地。
[5]祭秩：祭祀用費。秩，廪食，引申爲費用。
[6]於郢州立安陸郡：《輿地表》："分江夏立安陸郡，屬郢州。
析安陸置孝昌縣，屬江夏郡。分江夏之曲陵，置江夏縣，屬安陸
郡。"安陸郡，治所在今湖北安陸市。

十一月癸卯，復立都水臺，置都水使者官。
是歲，始課南徐州僑民租。[1]

[1]是歲，始課南徐州僑民租：丁福林《校議》："'始課南徐
州僑民租'，《南史·宋本紀》記在是年十一月。今考《建康實錄》
卷一三于孝建元年十一月後云："是月，始課南徐州租。'意此
'是歲'爲'是月'之訛。"

二年正月壬寅，以冠軍將軍湘東王彧爲中護軍。[1]

[1]冠軍將軍：官名。將軍名號。三品。　湘東王：王爵名。
王國在今湖南衡陽市。　彧：人名。即宋明帝劉彧。本書卷八
有紀。

二月乙丑，[1]婆皇國遣使獻方物。[2]丙寅，以鎮北大

將軍、南兗州刺史沈慶之爲左光禄大夫、開府儀同三司。辛巳，以尚書右僕射劉延孫爲南兗州刺史。

[1]二月乙丑：各本並作“二月己丑”，據中華本考證：“下有丙寅。按是月壬戌朔，初四日丙寅，二十八日己丑，己丑不當在丙寅前。疑己丑是乙丑之訛，乙丑爲二月初三日。”據改。
[2]婆皇國：又作“婆皇國”，在今馬來西亞境內馬來半島的彭亨。　獻方物：實爲貢使貿易。方物，土特産品。

　　三月辛亥，以吳興太守劉遵考爲湘州刺史。壬子，以行征西將軍楊文智爲征西將軍、北秦州刺史。[1]

[1]行：官制用語。原官出闕，暫由他官兼攝其事。　征西將軍：官名。四征將軍之一，出鎮方面的軍事長官。三品。若以持節都督，則進位二品。　楊文智：人名。本書僅此一見，其事不詳。

　　夏四月壬申，河南國遣使獻方物。[1]壬午，以豫章太守檀和之爲豫州刺史。[2]

[1]河南國：宋文帝於元嘉十六年（436）封吐谷渾首領慕容延爲河南王，其國在今青海貴德縣、貴南縣一帶。
[2]豫章：郡名。治所在今江西南昌市。　檀和之：人名。高平金鄉人。文帝時曾任龍驤將軍、交州刺史，因討平林邑王范陽邁功，升任黃門侍郎，領越騎校尉，行建武將軍。孝武帝時，先後任右衛將軍、輔國將軍、南兗州刺史，因“酤酒黷貨”罪，免官禁錮，尋卒。

　　五月戊戌，以湘州刺史劉遵考爲尚書右僕射，前軍司馬垣閬爲交州刺史。庚子，以輔國將軍申坦爲徐、兗二州刺史。癸卯，以右衛將軍顧覬之爲湘州刺史。[1]丁未，以金紫光禄大夫王偃爲右光禄大夫。[2]

[1]顧覬之：人名。字偉仁，吳郡吳人。本書卷八一有傳。

[2]王偃：人名。字子游，琅邪臨沂人，王導玄孫，孝武帝王皇后之父。本書卷四一有附傳。

六月甲子，以國哀除釋，[1]大赦天下。庚辰，以曲江縣侯王玄謨爲豫州刺史。

[1]國哀除釋：老皇帝駕崩，新皇帝即位後一段時間内稱爲國哀期。晋用王肅的祥禫制，國哀期爲二十六個月，宋武帝永初元年（420）廢除此制，采用鄭玄定的祥禫制，時間爲二十七個月。按文帝於元嘉三十年（453）二月甲子遇弑，至孝建二年（455）六月已二十九個月，但孝武帝於元嘉三十年四月即皇帝位，至孝建二年六月恰爲二十七個月，故宣布國哀除釋，大赦天下。

秋七月癸巳，立第十三皇弟休祐爲山陽王，[1]第十四皇弟休茂爲海陵王，[2]第十五皇弟休業爲鄱陽王。[3]戊戌，鎮西將軍蕭思話卒。己酉，以益州刺史劉秀之爲郢州刺史。槃槃國遣使獻方物。[4]甲寅，以義興太守到元度爲益州刺史。[5]

[1]休祐：人名。即劉休祐。本書卷七二有傳。　山陽王：王爵名。王國在今江蘇淮安市。

[2]休茂：人名。即劉休茂。本書卷七九有傳。　海陵王：王

爵名。王國在今江蘇泰州市。

　　[3]休業：人名。即劉休業。本書卷七二有傳。　鄱陽王：王爵名。王國在今江西鄱陽縣。

　　[4]槃槃國：在今泰國南萬倫灣沿岸一帶。

　　[5]義興：郡名。治所在今江蘇宜興市。　到元度：人名。彭城武原（今江蘇邳州市）人，到彥之長子。曾任新安太守、征北司馬等職，早卒。

　　八月庚申，雍州刺史武昌王渾有罪，廢爲庶人，自殺。辛酉，以南兗州刺史劉延孫爲鎮軍將軍、雍州刺史。斤陀利國遣使獻方物。[1]三吳民饑，[2]癸酉，詔所在賑貸。丙子，詔曰：“諸苑禁制綿遠，有妨肆業。[3]可詳所開弛，假與貧民。”壬午，以新除豫州刺史王玄謨爲青、冀二州刺史，青州刺史申恬爲豫州刺史。甲申，以右衛將軍檀和之爲南兗州刺史。

　　[1]斤陀利國：古南海國名。在蘇門答臘東南境。《梁書》卷五四《諸夷傳》作“干陁利國”。

　　[2]三吳：地區名。即指吳興（今浙江湖州市）、吳郡（今江蘇蘇州市）、會稽（今浙江紹興市）三郡地區。

　　[3]有妨肆業：“肆”各本並作“肄”，中華本據《元龜》卷一九五改。

　　九月丁亥，[1]車駕於宣武場閱武。庚戌，詔曰：“國道再屯，艱虞畢集。朕雖寡德，終膺鴻慶。[2]惟新之祉，實深百王；而惠宥之令，未殊常渥。[3]永言勤慮，癙寐載懷。在朕受命之前，凡以罪徙放，[4]悉聽還本。犯釁之門，[5]尚有存者，子弟可隨才署吏。”

［1］九月丁亥：中華本校勘記云：“本月己丑朔，二十二日庚戌，是月無丁亥。”

［2］終膺鴻慶：終於承受王業。

［3］未殊常渥：沒有與別人不同的恩澤。

［4］徙放：遷徙流放。古有流刑，將罪人遷徙流放邊遠地區。

［5］犯釁之門：犯罪的家庭。門，家庭。此處指有地位的門閥之家。

冬十月壬午，太傅江夏王義恭領揚州刺史，驃騎大將軍、揚州刺史竟陵王誕爲司空、南徐州刺史，中書監、尚書左僕射、中軍將軍建平王宏爲尚書令，將軍如故。

十一月戊子，中護軍湘東王彧遷職，鎮軍將軍劉延孫爲護軍將軍。青、冀二州刺史王玄謨爲雍州刺史。甲午，以大司馬垣護之爲青、冀二州刺史。[1]辛亥，高麗國遣使獻方物。

［1］大司馬垣護之：孫彪《考論》：“護之不得爲大司馬，蓋大司馬僚佐也。《護之傳》並脱。”

十二月癸亥，以前交州刺史蕭景憲爲交州刺史。[1]

［1］交州：治所在今越南北寧省仙遊縣東。　蕭景憲：人名。宋文帝時曾任龍驤司馬、安西參軍，因征林邑王范陽邁之功，進位持節，督交州、廣州之鬱林寧輔二郡諸軍事、建威將軍、交州

刺史。

三年春正月庚寅，立第十八皇弟休範爲順陽王，[1]
第十九皇弟休若爲巴陵王。[2]戊戌，立第二皇子子尚爲
西陽王。[3]辛丑，車駕親祠南郊。壬子，立皇太子妃何
氏。[4]甲寅，大赦天下。

[1]休範：人名。即劉休範。本書卷七九有傳。　順陽王：王
爵名。王國在今河南淅川縣。
[2]休若：人名。即劉休若。本書卷七二有傳。　巴陵王：王
爵名。王國在今湖南岳陽市。
[3]子尚：人名。即劉子尚。本書卷八〇有傳。　西陽王：王
爵名。王國在今湖北黃岡市黃州區。
[4]皇太子妃何氏：前廢帝何皇后，名令媛，廬江灊人。本書
卷四一有傳。

二月癸亥，右光禄大夫王偃卒。甲子，以廣州刺史
宗慤爲平西將軍、豫州刺史。丁卯，以新除御史中丞王
翼爲廣州刺史。[1]丁丑，始制朔望臨西堂接群下，[2]受奏
事。壬午，内外官有田在近道，聽遣所給吏僮附業。[3]

[1]王翼：人名。字季弼，琅邪臨沂人。曾任武昌王渾長史，
因揭發劉渾自號楚王事，升任御史中丞。本書除此處外，均作“王
翼之”，按南北朝時的慣例，人名後的“之”字有時可以省略。
[2]始制朔望臨西堂接群下：開始施行每月初一、十五日皇帝
親至西堂接見群臣的制度。
[3]聽遣所給吏僮附業：允許政府所賜給的胥吏、僮僕從事農

業生產。所給吏僮，指按占田蔭客制的規定，政府允許官吏按品級占有的胥吏和僮僕。

　　三月癸丑，以西陽王子尚爲南兗州刺史。

　　閏月戊午，尚書右僕射劉遵考遷職。癸酉，鄱陽王休業薨。庚辰，停元嘉三十年以前兵工考剔。[1]

　　[1]兵工考剔：對武器製造工匠的考核淘汰制度，内容不詳。

　　夏五月辛酉，制荆、徐、兗、豫、雍、青、冀七州統内，家有馬一匹者，蠲復一丁。壬戌，以右衛將軍劉瑀爲益州刺史。[1]

　　[1]劉瑀：人名。字茂琳，東莞莒人，劉穆之之孫。本書卷四二有附傳。

　　六月，上於華林園聽訟。

　　秋七月，太傅江夏王義恭解揚州。丙子，以南兗州刺史西陽王子尚爲揚州刺史，秘書監建安王休仁爲南兗州刺史。

　　八月戊戌，以北中郎諮議參軍費淹爲交州刺史。[1]丁未，以尚書吏部郎王琨爲廣州刺史。[2]

　　[1]北中郎諮議參軍：官名。掌顧問諫議，位在列曹參軍上。北中郎，各本並作“北軍中郎”。張森楷《校勘記》云：“北軍之廢久矣，當是北中郎諮議參軍，衍‘軍’字。”張説是，今删“軍”字。　費淹：人名。後任廣州刺史，餘事不詳。

[2]尚書吏部郎：官名。即吏部郎。尚書省吏部曹長官通稱，屬吏部尚書，主管官吏選任銓叙、調動之事。對五品以下官吏有任免建議權，如加"參掌大選"名義，可參議高級官吏的任免，職位高於尚書省諸曹郎。六品。各本並脱"郎"字，中華本據《南齊書》卷三二《王琨傳》補。　王琨：人名。又名王崑崙，琅邪臨沂人，爲官以清廉稱。元嘉初爲尚書儀曹郎，後歷任寧朔將軍、東陽太守、金紫光禄大夫、本州中正、右光禄大夫，入齊領武陵王師，加侍中。《南齊書》卷三二有傳。

九月壬戌，以丹陽尹劉遵考爲尚書右僕射。[1]

[1]尚書右僕射：各本並作"左僕射"，中華本據《通鑑》改正。按：下"大明三年（459）春正月"文及本書卷五一《營浦侯遵考傳》文均作"尚書右僕射"。

冬十月癸未，以尋陽太守張悦爲益州刺史。[1]丙午，太傅江夏王義恭進位太宰，[2]領司徒。[3]丁未，領軍將軍柳元景加驃騎將軍，[4]尚書令建平王宏加中書監、衛將軍，撫軍將軍、江州刺史東海王禕進號平南將軍。[5]

[1]尋陽：郡名。治所在今江西九江市西南。　張悦：人名。吳郡吳人，張暢子。本書卷四六、五九均有附傳。
[2]太宰：官名。用作加官以安置元老勳舊大臣，名義尊榮，無職掌。一品。
[3]司徒：官名。名譽宰相，加録尚書事者得爲真宰相。一品。
[4]驃騎將軍：官名。名號將軍之首，僅作爲軍府名號加授大臣及重要州郡長官。二品，開府位從公者一品。
[5]平南將軍：官名。四平將軍之一，多持節都督或監某一地

區軍事，亦作爲刺史等地方官兼理軍務的加官。三品。

十一月癸丑，淮南太守袁景有罪棄市。[1]

[1]淮南：郡名。治所在今安徽當塗縣。　袁景：人名。陳郡陽夏人。《南史》卷二六作“袁景雋”，餘事不詳。

十二月丙午，以侍中孔靈符爲郢州刺史。[1]

[1]孔靈符：人名。會稽山陰（今浙江紹興市）人。本書卷五四有附傳。

大明元年春正月辛亥朔，改元，大赦天下。賜高年孤疾粟帛各有差。庚午，護軍將軍劉延孫遷職，右衛將軍湘東王彧爲中護軍。京邑雨水，辛未，遣使檢行，[1]賜以樵米。

[1]檢行：檢查巡行。指巡行各地調查災情，與下文的“按行”意同。

二月己亥，復親民職公田。[1]索虜寇兗州。

[1]復親民職公田：恢復親民官（地方官）的職分田。據此可知宋政府早已有官府職分制度，但各級官府具體占田畝數不詳。

三月壬戌，制大臣加班劍者，[1]不得入宮城門。梁州獠求内屬，[2]立懷漢郡。[3]

[1]加班劍者：加賜班劍的大臣。班劍，有紋飾的劍。用作儀仗，皇帝賜給大臣，以示尊崇。班，同“斑”，取裝飾燦爛之義。

[2]梁州獠：居住在陝西漢中一帶的少數民族，與今之壯侗語系各族及仡佬族有淵源關係。

[3]懷漢郡：《輿地表》孝建二年“以梁州獠求內屬，立懷漢郡于廣漢（今四川廣漢市北）、什方（今四川什邡縣）間”。本書《州郡志三》亦云：“懷漢太守，孝武孝建二年立。”與本紀所記年代不同。

夏四月，京邑疾疫，丙申，遣使按行，賜給醫藥。死而無收斂者，官爲斂埋。庚子，省湘州宋建郡并臨賀。[1]

[1]宋建郡：治所在今廣東封開縣南豐東。　臨賀：郡名。治所在今廣西賀州市八步區東南賀街。

五月，吳興、義興大水，民饑。乙卯，遣使開倉賑恤。癸酉，於華林園聽訟。乙亥，以左衛將軍沈曇慶爲徐州刺史，[1]輔國將軍梁瑾葱爲河州刺史、宕昌王。[2]

[1]沈曇慶：人名。吳興武康人。本書卷五四有傳。

[2]梁瑾葱：人名。羌族領袖，宕昌國王。《梁書》卷五四《西北諸戎傳》作“梁瑾忽”，《南史》卷七九《宕昌國傳》作“梁瑾忽”。　河州：治所在今甘肅臨夏市西南。　宕昌王：王爵名。王國在今甘肅宕昌縣西南。

六月己卯，以前太子步兵校尉劉祗子歆繼南豐王朗。[1]辛巳，以長水校尉山陽王休祐爲東揚州刺史。[2]丁亥，休祐改爲湘州刺史。以丹陽尹顏竣爲東揚州刺史。[3]

[1]劉祇：人名。字彥期，劉道憐孫。本書卷五一有附傳。　歆：人名。即劉歆。襲封不久，其父劉祇被誅，劉歆還本。　繼南豐王朗：過繼給南豐王劉朗。南豐王，王爵名。王國在今江西廣昌縣東。朗，人名。即劉朗。字元明，江夏王劉義恭長子。出繼給少帝，被元凶劉劭所殺。本書卷六一有附傳。

[2]長水校尉：官名。皇帝侍衛武官，不領兵，用以安置勳舊老臣。四品。

[3]顏竣：人名。字士遜，琅邪臨沂（今山東費縣）人。本書卷七五有傳。

　　秋七月辛未，土斷雍州諸僑郡縣。[1]

[1]土斷：以土爲斷。即以流民所在僑居的郡縣就地入户籍，是東晉南朝整頓僑民户口的一種政策。

　　八月戊戌，於兗州立陽平郡。[1]壬寅，於華林園聽訟。甲辰，司空、南徐州刺史竟陵王誕改爲南兗州刺史，太子詹事劉延孫爲鎮軍將軍、南徐州刺史。[2]

[1]陽平郡：本書《州郡志一》：“分魏郡立。”治所不詳。
[2]太子詹事：官名。掌東宮一切事務及各官署，並負輔翼教導太子之責。三品。　南徐州：治所在今江蘇鎮江市。

冬十月丙申，詔曰："旒纊之道，[1]有孚於結繩，日
昃之勤，[2]已切於姬后。[3]況世弊教淺，歲月澆季。[4]朕
雖戮力宇内，未明求衣，[5]而識狹前王，務廣昔代，永
言菲德，[6]其愧良深。朝咨野怨，[7]自達者寡，惠民利
公，所昧實衆。自今百辟庶尹，下民賤隸，有懷誠抱
志、擁鬱衡閭、失理負謗、未聞朝聽者，[8]皆聽躬自申
奏，小大以聞。朕因聽政之日，親對覽焉。"甲辰，以
百濟王餘慶爲鎮東大將軍。[9]

[1]旒纊：本義爲有垂旒與黈纊的帝王冠冕，此處借指爲帝王
視聽。

[2]日昃之勤：太陽偏西了還顧不上吃飯，仍勤於政事。典出
《史記》卷三三《魯周公世家》："文王日中昃，不暇食。"

[3]已切於姬后：已切近於周文王姬昌。

[4]澆季：道德風尚浮薄的末世。

[5]未明求衣：天不亮就起床。典出《漢書》卷五一《鄒陽
傳》："始孝文皇帝據關入立，寒心銷志，不明求衣。"

[6]永言菲德：經常說自己德薄。菲德，自謙之詞。

[7]朝咨野怨：在朝廷任官哀嘆，在野爲民怨望。

[8]擁鬱衡閭：抑鬱於里巷，指在民間抑鬱不得志。　失理負
謗：違背事理，蒙受誹謗的人。

[9]百濟：古國名。在朝鮮半島的西南部，原爲馬韓的屬國，
扶餘的別部，後盡占馬韓之地，與高麗、新羅形成鼎足而立之勢。
後爲唐高宗所滅。　餘慶：人名。百濟王餘毗之子，毗死繼立。事
見本書卷九七《百濟國傳》。

十二月丁亥，順陽王休範改封桂陽王。[1]戊戌，於

華林園聽訟。

[1]桂陽王：王爵名。王國在今湖南郴州市。

二年春正月辛亥，車駕祀南郊。壬子，詔曰：“去歲東土多經水災。春務已及，宜加優課。糧種所須，以時貸給。”丙辰，復郡縣田秩，[1]并九親禄俸。[2]壬戌，詔曰：“先帝靈命初興，[3]龍飛西楚，[4]歲紀浸遠，感往纏心。奉迎文武，情深常隸，[5]思弘殊澤，以申永懷。吏身可賜爵一級，軍户免爲平民。”[6]

[1]復郡縣田秩：恢復郡縣官吏從職分田上收取的秩俸。田秩，即田禄。

[2]九親禄俸：自高祖至玄孫九代親屬的供養費。

[3]靈命初興：天命剛剛興起，指帝位初立之時。

[4]龍飛西楚：帝王（劉裕）興起於西楚。龍飛，《易·乾卦》：“飛龍在天，利見大人。”孔穎達疏：“若聖人有龍德，飛騰而居天位。”故後世喻帝王的興起爲龍飛。西楚，三楚之一。《史記》卷一二九《貨殖列傳》：“夫自淮北沛、陳、汝南、南郡，此西楚也。”項羽稱西楚霸王，都彭城。劉裕祖籍彭、沛，故稱龍飛西楚。

[5]情深常隸：對低微的官吏也給予深情的關照。《左傳》成公十六年：“嬰，齊魯之常隸也。”杜預注：“隸，賤官。”

[6]軍户免爲平民：免除軍户爲平民。魏晉南北朝時期軍户身份低賤，子弟世代當兵，軍户之女必嫁軍人，失去人身自由。免爲平民，即恢復自由農民的身份。

二月丙子，詔曰：“政道未著，俗弊尚深，豪侈兼

并，貧弱困窘，存闕衣裳，没無斂槥，朕甚傷之。其明
敕守宰，勤加存恤。賻贈之科，速爲條品。”乙酉，以
金紫光禄大夫褚湛之爲尚書左僕射。丙戌，中書監、尚
書令、衛將軍建平王宏以本號開府儀同三司，中書監如
故。丁酉，驃騎將軍柳元景以本號開府儀同三司。甲
辰，散騎常侍義陽王昶爲中軍將軍。

三月丁未，中書監、尚書令、衛將軍建平王宏薨。
乙卯，以田農要月，太官停殺牛。丁卯，上於華林園聽
訟。癸酉，以寧朔將軍劉季之爲司州刺史。[1]

[1]劉季之：人名。水軍將領，曾任竟陵王誕參軍，助劉駿討
伐元凶劉劭有功，封零陽縣侯，在司州貪殘不法，後劉誕謀反，盱
眙太守鄭瑗疑劉季之與劉誕同逆，遂殺之。

夏四月甲申，立皇子子綏爲安陸王。[1]甲午，以海
陵王休茂爲雍州刺史。辛丑，地震。

[1]子綏：人名。即劉子綏。明帝時改封江夏王，泰始二年
（466）舉兵反，賜死。　安陸王：王爵名。王國在今湖北安陸市。

五月戊申，復西陽郡。
六月戊寅，增置吏部尚書一人，省五兵尚書。[1]丁
亥，左光禄大夫何尚之加開府儀同三司。戊子，以金紫
光禄大夫羊玄保爲右光禄大夫。[2]丙申，詔曰：“往因師
旅，多有逋亡。或連山染逆，懼致軍憲；或辭役憚勞，
苟免刑罰。雖約法從簡，務思弘宥，恩令驟下，而逃伏

猶多。豈習愚爲性，忸惡難反；將在所長吏，宣導乖方。可普加寬申，咸與更始。"

[1]吏部尚書：官名。尚書省吏部曹長官，位居列曹尚書之首，主管官吏銓選、考課、獎懲。三品。　五兵尚書：官名。尚書省五兵曹長官，主管全國軍務。曹魏領中兵、外兵、騎兵、列兵、都兵五郎曹。宋時僅領中兵、外兵二曹。三品。

[2]羊玄保：人名。太山南城（今山東平邑縣）人。本書卷五四有傳。

秋七月甲辰，彭城民高闍等謀反伏誅。[1]癸亥，以右衛將軍顏師伯爲青、冀二州刺史。[2]

[1]彭城民：據本書卷七五《王僧達傳》實爲南彭城蕃縣（今山東滕州市）民。　高闍：人名。蕃縣暴動的領導者。據本書《王僧達傳》記載，這是一次規模較大的暴動，有沙門釋曇標、道方及秣陵民藍宏期等參加，又有殿中將軍苗允、員外散騎侍郎嚴欣之、司空參軍闞千纂、太宰府將程農、王恬爲內應，謀劃於大明二年（458）八月一日起兵攻宮門，襲殺太宰江夏王義恭及諸大臣，立高闍爲天子。事泄，暴動參與人全部被殺。

[2]顏師伯：人名。字長淵，琅邪臨沂人。本書卷七七有傳。

八月乙酉，河南王遣使獻方物。丙戌，中書令王僧達有罪，下獄死。己丑，以强弩將軍杜叔文爲寧州刺史，[1]交州刺史費淹爲廣州刺史，南海太守垣閬爲交州刺史。[2]甲午，以寧朔將軍沈僧榮爲兗州刺史。[3]

［1］杜叔文：人名。京兆杜陵（今陝西西安市長安區）人，杜
驥子。官至長水校尉，爲後廢帝所殺害。

［2］垣閬：人名。略陽桓道人，垣護之從兄。文帝時官至員外
散騎侍郎。大明三年（459）自義興太守遷爲寧朔將軍、兗州刺史，
後爲竟陵王劉誕所殺。

［3］沈僧榮：人名。吳興武康人，沈慶之之侄。本書卷七七有
附傳。

九月癸卯，於華林園聽訟。壬戌，以寧朔將軍劉道
隆爲徐州刺史。[1]襄陽大水，遣使巡行賑贍。庚午，置
武衛將軍、武騎常侍官。[2]

［1］劉道隆：人名。彭城人，劉懷慎之侄。本書卷四五有附傳。

［2］武衛將軍：官名。曹魏始置，都督中軍宿衛禁軍，權任很
重。東晉或置或罷。宋孝武帝復置，以代殿中將軍之職，權任漸
輕。四品。　武騎常侍：官名。西漢置，爲皇帝近侍護衛，東漢
省，宋孝武帝復置，爲侍從武官。位比奉朝請。

冬十月甲午，以中軍將軍義陽王昶爲江州刺史。乙
未，高麗國遣使獻方物。

十一月壬子，揚州刺史西陽王子尚加撫軍將軍。

十二月己亥，諸王及妃主、庶姓位從公者，喪事聽
設凶門，[1]餘悉斷。

［1］凶門：辦喪事時在門外用白絹或白布結扎的牌坊，形似門，
故名。

　　閏月庚子，詔曰："夫山處巖居，不以魚鼈爲禮。頃歲多虞，軍調繁切，違方設賦，本濟一時，而主者玩習，遂爲常典。杶櫄瑤琨，[1]任土作貢，積羽群輕，終致深弊。永言弘革，無替朕心。[2]凡寰衛貢職，[3]山淵採捕，皆當詳辨産殖，考順歲時，勿使牽課虛懸，[4]睽忤氣序。[5]庶簡約之風，有孚於品性；[6]惠敏之訓，無漏於幽仄。"[7]庚申，上於華林園聽訟。壬戌，林邑國遣使獻方物。[8]

[1]杶（chūn）櫄瑤琨：泛指佳木美玉。杶，香椿。櫄，檀木，一説柘木。瑤琨，美石、美玉。

[2]無替朕心：没有充分表達皇帝的心意。

[3]寰衛貢職：天下的貢品。

[4]牽課虛懸：勉强虛設。

[5]睽忤氣序：違反節氣。

[6]有孚於品性：有信於品質性格高貴的君子。

[7]無漏於幽仄：不失信於貧賤之人。

[8]林邑國：古國名。在今越南中部。

　　是冬，索虜寇青州，刺史顏師伯頻大破之。

　　三年春正月丁亥，割豫州梁郡屬徐州。己丑，以驃騎將軍、領軍將軍柳元景爲尚書令，尚書右僕射劉遵考爲領軍將軍。丙申，婆皇國遣使獻方物。

　　二月乙卯，以揚州所統六郡爲王畿。[1]以東揚州爲揚州。[2]時欲立司隸校尉，[3]以元凶已立乃止。撫軍將軍、揚州刺史西陽王子尚徙爲揚州刺史。甲子，復置廷尉監官。[4]

[1]以揚州所統六郡爲王畿：《輿地表》：“以丹陽、吳、吳興、宣城、淮南、義興六郡爲王畿。”王畿，皇帝直轄區。《周禮·夏官·職方氏》：“乃辨九服之邦國，方千里曰王畿。”

[2]以東揚州爲揚州：“爲”各本並作“隸”，中華本據《通鑑》《元龜》改。按：本書《州郡志一》：“孝建元年，分揚州之會稽、東陽、新安、永嘉、臨海五郡爲東揚州。大明三年罷（揚）州，以其地爲王畿……而東揚州直云揚州。”故知東揚州並未隸屬揚州。

[3]司隸校尉：官名。漢武帝所置，原爲監察官，持節領兵，無所不糾。東漢改爲司州的長官，仍兼中央監察職務。魏晉沿置，東晉罷。宋孝武帝想復置，而未置成。

[4]廷尉監：官名。參議案例、律條，審理疑獄，逮捕案犯。六品。

荊州饑，三月甲申，原田租布各有差。[1]庚寅，以義興太守垣閬爲兗州刺史。壬辰，中護軍湘東王彧遷職，以中書令東海王褘爲衛將軍、護軍將軍。癸巳，太宰江夏王義恭加中書監。

[1]原田租布各有差：根據不同情況，免除不同數量的田租和戶調。

夏四月癸卯，上於華林園聽訟。丙午，以建寧太守苻仲子爲寧州刺史。[1]乙卯，司空、南兗州刺史竟陵王誕有罪，貶爵。誕不受命，據廣陵城反，殺兗州刺史垣閭。以始興公沈慶之爲車騎大將軍、開府儀同三司、南兗州刺史討誕。甲子，上親御六師，車駕出頓宣武堂。[2]司州刺史劉季之反叛，徐州刺史劉道隆討斬之。

[1]建寧：郡名。治所在今雲南曲靖市。 符仲子：人名。本書僅此一見，其事不詳。

[2]上親御六師，車駕出頓宣武堂：《通鑑》作"上親總禁兵頓宣武堂"。知"六師"乃是禁衛軍。

秋七月己巳，剋廣陵城，斬誕。悉誅城內男丁，以女口爲軍賞。是日解嚴。辛未，大赦天下。尚方長徒、奚官奴婢老疾者悉原放。孝子、順孫、義夫、節婦，賜粟帛各有差。王畿下貧之家，與近行頓所由，並蠲租一年。丙子，以丹陽尹劉秀之爲尚書右僕射。丙戌，分淮南北復置二豫州。[1]以新除車騎大將軍、開府儀同三司、南兗州刺史沈慶之爲司空，刺史如故。戊子，以衛將軍、護軍將軍東海王禕爲南豫州刺史，衛將軍如故。江州刺史義陽王昶爲護軍將軍，冠軍將軍桂陽王休範爲江州刺史。癸巳，以前左衛將軍王玄謨爲郢州刺史。

[1]二豫州：即豫州和南豫州。時二豫州同治睢陽，今河南商丘市，分領本州郡縣。

八月丙申，詔曰："近北討文武，於軍亡没，或殞身矢石，或癘疾死亡，並盡勤王事，而斂槥卑薄。可普更賵給，務令豐厚。"己酉，以車騎長史庾深之爲豫州刺史。[1]甲子，詔曰："昔姬道方凝，刑法斯厝；[2]漢德初明，犴圄用簡。[3]良由上一其道，下淳其性。今民澆俗薄，誠淺僞深，重以寡德，弗能心化。故知方者尠，趣辟實繁。[4]向因巡覽，見二尚方徒隸，嬰金屢校，[5]既有矜復。[6]加國慶民和，獨隔凱澤，[7]益以慚焉。可詳所原宥。"

[1]車騎長史：官名。車騎將軍府掾屬之長，管理府中庶務。庾深之：人名。字彥靜，新野（今河南新野縣）人。事見本書卷七九《海陵王休茂傳》。

[2]姬道方凝，刑法斯厝：周道剛剛形成的時候，刑法置而不用。姬，周姓，故以姬爲周的代稱。《史記》卷四《周本紀》："成康之際，天下安寧，刑錯四十餘年不用。"

[3]漢德初明，犴圄用簡：漢朝初興，監獄中少有犯人。賈誼《新書·過秦論》："虛囹圄而免刑戮。"

[4]知方者尠，趣辟實繁：知道禮法的人很少，觸犯刑法的人很多。知方，《論語·先進》："可使有勇，且知方也。"劉寶楠《正義》引鄭玄曰："方，禮法也。"

[5]嬰金屢校：頭帶刑具，腳繫枷械。

[6]既有矜復：既然已有憐憫之令免除了勞役。

[7]獨隔凱澤：惟獨享受不到恩澤。

九月己巳，詔曰："夫五辟三刺，[1]自古所難，巧法深文，在季彌甚。故沿情察訟，魯師致捷；[2]市獄勿擾，漢史飛聲。[3]廷尉遠邇疑讞，平決攸歸，而一蹈幽圄，動逾時歲。民嬰其困，吏容其私。自今囚至辭具，並即以聞，朕當悉詳斷，庶無留獄。若繁文滯勁，證逮遐廣，必須親察，以盡情狀。自後依舊聽訟。"壬辰，於玄武湖北立上林苑。

[1]五辟：即五刑。先秦指墨、劓、剕、宮、大辟。秦漢指墨、劓、斬左右趾、梟首、菹其骨肉。　三刺：處理大案必須反復徵詢群臣、群吏和百姓三種人的意見，然後才能定罪，以示慎重。《周禮·周官·司刺》："司刺掌三刺……壹刺曰訊群臣，再刺曰詢群吏，三刺曰訊萬民。"

[2]沿情察訟，魯師致捷：根據人情世情審理訴訟，魯軍獲得巨大勝利。典出《史記》卷三三《魯周公世家》。魯伯禽征伐徐戎，根據當時的社會情況，他在《肸誓》中提出"馬牛其風，臣妾逋逃，勿敢越逐，敬復之，無敢寇攘踰墻垣"等保護私有財產的措施，而取得了征討徐戎的勝利。

[3]市獄勿擾，漢史飛聲：曹參治齊，不干擾市獄，故揚名於漢史。典出《史記》卷五四《曹相國世家》。曹參爲齊相，接受蓋公"道貴清靜，而民自定"的建議，行黃老政治，不生事，不擾民，齊國大治。及曹參上調中央任相國，臨行"屬其後相曰：'以齊獄市爲寄，慎勿擾也。'"後相據此行事，齊國安寧。

冬十月丁酉，詔曰："古者薦鞠青壇，[1]聿祈多慶，分繭玄郊，以供純服。[2]來歲，可使六宮妃嬪修親桑之禮。"庚子，鎮軍將軍、南徐州刺史劉延孫進號車騎將軍。戊申，河西國遣使獻方物。庚戌，以河西王大沮渠安周爲征虜將軍、涼州刺史。[3]

[1]薦鞠青壇：春天於青壇舉行的祈求幸福的典禮。青壇，皇帝春天郊祭用的土臺。

[2]分繭玄郊，以供純（zī）服：在北郊舉行分繭儀式，爲了

供應皇帝黑色祭服。純服，帝王用的黑色祭服。純，通“緇”。

　　[3]沮渠安周：人名。匈奴盧水胡領袖沮渠無諱之弟。本書卷九八有傳。

　　十一月己巳，高麗國遣使獻方物。肅慎國重譯獻楛矢、石砮。[1]西域獻舞馬。

　　[1]肅慎國：中國古代東北地區的古國名。周武王伐紂取勝，肅慎即獻楛矢、石砮。後世之挹婁、勿吉、靺鞨、女真、滿洲均與肅慎有淵源關係。

　　十二月戊午，上於華林園聽訟。辛酉，置謁者僕射官。[1]

　　[1]謁者僕射：官名。謁者長官。掌大拜授及百官朝會班次，或奉命出使。五品。

　　四年春正月辛未，車駕祠南郊。甲戌，宕昌王奉表獻方物。乙亥，車駕躬耕藉田。大赦天下。尚方徒繫及逋租宿債，大明元年以前，一皆原除。力田之民，隨才叙用。孝悌義順，賜爵一級。孤老貧疾，人穀十斛。藉田職司，優沾普賚。百姓乏糧種，隨宜貸給。吏宣勸有章者，詳加褒進。壬午，以北中郎司馬柳叔仁爲梁、南秦二州刺史。[1]左將軍、荊州刺史朱脩之進號鎮軍將軍。[2]庚寅，立第三皇子子勛爲晉安王，[3]第六皇子子房爲尋陽王，[4]第七皇子子頊爲歷陽王，[5]第八皇子子鸞爲襄陽王。[6]

　　[1]北中郎司馬：官名。北中郎將府高級幕僚，管理府内武職並參贊軍務，地位僅次於長史。　　柳叔仁：人名。河東解（今山西臨猗縣）人，柳元景之弟，曾任車騎司馬、梁州刺史，以破臧質功，封宜陽縣侯。

　　[2]左將軍：官名。與前、後、右共稱四將軍。漢時爲重號將軍，權任較重，魏晉僅爲武官名號，東晉以後爲軍府名號，宋用作加官。三品。

　　[3]子勛：人名。即劉子勛。本書卷八〇有傳。　　晉安王：王爵名。王國在今福建福州市。

　　[4]尋陽王：王爵名。王國在今江西九江市。

　　[5]子頊：人名。即劉子頊。本書卷八〇有傳。　　歷陽王：王爵名。王國在今安徽和縣。

　　[6]子鸞：人名。即劉子鸞。本書卷八〇有傳。　　襄陽王：王爵名。王國在今湖北襄陽市襄城區。

　　二月庚子，侍中建安王休仁爲湘州刺史。己未，以員外散騎侍郎費景緒爲寧州刺史。[1]

　　[1]員外散騎侍郎：官名。閑職，無職掌，用以安置衰老閑退官員。　　費景緒：人名。本書僅此一見，其事不詳。

　　三月甲子，以冠軍將軍巴陵王休若爲徐州刺史。丁卯，以安陸王子綏爲郢州刺史。癸酉，以徐州刺史劉道隆爲青、冀二州刺史。索虜寇北陰平孔堤，[1]太守楊歸子擊破之。[2]甲申，皇后親桑于西郊。[3]

　　[1]北陰平：郡名。治所在今四川江油市。　　孔堤：地名。在

今四川江油市北。

〔2〕楊歸子：人名。本書僅此一見，其事不詳。

〔3〕皇后：即孝武帝文穆王皇后。

夏四月癸卯，以南琅邪隸王畿。[1]丙午，詔曰："昔紩衣御宇，[2]貶甘示節；[3]土簋臨天，[4]飭儉昭度。[5]朕綈帛之念，無忘于懷。雖深詔有司，省游務實，而歲用兼積，年量虛廣。豈以捐豐從損，允稱約心。四時供限，可詳減太半。庶裘絺順典，有偃民華；纂組傷工，無競壘市。"辛酉，詔曰："都邑節氣未調，疫癘猶衆，言念民瘼，情有矜傷。可遣使存問，并給醫藥；其死亡者，隨宜恤贍。"

〔1〕南琅邪：郡名。治所在今江蘇句容市西北。

〔2〕昔紩衣御宇：古代有穿縫補的衣裳而坐天下的。《晏子春秋·諫下》："古者嘗有紩衣攣領而王天下者。"《説文》："紩，縫也。"

〔3〕貶甘示節：減少珍貴食物以示節儉。

〔4〕土簋臨天：貴爲天子却用陶器吃飯。喻儉約。

〔5〕飭儉昭度：教導儉約以明限度。

五月庚辰，於華林園聽訟。乙酉，以徐州之梁郡還屬豫州。丙戌，尚書左僕射褚湛之卒。以撫軍長史劉思考爲益州刺史。庚寅，以南下邳併南彭城郡。[1]

〔1〕南下邳、南彭城：皆郡名。均屬僑置，治所在江淮間。

　　秋七月甲戌，左光禄大夫、開府儀同三司何尚之薨。

　　八月壬寅，宕昌王遣使獻方物。己酉，以晋安王子勛爲南兗州刺史。雍州大水，甲寅，遣軍部賑給。

　　九月辛未，以冠軍將軍垣護之爲豫州刺史。甲申，上於華林園聽訟。丁亥，改封襄陽王子鸞爲新安王。

　　冬十月庚寅，遣新除司空沈慶之討沿江蠻。壬辰，制郡縣減禄，並先充公限。

　　十一月戊辰，改細作署令爲左右御府令。丙戌，復置大司農官。[1]

　　[1]大司農：官名。漢代爲九卿之一，主管全國財政收支及管理官府農業、手工業、商業的經營。宋時職掌已輕，僅管倉儲、園苑及供膳等事。

　　十二月乙未，上於華林園聽訟。辛丑，[1]車駕幸廷尉寺，凡囚繫咸悉原遣。索虜遣使請和。丁未，車駕幸建康縣，[2]原放獄囚。倭國遣使獻方物。

　　[1]辛丑：各本並作“辛巳”，張煦《舉正》：“按上書乙未，下書丁未，不當有辛巳，作辛丑是。”局本及《南史》作“辛丑”，據改。
　　[2]建康縣：治所在今江蘇南京市。

　　五年春正月丁卯，以宕昌王梁唐子爲河州刺史。[1]

　　[1]梁唐子：人名。羌族領袖。本書僅此一見，其事不詳。

二月癸巳，車駕閱武。詔曰：“昔人稱人道何先，於兵爲首，雖淹紀勿用，[1]忘之必危。朕以聽覽餘閒，因時講事，坐作有儀，進退無爽。軍幢以下，[2]普量班錫。[3]頃化弗能孚，而民未知禁，逭役違調，起觸刑網。凡諸逃亡，在今昧爽以前，悉皆原赦。已滯圄圉者，釋還本役。其逋負在大明三年以前，一賜原停。自此以還，鰥貧疾老，詳所申減。伐蠻之家，蠲租稅之半。近籍改新制，[4]在所承用，殊謬實多，可普更符下，聽以今爲始。[5]若先已犯制，亦同蕩然。”甲寅，加右光禄大夫羊玄保特進。

[1]淹紀：長期。

[2]軍幢：皇帝的宿衛部隊。此處指宿衛軍將領幢將。

[3]班錫：即頒賜。班，同“頒”。錫，同“賜”。

[4]近籍改新制：指宋文帝元嘉二十七年（450）的户籍制度改革及元嘉時期的釐定符伍制度。其目的是取消士族在里伍中的免役特權。詳見朱紹侯《魏晋南北朝土地制度與階級關係》（中州古籍出版社1988年版）第十一章。

[5]可普更符下，聽以今爲始：可普遍傳達到符（里）伍，元嘉時的户籍改革，可以從現在開始執行。符下，符伍里邊。東晋南朝的里伍中，由於是士庶雜居，而士人在里伍中稱“押符”，故里伍制又稱符伍制。“押符”是指士人在里伍没有傳送符書的義務，即享有免役特權。

夏四月癸巳，改封西陽王子尚爲豫章王。丙申，加尚書令柳元景左光禄大夫、開府儀同三司。戊戌，詔曰："南徐、兖二州去歲水潦傷年，民多困窶。逋租未入者，可申至秋登。"丙午，雍州刺史海陵王休茂殺司馬庾深之，舉兵反，義成太守薛繼考討斬之。[1]甲寅，以第九皇子子仁爲雍州刺史。[2]

[1]義成太守薛繼考討斬之：此文與史實不符。錢大昕《考異》云："案《休茂傳》，繼考爲休茂盡力攻城，及休茂死，詐稱立義，乘驛還都，事泄伏誅。則繼考乃黨於休茂者，紀所書誤。《南史》云參軍尹玄慶起義斬之，爲得其實。"中華本校勘記云："按《休茂傳》，言尹玄慶既斬休茂，繼考以兵脅行府州事劉恭之作啓，言繼考起義，因得封賞，尋事泄伏誅。蓋國史誤仍當日記注，沈約竟不追改，而於《休茂傳》則詳述其事始末。"

[2]子仁：人名。即劉子仁。本書卷八〇有傳。

五月癸亥，制帝室期親，[1]朝官非禄官者，月給錢十萬。丙辰，車駕幸閲武堂聽訟。

[1]期親：服喪一年的親屬，即祖父母、伯叔父母、嫡孫、兄弟、未婚姑、姐妹一類親屬。

六月丙午，以護軍將軍義陽王昶爲中軍將軍。壬子，分廣陵置沛郡，[1]省東平郡并廣陵。[2]

[1]廣陵：郡名。治所在今江蘇揚州市西北蜀崗上。　沛郡：實爲南沛郡。治所在今安徽天長市西北石梁鎮。
[2]東平郡：實爲南東平郡，治所不詳。《輿地表》載大明五年"分廣陵立南沛郡而省南東平"。

秋七月丙辰，詔曰：“雨水猥降，街衢泛溢。可遣使巡行。窮弊之家，賜以薪粟。”丁卯，高麗國遣使獻方物。庚午，曲赦雍州。

八月戊子，立第九皇子子仁爲永嘉王，[1]第十一皇子子真爲始安王。[2]以北中郎參軍費伯弘爲寧州刺史。[3]己丑，詔曰：“自靈命初基，聖圖重遠。參正樂職，感神明之應；[4]崇殖禮囿，奮至德之光。[5]聲實同和，文以均節，化調其俗，物性其情。故臨經式奠，焕乎炳發，道喪世屯，[6]學落年永。獄訟微衰息之術，百姓忘退素之方。今息警夷嶂，恬波河渚，[7]棧山航海，嚮風慕義，化民成俗，兹焉時矣。[8]來歲可修葺庠序，旌延國胄。”[9]庚寅，制方鎮所假白板郡縣，[10]年限依臺除，食禄三分之一，不給送故。[11]衛將軍東海王褘以本號開府儀同三司。

[1]永嘉王：王爵名。王國在今浙江温州市。

[2]子真：人名。即劉子真。本書卷八〇有傳。　始安王：王爵名。王國在今廣西桂林市。

[3]費伯弘：人名。本書僅此一見，其事不詳。

[4]參正樂職，感神明之應：歌頌地方官盡職之辭。典出王褒《四子講德論》：“浮游先生陳丘子曰：‘所謂《中和》《樂職》《宣布》之詩益州刺史之所作也。刺史見太上聖明，股肱竭力，德澤洪茂，黎庶和睦，天人並應，屢降瑞福，故作三篇之詩，以歌詠之也。’”後遂用以爲歌頌地方官之辭。參正，即中和之義。《元龜》卷一九四作“藻正”。

[5]崇殖禮囿，奮至德之光：歌頌帝王重視鳥獸繁殖之德政。典出《詩·大雅·靈臺》：“王在靈囿，麀鹿攸伏，麀鹿濯濯，白鳥

翯翯。王在靈沼，於牣魚躍。”朱熹引東萊呂氏曰：“前二章樂文王有臺池鳥獸之樂也。”

[6]世屯（zhūn）：時世艱難。

[7]恬波：平息波瀾。

[8]兹焉時矣：各本並作“兹時篤矣”，中華本據《元龜》卷一九四改。

[9]國胄：帝王和貴族子弟。

[10]白板郡縣：由方鎮發給郡縣一紙任命狀而無詔敕印章，即無誥命的郡縣。這類白板郡縣實際也是没有土地和人民可以統治的郡縣。

[11]送故：兩晋南朝的州郡長官遷轉離任，除其下屬隨之遷轉外，還要割送精兵器仗和米布之類財物，稱爲送故。《晋書》卷七五《范甯傳》：“方鎮去官，皆割精兵器仗，以爲送故，米布之屬不可稱計。”

九月甲寅朔，日有食之。丁卯，行幸琅邪郡，囚繫悉原遣。甲戌，移南豫州治淮南于湖縣。[1]丁丑，以冠軍將軍尋陽王子房爲南豫州刺史。

[1]于湖縣：治所在今安徽當塗縣。

閏月戊子，皇太子妃何氏薨。[1]丙申，初立馳道，自閶闔門至于朱雀門，又自承明門至于玄武湖。壬寅，改封歷陽王子頊爲臨海王。[2]

[1]太子妃何氏：即前廢帝何皇后，名令婉，廬江灊人。本書卷四一有傳。

[2]臨海王：王爵名。王國在今浙江臨海市東南章安鎮。

冬十月甲寅，以車騎將軍、南徐州刺史劉延孫爲尚書左僕射、領護軍將軍，尚書右僕射劉秀之爲安北將軍、雍州刺史。以冠軍將軍臨海王子頊爲廣州刺史。乙卯，以東中郎將新安王子鸞爲南徐州刺史。

十一月壬辰，詔曰：“王畿内奉京師，外表衆夏，民殷務廣，宜思簡惠。可遣尚書就加詳檢，并與守宰平治庶獄。其有疑滯，具以狀聞。”丁酉，增置少府丞一人。[1]

[1]增置少府丞一人：少府丞爲少府的副長官，西漢時置有六員，東漢時減爲一員，孝武帝又增加一員。七品。

十二月壬申，以領軍將軍劉遵考爲尚書右僕射。甲戌，制天下民户歲輸布四疋。[1]庚辰，以太常王玄謨爲平北將軍、徐州刺史。[2]

[1]制天下民户歲輸布四疋：原爲户調絹三疋，現增加布一疋。
[2]太常：官名。西漢時爲九卿之一，職掌祭祀、朝令等禮儀及文化教育事業。宋禮儀郊廟制度由尚書八座及儀曹裁定，太常位尊職閑。三品。　平北將軍：官名。四平將軍之一，多兼刺史，統管軍、政事務。三品。

六年春正月己丑，湘州刺史建安王休仁加平南將軍。辛卯，車駕親祠南郊。是日，又宗祀明堂。[1]大赦天下。孝子、順孫、義夫、悌弟，賜爵一級，慈姑、節婦及孤老、六疾，賜帛五匹，穀十斛。下四方旌賞茂異，其有懷真抱素，志行清白，恬退自守，不交當世，或識通古今，才經軍國，奉公廉直，高譽在民，具以名奏。乙未，置五官中郎將、左右中郎將官。[2]

　[1]宗祀明堂：在明堂祭祀祖宗。是皇室家祭的一種儀式。《孝經·聖治》：“昔者周公郊祀后稷以配天，宗祀文王於明堂以配上帝。”明堂，帝王宣明政教之處，國家祭祀、慶賞及宣教大典均在此舉行。

　[2]五官中郎將：官名。秦置，爲宿衛之官。東漢末，曹丕任此官，爲丞相之副。魏晉或置或省，宋孝武帝復置，仍近侍宿衛，與左、右中郎將合稱爲三中郎將，均爲侍衛武官。四品。

　　二月乙卯，復百官禄。

　　三月庚寅，立第十三皇子子元爲邵陵王。[1]壬寅，以倭國王世子興爲安東將軍。[2]乙巳，改豫州南梁郡爲淮南郡，舊淮南郡并宣城。[3]丁未，輔國將軍、征虜長史、廣陵太守沈懷文有罪，下獄死。[4]

　　四月庚申，原除南兗州大明三年以前逋租。新作大航門。

　[1]子元：人名。即劉子元。本書卷八〇有傳。　邵陵王：王爵名。王國在湖南邵陽市。

　[2]倭國王世子興：倭王濟之子，濟死立爲王。見本書卷九七《倭國傳》。據中日學者考證，興即日本安康天皇，名穴穗。日語“穗”讀“木”（ho），“興”的古音是（hio），由“穗”（ho）轉爲“興”（hio），説明穴穗就是興。詳見沈仁安《倭五王遣使除授考》（《日本研究》1990 年第 4 期）。

　　[3]南梁郡：治所在今安徽壽縣。　舊淮南郡：治所在今安徽當塗縣。　宣城：郡名。治所在今安徽宣城市宣州區。
　　[4]沈懷文：人名。字思明，吳興武康人。本書卷八二有傳。

　　五月丙戌，置凌室，修藏冰之禮。壬寅，太宰江夏王義恭解領司徒。
　　六月辛酉，尚書左僕射、護軍將軍劉延孫卒。[1]

　　[1]尚書左僕射：“左僕射”各本並作“右僕射”，中華本據《南史》改。按：本卷前文五年十月以劉延孫爲尚書左僕射，知“右”誤。

　　秋七月庚辰，以荆州刺史朱脩之爲領軍將軍，廣州刺史臨海王子頊爲荆州刺史。甲申，地震。戊子，以輔國將軍王翼之爲廣州刺史。辛卯，以西陽太守檀翼之爲交州刺史。[1]乙未，立第十九皇子子雲爲晋陵王。[2]

　　[1]檀翼之：人名。又作“檀翼”。後翼之卸任交州刺史，攜“資貨鉅萬”歸至廣州，被廣州刺史的部將李萬周所襲殺。
　　[2]子雲：人名。即劉子雲。本書卷八〇有傳。

　　八月癸亥，原除雍州大明四年以前逋租。乙亥，置清臺令。[1]

　　[1]清臺令：官名。職掌不詳。

　　九月戊寅，制沙門致敬人主。[1]戊子，以前金紫光禄大夫宗慤爲中護軍。乙未，尚書右僕射劉遵考爲尚書左僕射，丹陽尹王僧朗爲尚書右僕射。[2]

[1]制沙門致敬人主：東晉僧人慧遠著《沙門不敬王者論》，爲出家人不禮敬帝王作辯護，孝武帝以詔令的形式明確規定沙門要向人主致敬。

[2]王僧朗：人名。琅邪臨沂人，王景文之父，爲官勤謹，曾任湘州刺史。明帝時，以皇后之父，加侍中、特進。

冬十月丁巳，以山陽王休祐子士弘繼鄱陽哀王休業。[1]丁卯，詔上林苑內民庶丘墓欲還合葬者，[2]勿禁。

[1]士弘：人名。即劉士弘。山陽王劉休祐之次子，過繼給劉休業後，嗣位鄱陽王，後“被廢還本，國除”。事見本書卷七二《鄱陽哀王休業傳》。

[2]丁卯，詔上林苑內民庶丘墓欲還合葬者：各本並脱“丁卯詔”三字，中華本據《南史》補。

十一月己卯，陳留王曹虔秀薨。[1]辛巳，以尚書令柳元景爲司空，尚書令如故。

[1]陳留王：王爵名。王國在今河南開封市祥符區陳留鎮。晉武帝代魏後，封魏帝曹奐爲陳留王，傳國至宋。　曹虔秀：人名。曹虔嗣之弟，虔嗣卒，無子，弟虔秀嗣位。

七年春正月癸未，詔曰：“春蒐之禮，著自周令；[1]講事之語，書于魯史。[2]所以昭宣德度，示民軌則。[3]今歲稔氣榮，[4]中外寧晏。當因農隙，葺是舊章。[5]可克日於玄武湖大閲水師，並巡江右，講武校獵。"丁亥，以尚書右僕射王僧朗爲太常，衛將軍顔師伯爲尚書右僕射。己丑，以尚書令柳元景爲驃騎大將軍、開府儀同三司。庚寅，以南兗州刺史晋安王子勛爲江州刺史。癸巳，割吳郡屬南徐州。[6]

[1]春蒐之禮，著自周令：天子在春天通過打獵訓練軍隊的禮儀，自周朝起就寫在法令上了。《周禮·夏官·大司馬》："遂以蒐田。"注："春田爲蒐。"《史記》卷四〇《楚世家》："（周）成王有岐陽之蒐。"

[2]講事之語，書于魯史：以打獵閲兵講武的話，魯史上有記載。《左傳》隱公五年載"凡物不足以講大事，其材不足以備器用，則君不舉焉"，"故春蒐、夏苗、秋獮、冬狩，皆於農隙以講事也"。

[3]昭宣德度，示民軌則：明確宣布道德法則，告訴人民行爲標準。

[4]歲稔氣榮：年成豐收，景氣繁榮。

[5]葺是舊章：修治舊的春蒐典章制度。

[6]吳郡：治所在今江蘇蘇州市。　南徐州：治所在今江蘇鎮江市。

二月甲寅，車駕巡南豫、南兗二州。丙辰，詔曰："江漢楚望，[1]咸秩周禋，[2]禮九疑於盛唐，[3]祀蓬萊於渤海，[4]皆前載流訓，列聖遺式。[5]霍山是曰南嶽，[6]實維國鎮，[7]韞靈呈瑞，[8]肇光宋道。朕駐驆于野，有事岐陽，[9]瞻睇風雲，徘徊以想。可遣使奠祭。"丁巳，車駕校獵于歷陽之烏江。[10]己未，車駕登烏江縣六合山。[11]庚申，割歷陽、秦郡置臨江郡。[12]壬戌，[13]詔曰："朕受天慶命，十一年於茲矣。憑七廟之靈，[14]獲上帝之力，禮橫四海，威震八荒。方巡三湘而奠衡嶽，[15]次九河而檢云、岱。[16]今恢覽功成，省風畿表，觀民六合，[17]蒐校長洲。[18]騰沙飛礫，平嶽瀁海，虡晋合序，[19]鐃鉦協節，獻罬如禮，饁獸傾郊，[20]敬舉王公之觴，廣納士民之壽。八風循通，卿雲叢聚，[21]盡天罄瑞，率宇竭歡。思散太極之泉，以福無方之外。[22]可大赦天下，行幸所經，無出今歲租布。其逋租餘債，勿復收。賜民爵一級，女子百户牛酒。刺守邑宰及民夫從蒐者，普加沾賚。"[23]又詔曰："朕弱年操製，出牧司雍，承政宣風，荐歷年紀。國步中阻，[24]治戎江甸。難夷情義，實繫于懷。今或練蒐訓旅，涉茲境閒，故邑耆舊，在目罕存。年世未遠，殲亡太半，撫迹惟事，傾慨兼著。太宗燕故，晋陽洽恩；[25]世祖流仁，濟畿暢澤。[26]永言往猷，思廣前賚。可蠲歷陽郡租輸三年。遣使巡慰，問民疾苦，鰥寡、孤老、六疾不能自存者，厚賜粟帛。高年加以羊酒。凡一介之善，隨才銓貫；[27]前國名臣及府州佐吏，量所沾錫。人身已往，施及子孫。"壬申，車駕還宮。

[1]江漢楚望：江漢是楚國的山川。望，古時祭祀山川的專稱。楚望，楚國的山川。《左傳》哀公六年："三代命祀，祭不越望，江漢睢漳，楚之望也。"

[2]咸秩周禋：全都依照次序遍祭山川。

［3］禮九疑於盛唐：典出《漢書》卷六《武帝紀》。漢武帝南巡至盛唐（今安徽六安市），望祀九疑山，登雲桂山，作《盛唐樅陽之歌》。九疑，山名。亦稱“九嶷”，在今湖南寧遠縣南。

［4］祀蓬萊於渤海：典出《史記》卷六《秦始皇本紀》。指秦始皇至渤海祭祀蓬萊之事。蓬萊，山名。中國古代傳説中的三神山之一。

［5］皆前載流訓，列聖遺式：都是前代流傳下來的遺訓，歷代聖人留下的法式。

［6］霍山：亦名天柱山，四岳之一，俗稱南岳，在今安徽潛山界。

［7］實維國鎮：是國家賴以安寧的名山。鎮，古代稱某一地區内最大、最重要的名山大山曰鎮。

［8］韞靈呈瑞：韞藏靈氣，呈現祥瑞。

［9］有事岐陽：借用周成王在岐山以南狩獵的典故。《左傳》昭公四年：“成有岐陽之蒐。”杜預注：“周成王歸自奄，大蒐於岐山之陽。”

［10］烏江：縣名。治所在今安徽和縣東北烏江鎮。

［11］六合山：又名方山，在今安徽和縣西北。

［12］臨江郡：治所在今安徽和縣東北烏江鎮。

［13］壬戌：各本並作“壬寅”，中華本據《南史》、《建康實録》、《元龜》卷二〇七改。按：是月丙午朔，無壬寅，十七日爲壬戌。

［14］七廟：泛指皇帝供奉祖先的宗廟。《禮記·王制》：“天子七廟，三昭三穆，與大祖之廟而七。”

［15］三湘：指湖南的湘鄉、湘潭、湘陰（或湘源），亦泛指湘江流域、洞庭湖地區。

［16］九河：禹時黄河的九條支流。陸德明釋文引《爾雅·釋水》：“九河：徒駭一、太史二、馬頰三、覆釜四、胡蘇五、簡六、絜七、鉤盤八、鬲津九。”後世以九河泛指黄河。　云、岱：泰山

的代稱，在今山東泰安市。云，山名。亦稱云山，泰山下的小山。岱，即泰山。

[17]六合：天地四方。泛指天下，也是宇宙巨大空間的代稱。

[18]長洲：古苑名。在今江蘇蘇州市東南，太湖北。此處借用吳王闔閭游獵的典故。《吳越春秋·闔閭内傳》："射於鷗陂，馳於游臺，興樂石城，走犬長洲。"

[19]鼖晋合序：鼖鼓和晋鼓合奏。鼖，大鼓。《周禮·考工記·韗人》："鼓長八尺，鼓（面）四尺，中圍加三之一，謂之鼖鼓。"晋鼓，《周禮·地官·鼓人》："以晋鼓鼓金奏。"鄭玄注："晋鼓長六尺六寸。金奏，謂樂作擊編鍾。"

[20]饁獸傾郊：以狩獵時所獲之獸，祭奠四郊之神。《周禮·春官·甸祝》："師甸，致禽于虞中，乃屬禽。及郊，饁獸，舍奠于祖禰，乃斂禽。"鄭玄注："饁，饋也，以所獲獸饋於郊，薦于四方群兆。"

[21]卿雲叢聚：慶雲匯聚。卿雲，即慶雲，顯示祥瑞的彩雲。

[22]思散太極之泉，以福無方之外：想要散發太極泉的山水，以造福於天下所有人民。太極，仙境、仙界。無方，沒有方向、處所的限制，謂無所不至。

[23]普加沾賚："沾"各本均作"洽"，中華本據《元龜》卷一九七改。

[24]國步：國家命運。《詩·大雅·桑柔》："於乎有哀，國步斯頻。"高亨注："國步，猶國運。"

[25]太宗燕故，晋陽洽恩：典出《史記》卷一〇《孝文帝本紀》。漢文帝爲伐匈奴親至太原，"見故群臣""舉功行賞"，並"復晋陽中都民三歲"。太宗，漢文帝廟號。燕故，宴請故舊。燕，同"宴"。洽恩，沾浴皇恩。

[26]世祖流仁，濟畿暢澤：漢光武帝廣施仁政，濟陽人民受其恩澤。典出《後漢書》卷一《光武帝紀》。劉秀曾多次下詔，免除其出生地濟陽縣的租稅賦役，使濟陽人民受到惠澤。濟畿，指劉秀

出生的濟陽縣，在今河南民權縣。

　　[27]銓貫：《建康實録》作"銓用"，義同。

　　夏四月甲寅，以領軍將軍朱脩之爲特進。丙辰，以
尚書湘東王彧爲領軍將軍。甲子，詔曰："自非臨軍戰
陳，一不得專殺。其罪甚重辟者，[1]皆如舊先上須報有
司，嚴加聽察。犯者以殺人罪論。"

　　[1]甚：《通鑑》作"應"，似是。

　　五月乙亥，撫軍將軍、揚州刺史豫章王子尚進號車
騎將軍，輔國將軍始安王子真爲廣州刺史。丙子，詔
曰："自今刺史守宰，動民興軍，皆須手詔施行。唯邊
隅外警，及姦釁内發，變起倉卒者，不從此例。"
　　六月甲辰，以北中郎司馬柳元怙爲梁、南秦二州刺
史。戊申，芮芮國、高麗國遣使獻方物。[1]戊辰，以秦
郡太守劉德願爲豫州刺史。

　　[1]芮芮國：即柔然。北朝稱蠕蠕，皆爲一聲之轉。原爲東胡
族的一支，姓鬱久閭氏，初屬拓跋部，南北朝時始强大。《南史》
《北史》均有《蠕蠕傳》。

　　七月乙亥，征東大將軍高麗王高璉進號車騎大將
軍、開府儀同三司。[1]丙申，[2]詔曰："前詔江海田池，
與民共利。歷歲未久，浸以弛替。名山大川，往往占
固。有司嚴加檢糾，申明舊制。"

〔1〕高璉：人名。高麗國王，東晉時封爲樂浪公。事見本書卷九七《高句驪國傳》。

〔2〕丙申：各本在"丙申"之上有"秋七月"三字，中華本校勘記云："是年七月甲戌朔，初二日乙亥，二十三日丙申。上已有'七月乙亥'，此'秋七月'三字衍，今删。"

八月丁巳，詔曰："昔匹婦含怨，山燋北鄙；[1]孀妻哀慟，臺傾東國。[2]良以誠之所動，在微必著；感之所震，雖厚必崩。朕臨察九野，志深待旦，弗能使爛然成章，各如其節。遂令炎精損河，陽偏不施，[3]歲云不稔，咎實朕由。太官供膳，宜從貶撤。近道刑獄，當親料省。其王畿内及神州所統，可遣尚書與所在共詳；畿外諸州，委之刺史。并詳省律令，思存利民。其考讁貿襲，[4]在大明七年以前，一切勿治。尤弊之家，開倉賑給。"乙丑，立第十六皇子子孟爲淮南王，[5]第十八皇子子産爲臨賀王。[6]車駕幸建康秣陵縣訊獄囚。[7]

〔1〕匹婦含怨，山燋北鄙：典出《漢書》卷七一《于定國傳》："東海有孝婦，少寡，亡子，養姑甚謹，姑欲嫁之，終不肯。姑謂鄰人曰：'孝婦事我勤苦，哀其亡子守寡。我老，久累丁壯，奈何？'其後姑自經死，姑女告吏：'婦殺我母。'吏捕孝婦，孝婦辭不殺姑。吏驗治，孝婦自誣服，具獄上府，于公以爲此婦養姑十餘年，以孝聞，必不殺也。太守不聽，于公爭之，弗能得，乃抱其具獄，哭於府上，因辭疾去。太守竟論殺孝婦。郡中枯旱三年。後太守至，卜筮其故，于公曰：'孝婦不當死，前太守彊斷之，咎黨在是乎？'於是太守殺牛自祭孝婦冢，因表其墓，天立大雨。"《魏書》卷八《世宗紀》："孝婦淫刑，東海燋壤"也指此典故。

[2]孀妻哀慟，臺傾東國：典出《淮南子·覽冥訓》："庶女叫天，雷電下擊，景公臺隕，支體傷折，海水大出。"高誘注："庶賤之女，齊之寡婦，無子，不嫁，事姑謹敬。姑無男有女，女利母財，令母嫁婦，婦益不肯，女殺母，以誣寡婦。婦不能自明，冤結叫天，天爲作雷電下擊景公之臺。隕，壞也。"

[3]炎精損河，陽偏不施：陽光太强造成大旱，陽氣偏頗不能發揮正常作用。炎精，太陽，代指天象、皇運。

[4]貿襲：案情複雜長期積壓未了結的案子。

[5]子孟：人名。即劉子孟。本書卷八〇有傳。　淮南王：王爵名。王國在今安徽壽縣。

[6]子産：人名。即劉子産。事見本書卷八〇《孝武十四王傳》。　臨賀王：王爵名。王國在今廣西賀州市八步區東南賀街。

[7]秣陵縣：治所在今江蘇南京市中華門外故報恩市附近。

九月己卯，詔曰："近炎精亢序，苗稼多傷。今二麥未晚，甘澤頻降，可下東境郡，勤課墾殖。尤弊之家，量貸麥種。"戊子，詔曰："昔周王驥跡，實窮四溟；[1]漢帝鸞軫，夙遍五嶽。[2]皆所以上對幽靈，下理民土。自天昌替馭，臨宮創圖，[3]禮代夭鬱，世貿興毁。[4]皇家造宋，日月重光，旋璣得序，[5]五星順命，[6]而戎車歲動，陳詩義闕。[7]朕聿含五光，[8]奄一天下，思盡寶戒之規，[9]以塞謀危之路。當沿時省方，觀察風俗，外詳考舊典，以副側席之懷。"庚寅，南徐州刺史新安王子鸞兼司徒。乙未，車駕幸廷尉訊獄囚。[10]丙申，立第十七皇子子嗣爲東平王。[11]

[1]周王驥跡，實窮四溟：周穆王的馬跡已經跑遍四海。周穆

王乘驥（八駿之乘）游四海的傳説，見《穆天子傳》及《山海經》。

〔2〕漢帝鸞軫，夙遍五嶽：典出《漢武帝内傳》。西王母率群仙乘鸞輿下降漢宫，而賜武帝《五嶽真形圖》，傳授仙道。

〔3〕天昌替馭，臨宫創圖：上天慶幸交替制馭國家，臨御宫廷創造鴻圖大業。昌，慶。左思《蜀都賦》：“天帝運期而會昌。”《文選》注：“昌，樂也，言天帝於此會慶建福也。”

〔4〕禮代夭鬱，世貿興毀：禮義代替妖鬱，世事興敗不定。

〔5〕旋璣得序：帝位得以按順序傳下來。旋璣，原指北斗前四星，也叫魁，此處喻指帝位。

〔6〕五星順命：水木金火土五星順從天命運轉。喻指帝位順從天命得以延續。

〔7〕陳詩義闕：進獻民間詩歌於宫門。陳詩，《禮記·王制》：“命大師陳詩以觀民風。”鄭玄注：“謂采其詩而視之。”闕，《三輔黃圖·雜録》：“闕，觀也，周置兩觀以表宫門，其上可居，登之可以遠觀，故謂之觀。”代指宫廷，皇帝所居之處。

〔8〕聿含五光：蘊含五色光彩。喻指得天命之祥瑞。

〔9〕思盡寶戒之規：想盡量利用周代史書提供的戒鑑。寶戒，《公羊傳》隱公第一徐彦疏：“昔孔子受端門之命，制《春秋》之義，使子夏等十四人求周史記，得百二十國寶書……周史而言寶書者，寶者，保也，以其可世世傳保以爲戒，故云寶書。”按：孔子制《春秋》之義和周寶書所提供的借鑑，都是爲了防止篡殺，使王位可以世世傳襲下去。

〔10〕廷尉：官名。此處指官署，爲中央最高司法審判機關。其長官爲廷尉。三品。

〔11〕十七皇子：丁福林《校議》據本書卷七二《臨慶沖王休倩傳》、卷八〇《孝武十四王傳》考證，“十七皇子”乃“二十七皇子”之誤。　子嗣：人名。即劉子嗣。本書卷八〇有傳。　東平王：王爵名。王國在今山東東平縣。

　　冬十月壬寅，太子冠，[1]賜王公以下帛各有差。戊申，車駕巡南豫州。詔曰："朕巡幸所經，先見百年者，及孤寡老疾，並賜粟帛。獄繫刑罪，並親聽訟。其士庶或怨鬱危滯，受抑吏司，或隱約潔立，負擯州里，皆聽進朕前，面自陳訴。若忠信孝義，力田殖穀，一介之能，一藝之美，悉加旌賞。雖秋澤頻降，而夏旱嬰弊。可即開行倉，[2]並加賑賜。"癸丑，行幸江寧縣訊獄囚。[3]車騎將軍、揚州刺史豫章王子尚加開府儀同三司。癸亥，衛將軍、開府儀同三司東海王禕爲司空，中軍將軍義陽王昶加開府儀同三司。丙寅，詔曰："賞慶刑威，奄國彝軌；[4]黜幽升明，闓宇恒憲。[5]故採言聆風，式觀侈質，貶爵加地，於是乎在。今類帝宜社，[6]親巡江甸，因觀獄守，躬求民瘼。思弘明試之典，以申考績之義。行幸所經，蒞民之職，功宣於聽，即加甄賞。若廢務亂民，隨譽議罰。[7]主者詳察以聞。"己巳，車駕校獵於姑孰。[8]

　　[1]太子冠：太子子業（前廢帝）施行加冠典禮，亦稱加元服。按宋制，太子十五歲加冠。子業元嘉二十六年（449）生，到大明七年（463）爲十五歲。加冠，表示已爲成年人。

　　[2]開行倉：據中華本考證，《元龜》卷一九五及二〇五無"行"字。

　　[3]江寧縣：治所在今江蘇南京市江寧區西南江寧鎮。

　　[4]奄國彝軌：是有國者的常軌。

　　[5]闓宇恒憲：開國者的常法。

　　[6]類帝宜社：祭祀上帝，祭祀冢社。《禮記·王制》："天子將

出，類乎上帝，宜乎社，造乎禰。”鄭玄注：“類、宜、造皆祭名。”

[7]隨愆（qiān）議罰：根據罪責輕重決定處罰。愆，錯過，罪咎。

[8]姑孰：城名。亦作“姑熟”，又名南州城。在今安徽當塗縣。

　　十一月丙子，曲赦南豫州殊死以下。巡幸所經，詳減今歲田租。乙酉，詔遣祭晋大司馬桓溫、征西將軍毛璩墓。[1]上於行所訊溧陽、永世、丹陽縣囚。[2]癸巳，車駕習水軍於梁山，有白爵二集華蓋，[3]有司奏改大明七年爲神爵元年，詔不許。乙未，原放行獄徒繫。東諸郡大旱，[4]壬寅，[5]遣使開倉貸恤，[6]聽受雜物當租。

[1]桓溫：人名。字元子，譙郡龍亢（今安徽懷遠縣）人。歷仕東晋成、穆、哀、廢、孝武五帝，官至大司馬都督中外諸外軍事，假黄鉞、加揚州牧、録尚書事，獨攬東晋軍政大權，並有篡奪之意，未及行而病終。《晋書》卷九八有傳。　毛璩：人名。字叔璡，武陽（今四川彭山縣）人，初爲謝安參軍，後歷官建威將軍、益州刺史，以討桓玄功，進位征西將軍，散騎常侍，爲其參軍譙縱所害。《晋書》卷八一有傳。

[2]溧陽：縣名。治所在今江蘇高淳縣東城鎮。　永世：縣名。治所在今江蘇溧陽市南古縣村。　丹陽：縣名。治所在今安徽當塗縣東北小丹陽鎮。

[3]白爵：白雀。爵，同“雀”。　華蓋：帝王或官僚貴族車上的傘蓋。

[4]大旱：各本皆作“大獄”。洪頤煊《諸史考異》云：“大獄，當從《南史》作大旱。故下文‘遣使開倉賑恤’。”據改。

[5]壬寅：中華本校勘記云：“是月壬申朔，無壬寅，當有誤。”

丁福林《校議》據《南史》卷二《宋本紀中》考證，"十一月壬
寅"乃"十二月壬寅"之誤。大明七年十二月辛丑朔，壬寅爲十
二月二日。

　　[6]貸恤：賑施撫恤。

　　十二月丙午，行幸歷陽。甲寅，大赦天下。南豫州
別署救繫長徒，一切原散。其兵期考襲讁戍，悉停。歷
陽郡女子百户牛酒；高年孤疾，賜帛十匹，蠲郡租十
年。己未，太宰江夏王義恭加尚書令。於博望梁山立雙
闕。[1]癸亥，車駕至自歷陽。

　　[1]博望：城名。在今山東茌平縣西博平西南。

　　八年春正月甲戌，詔曰："東境去歲不稔，宜廣商
貨。遠近販鬻米粟者，[1]可停道中雜税。其以仗自防，
悉勿禁。"癸未，安北將軍、雍州刺史劉秀之卒。戊子，
以平南將軍、湘州刺史建安王休仁爲安南將軍、江州刺
史，晋安王子勛爲鎮軍將軍、雍州刺史，南徐州刺史新
安王子鸞爲撫軍將軍，[2]領司徒、刺史如故，輔國將軍
江夏王世子伯禽爲湘州刺史。[3]

　　[1]遠近販鬻米粟者：各本並脱"米"字，中華本據《南
史》補。
　　[2]南徐州刺史：各本並脱"南"字，中華本據本書卷八〇
《始平孝敬王子鸞傳》補。
　　[3]伯禽：人名。即劉伯禽。劉義恭子，後爲前廢帝所殺。本
書卷六一有附傳。

二月辛丑，特進朱脩之卒。壬寅，詔曰：“去歲東境偏旱，田畝失收。使命來者，多至乏絕。或下窮流冗，[1] 頓伏街巷，朕甚閔之。可出倉米付建康、秣陵二縣，隨宜贍恤。若濟拯不時，[2] 以至捐棄者，嚴加糾劾。”乙巳，以鎮軍將軍湘東王彧爲鎮北將軍、徐州刺史。平北將軍、徐州刺史王玄謨爲領軍將軍。

[1]流冗：流離失所。
[2]濟：各本並作“溫”，中華本據《元龜》卷一九五改。

夏閏五月辛丑，以前御史中丞蕭惠開爲青、冀二州刺史。壬寅，太宰江夏王義恭領太尉。特進、右光禄大夫羊玄保卒。

庚申，帝崩於玉燭殿，時年三十五。秋七月丙午，葬丹陽秣陵縣巖山景寧陵。[1]

[1]景寧陵：在今江蘇南京市東麒麟門外北三里處的麒麟鋪。又1960年江蘇省文物工作隊在江蘇南京市南郊西善寺發掘一座南朝宋帝陵，據考證可能是孝武帝景寧陵。

史臣曰：役己以利天下，堯、舜之心也；[1] 利己以及萬物，中主之志也；盡民命以自養，桀、紂之行也。[2] 觀大明之世，其將盡民命乎！[3] 雖有周公之才之美，[4] 猶終之以亂，何益哉！

[1]堯、舜：唐堯、虞舜。傳説時代的兩位明君，事見《史記》卷一《五帝本紀》及《尚書》之《堯典》《舜典》。

[2]桀、紂：夏桀、殷紂。夏、商二代的暴君。事見《史記》卷二《夏本紀》、卷三《殷本紀》。

[3]將盡民命：將要使老百姓活不成。

[4]周公：姓姬名旦，周武王之弟，周初賢臣，曾佐成王平定武庚與三監之亂，並爲周王朝制禮作樂，建立一套系統的政治制度。事見《史記》卷三三《魯周公世家》。

宋書　卷七

本紀第七

前廢帝

　　前廢帝諱子業，小字法師，孝武帝長子也。元嘉二十六年正月甲申生。[1]世祖鎮尋陽，[2]子業留京邑。[3]三十年，世祖入伐元凶，[4]被囚侍中下省，[5]將見害者數矣，卒得無恙。

　　[1]元嘉：宋文帝劉義隆年號（424—453）。

　　[2]世祖：宋孝武帝劉駿廟號。　尋陽：郡名。治所在今江西九江市。

　　[3]京邑：地名。即京師建康，在今江蘇南京市。

　　[4]元凶：即弑殺宋文帝的太子劉劭，因弑父篡位有此惡名。本書卷九九有傳。

　　[5]侍中下省：機構名。因侍中職務除掌奏事、直侍左右、應對獻替、法駕出則正值一人負璽陪乘外，殿內門下眾事皆掌之，故稱侍中省爲侍中下省。

　　世祖踐阼，立爲皇太子。始未之東宫，中庶子、二率並入直永福省。[1]大明二年，[2]出居東宫。[3]四年，講《孝經》於崇正殿。七年，加元服。[4]

[1]中庶子：官名。太子中庶子的省稱，掌侍從、奏事、諫議等職。五品。　二率：官名。太子左右率的省稱，領兵宿衛東宫，有時也領兵出征。並五品。

[2]大明：宋孝武帝劉駿年號（457—464）。

[3]出居東宫：各本並脱“居”字，中華本據《元龜》卷二五六補。

[4]加元服：加冠。按宋制，太子年十五舉行加冠禮，表示已到成年。

　　八年閏五月庚申，世祖崩，其日，太子即皇帝位。大赦天下。太宰江夏王義恭解尚書令，[1]加中書監，[2]驃騎大將軍柳元景加尚書令。[3]甲子，置録尚書，[4]太宰江夏王義恭録尚書事。驃騎大將軍柳元景加開府儀同三司。[5]丹陽尹永嘉王子仁爲南豫州刺史。[6]

[1]太宰：官名。與太傅、太保並稱三公，多用爲加官，以安置元老重臣。一品。　江夏王：王爵名。王國在今湖北武漢市武昌區。　義恭：人名。即劉義恭。本書卷六一有傳。　解：官制用語。即解除舊職。　尚書令：官名。尚書省長官，綜理全國政務。三品。

[2]加：官制用語。在原職之外，增授其他職銜或虛銜。　中書監：官名。中書省長官之一，但宋時已無實權，多用爲重臣的加官。

［3］驃騎大將軍：官名。正式將軍名號，地位僅次於大將軍，多加賜元老重臣。一品。　柳元景：人名。字孝仁，河東解（今山西臨猗縣）人。本書卷七七有傳。

［4］録尚書：總領尚書省政務，位在三公上，多以重臣居此任。録，官制用語。總領。

［5］開府儀同三司：官名。爲大臣加號，意爲與太尉、司徒、司空享受相同的禮制、禮遇，許開設府署，自辟僚屬。

［6］丹陽尹：官名。爲京師所在地的郡府長官，掌管首都建康（今江蘇南京市）的政務及詔獄。　永嘉王：王爵名。王國在今浙江温州市。　子仁：人名。即劉子仁。本書卷八〇有傳。　南豫州：《輿地表》載，南豫州"時治睢陽（今安徽壽縣）"。又本書《永嘉王子仁傳》"南豫州"作"南兖州"。

六月辛未，詔曰："朕以眇身，夙紹洪業，敬御天威，欽對靈命。[1]仰遵凝緒，[2]日鑒前圖，實可以拱默守成，詒風長世。[3]而寶位告始，萬宇改屬，惟德弗明，昧于大道。思宣睿範，引兹簡恤，可具詢執事，詳訪民隱。凡曲令密文，繁而傷治，[4]關市儌税，事施一時，而姦吏舞文，妄興威福，加以氣緯舛互，[5]偏頗滋甚。宜其寬徭輕憲，以救民切。御府諸署，[6]事不須廣，雕文篆刻，無施於今，悉宜并省，以酬氓願。藩王貿貨，[7]壹皆禁斷。外便具條以聞。"戊寅，以豫州之淮南郡復爲南梁郡，[8]復分宣城還置淮南郡。[9]庚辰，以南海太守袁曇遠爲廣州刺史。[10]

［1］靈命：天命，借指帝位。
［2］仰遵凝緒：上遵前人未完成的莊嚴事業。

［3］詒風長世：使風教永久傳於後世。

［4］繁而傷治：“傷”各本並作“作”，中華本據《元龜》卷一九一改。

［5］氣緯舛互：雲氣星象錯亂。互，各本並作“玄”，中華本認爲“蓋形近而訛”，今據改。

［6］御府：官署名。掌供皇室御用的各種精巧手工藝品及宮廷所需各種服飾器物。

［7］藩王貿貨：劉姓諸王經營的貿易。

［8］南梁郡：治所在今安徽壽縣。大明六年（462）改爲淮南郡，今復爲南梁郡。

［9］淮南郡：治所在今安徽當塗縣。大明六年（462）併入宣城，今復置淮南郡。

［10］南海：郡名。治所在今廣東廣州市。　袁曇遠：人名。後因反對討伐前廢帝，被其屬將李萬周所殺。

　　秋七月己亥，鎮軍將軍、雍州刺史晉安王子勛改爲江州刺史，[1]中護軍宗愨爲安西將軍、雍州刺史，[2]鎮北將軍、徐州刺史湘東王彧爲護軍將軍，[3]中軍將軍義陽王昶爲征北將軍、徐州刺史。[4]庚戌，婆皇國遣使獻方物。[5]崇皇太后曰太皇太后，[6]皇后曰皇太后。[7]乙卯，罷南北二馳道。孝建以來所改制度，還依元嘉。丙辰，追崇獻妃爲獻皇后。[8]乙丑，撫軍將軍、南徐州刺史新安王子鸞解領司徒。[9]

　　[1]鎮軍將軍：官名。將軍名號，位比四鎮將軍，主要爲中央軍職，也可出任地方軍政長官，並領刺史等地方官，兼理民事。三品。　雍州：治所在今湖北襄陽市襄城區。　晉安王：王爵名。王

國在今福建福州市。　子勛：人名。即劉子勛。本書卷八〇有傳。
江州：治所在今江西九江市。

[2]中護軍：官名。掌督護京師以外諸軍事，也可奉命領兵出
征。三品。　宗愨：人名。字元幹，南陽人。本書卷七六有傳。
安西將軍：官名。四安將軍之一，爲出鎮西方某一地方軍事長官，
或作爲刺史兼理軍務的加官。三品。

[3]鎮北將軍：官名。四鎮將軍之一，多爲持節都督出鎮方面。
二品。不帶持節都督銜者，三品。　徐州：治所在今江蘇徐州市。
湘東王：王爵名。王國在今湖南衡陽市。　彧：人名。即宋明帝
劉彧。本書卷八有紀。　護軍將軍：官名。掌監督京師以外諸軍
事。三品。

[4]中軍將軍：官名。重號將軍，位比四鎮將軍。三品。　義
陽王：王爵名。王國在今河南信陽市南。　昶：人名。即劉昶。後
改封晋熙王。本書卷七二有傳。　征北將軍：官名。四征將軍之
一，地位顯要。三品。帶持節都督銜者，二品。

[5]婆皇國：或作“婆皇國”，在今馬來西亞境内馬來半島的
彭亨。

[6]太皇太后：皇帝祖母的尊號。此爲孝武帝生母文帝路淑媛，
名惠男，丹陽建康人。本書卷四一有傳。

[7]皇太后：皇帝嫡母的尊號。此爲孝武帝文穆王皇后，名憲
嫄，琅邪臨沂（今山東臨沂市）人。本書卷四一有傳。

[8]獻皇后：即前廢帝何皇后。名令婉，廬江灊（今安徽霍山
縣）人。本書卷四一有傳。

[9]撫軍將軍：官名。與中軍、鎮軍合爲三號將軍，位比四鎮
將軍。三品。　南徐州：治所在今江蘇鎮江市。　新安王：王爵
名。王國在今浙江淳安縣西北。　子鸞：人名。即劉子鸞。本書卷
八〇有傳。　司徒：官名。名譽宰相，加録尚書事得爲真宰相。
一品。

八月丁卯，領軍將軍王玄謨爲鎮北將軍、青冀二州刺史。[1]己巳，以青、冀二州刺史蕭惠開爲益州刺史。[2]己丑，[3]皇太后崩。京師雨水。庚寅，[4]遣御史與官長隨宜賑恤。[5]

[1]領軍將軍：官名。掌禁衞軍及京師諸軍。三品。　王玄謨：人名。字彥德，太原祁（今山西祁縣）人。本書卷七六有傳。青：州名。治所在今山東青州市。　冀：州名。治所在今山東濟南市。按此句在“鎮北將軍”下衍“南徐州刺史新安王子鸞爲”十一字，中華本據本書卷八〇《新安王子鸞傳》及卷七六《王玄謨傳》訂正，今從之。

[2]蕭惠開：人名。南蘭陵（今江蘇常州市武進區）人。本書卷八七有傳。　益州：治所在今四川成都市。

[3]己丑：各本並作“己未”。按：是月丁卯朔，二十三日己丑，無己未、乙丑。今據《建康實録》及《通鑑》改正。

[4]庚寅：各本並作“庚子”。中華本校勘記云：“是月丁卯朔，無庚子，二十三日己丑後，二十四日有庚寅。今改正。”

[5]御史：官名。侍御史、治書侍御史、督軍糧侍御史、殿中侍御史、監國侍御史等的簡稱。有監察、考核百官之責，或受命出使執行專項任務。　官長：泛指州、郡、縣長官。

九月辛丑，護軍將軍湘東王或爲領軍將軍。癸卯，以尚書左僕射劉遵考爲特進、右光禄大夫。[1]乙卯，文穆皇后祔葬景寧陵。[2]

[1]尚書左僕射：官名。尚書省次官，位在右僕射上，主持尚書省日常工作。三品。　劉遵考：人名。劉裕族弟。本書卷五一有傳。　特進：官名。多爲加官名號。用以安置閑退大臣。二品。

右光禄大夫：官名。作爲在朝顯職的加官，以示優崇。或授予年老
有病者及致仕之官，也常用爲卒後贈官，無職掌。二品。

[2]文穆皇后：即孝武帝王皇后，"文穆"是其謚號。按《謚
法》："道德博聞曰文。""勤學好問曰文。""慈惠愛民曰文。""布
德執義曰穆。" 景寧陵：即孝武帝陵，在今江蘇南京市東麒麟門
外北三里處的麒麟鋪。

冬十月甲戌，太常建安王休仁爲護軍將軍。[1]戊寅，
輔國將軍宗越爲司州刺史。[2]庚辰，原除揚、南徐州大
明七年逋租。[3]

[1]太常：官名。主管祭祀宗廟、朝會及喪葬禮儀，兼管文化
教育。三品。 建安王：王爵名。王國在今福建建甌市南松溪南
岸。 休仁：人名。即劉休仁。後改封始安王。本書卷七二有傳。
[2]輔國將軍：官名。將軍名號。三品。 宗越：人名。南陽
葉（今河南葉縣）人。本書卷八三有傳。本書中多處誤爲"宋
越"，中華本據本書卷八三《宗越傳》改。以下類此者，皆徑改，
不具校。 司州：僑置，治所在今河南信陽市。
[3]揚：州名。治所在今江蘇南京市。

十二月乙酉，以尚書右僕射顔師伯爲尚書僕射。[1]
壬辰，以王畿諸郡爲揚州，以揚州爲東揚州。[2]癸巳，
以車騎將軍、揚州刺史豫章王子尚爲司徒、揚州
刺史。[3]

[1]尚書右僕射：官名。尚書省次官，位在左僕射下，與左僕
射共掌尚書省庶務。 顔師伯：人名。字長淵，琅邪臨沂（今山東
費縣）人。本書卷七七有傳。 尚書僕射：各本並作"尚書左僕

射”。李慈銘《宋書札記》云：“左字衍，當據《南史》删。”

　　[2]東揚州：大明三年（459）改東揚州爲揚州，今復舊制。

　　[3]豫章王：王爵名。王國在今江西南昌市。　子尚：人名。即劉子尚。本書卷八〇有傳。

　　去歲及是歲，東諸郡大旱，[1]甚者米一升數百，京邑亦至百餘，餓死者十有六七。孝建以來，又立錢署鑄錢，百姓因此盜鑄，錢轉偽小，商貨不行。

　　[1]東諸郡大旱：方位不明。《南史》卷二《宋孝武帝紀》作“浙江東諸郡大旱”，方位較明確。《南史》卷二《宋前廢帝紀》也有“去歲（大明七年）及是歲，東諸郡大旱”的記載，説明“東諸郡”即指浙江東諸郡，是當時人習慣説法。

　　永光元年春正月乙未朔，改元。大赦天下。乙巳，省諸州臺傳。[1]戊午，以領軍將軍湘東王彧爲衛將軍、南豫州刺史，[2]護軍將軍建安王休仁爲領軍將軍，秘書監山陽王休祐爲豫州刺史，[3]左衛將軍桂陽王休範爲中護軍，[4]南豫州刺史尋陽王子房爲東揚州刺史。[5]

　　[1]臺傳：中央派駐各地的傳舍，實即中央派駐各地的辦事機構。

　　[2]衛將軍：官名。位在諸名號大將軍之上，多作爲軍府名號，以加大臣及重要州郡長官，無具體職掌。二品。

　　[3]秘書監：官名。秘書省長官，掌圖書經籍，領著作省。三品。

　　[4]左衛將軍：官名。禁衛軍統帥之一。四品。

[5]尋陽王：王爵名。王國在今江西九江市。　子房：人名。即劉子房。後降爲松滋侯。本書卷八〇有傳。

二月乙丑，減州郡縣田禄之半。[1]庚寅，鑄二銖錢。

[1]田禄：各級官吏按級别占有公田的收入。按：晋制“都督可課佃二十頃，州十頃，郡五頃，縣三頃”（《晋書》卷七〇《應詹傳》），宋制不詳。

三月甲辰，罷臨江郡。[1]

[1]臨江郡：治所在今安徽和縣東北烏江鎮。原爲大明七年（463）設。

五月己亥，割郢州隨郡屬雍州。[1]丙午，以後軍司馬張牧爲交州刺史。[2]

[1]郢州：治所在今湖北武漢市武昌區。　隨郡：治所在今湖北隨州市。

[2]後軍司馬：官名。後將軍府高級幕僚，掌參贊軍務，管理府内武職，地位僅次於長史。　張牧：人名。吴郡吴（今江蘇蘇州市）人，張暢弟。歷官西陽太守，因反對竟陵王誕有功，升撫軍中兵參軍，後病死於交州。　交州：治所在今越南北寧省仙遊縣東。

六月己巳，左軍長史劉道隆爲梁、南秦二州刺史。[1]乙亥，安西將軍、雍州刺史宗愨卒。壬午，衛將軍、南豫州刺史湘東王彧改爲雍州刺史。[2]尚書令、驃騎大將軍柳元景加南豫州刺史。

[1]左軍長史：官名。左將軍府幕僚長，處理府中庶務。　劉道隆：人名。彭城（今江蘇徐州市）人，劉懷慎之姪。文帝時任廬江太守，因助劉駿起兵反元凶劉劭，補南中郎參軍，加龍驤將軍，後歷官黃門侍郎，徐、青、冀三州刺史。前廢帝時，任右衛將軍，封永昌侯。明帝時，因受廢帝命逼奸建安王休仁母楊太妃，賜死。

梁：州名。治所在今陝西漢中市。　南秦：州名。寄治今陝西漢中市東。

[2]南豫州：各本並脫“南”字，據本書卷八《明帝紀》補。按本書《明帝紀》劉彧永光元年爲南豫州刺史，鎮姑孰。據本書《州郡志》時南豫州治姑孰，而豫州未曾以姑孰爲州治。

秋八月辛酉，越騎校尉戴法興有罪，[1]賜死。庚午，以尚書僕射顏師伯爲尚書左僕射，[2]吏部尚書王景文爲尚書右僕射。[3]癸酉，帝自率宿衛兵，誅太宰江夏王義恭、尚書令驃騎大將軍柳元景、尚書左僕射顏師伯、廷尉劉德願。[4]改元爲景和元年。文武賜位二等。以領軍將軍建安王休仁爲安西將軍、雍州刺史，衛將軍湘東王彧還爲南豫州刺史。甲戌，司徒、揚州刺史豫章王子尚領尚書令，射聲校尉沈文秀爲青州刺史，[5]左軍司馬崔道固爲冀州刺史。[6]乙亥，詔曰：“昔凝神佇逸，磻溪讚道，[7]湛慮思才，傅巖毗化。[8]朕位御三極，[9]風澄萬宇，資鉄電斷，正卯斯戮。[10]思所以仰宣遺烈，俯弘景祚，每結夢庖鼎，[11]瞻言板築，[12]有劬日昃，無忘昧旦。[13]可甄訪郡國，招聘閭部：其有孝性忠節，幽居遯棲，[14]信誠義行，廉正表俗，文敏博識，幹事治民，務加旌舉，隨才引擢。庶官克順，彝倫咸叙。[15]主者精加詳括，稱朕意焉。"以始興公沈慶之爲太尉，[16]鎮北將軍、青冀二州刺史王玄謨爲領軍將軍。庚辰，以石頭城爲長樂宮，東府城爲未央宮。罷東揚州幷揚州。甲申，以北邸爲建章宮，南第爲長楊宮。以冠軍將軍邵陵王子元爲湘州刺史。[17]丙戌，原除吳、吳興、義興、晉陵、琅邪五郡大明八年以前逋租。[18]己丑，復立南北二馳道。

[1]越騎校尉：官名。侍衛武官，不領兵，隸中領軍（領軍將軍），用以安置勳舊武臣。四品。　戴法興：人名。會稽山陰（今浙江紹興市）人。本書卷九四有傳。

[2]以尚書僕射顔師伯爲尚書左僕射：各本並作"以尚書左僕射顔師伯爲尚書僕射"。李慈銘《宋書札記》云："當從《南史》。《師伯傳》：'大明七年，補尚書右僕射。廢帝即位，遷尚書僕射，領丹陽尹。廢帝欲親朝政，發詔轉師伯爲左僕射，以吏部尚書王景文爲右僕射，奪其京尹，又分臺任，師伯始懼。'《南史·宋本紀》及《師伯傳》皆不誤。"據改。

[3]吏部尚書：官名。尚書省吏部曹長官，主管官吏銓選、考課、奬懲事，位在列曹尚書之上。三品。　王景文：人名。名彧，琅邪臨沂人。本書卷八五有傳。

[4]尚書左僕射：各本並作"尚書僕射"，此據《南史》改，參見前注。　廷尉：官名。中央最高司法、審判機構長官。三品。劉德願：人名。彭城人，劉懷慎之子。本書卷四五有附傳。

[5]射聲校尉：官名。侍衛武官，不領兵，隸中領軍（領軍將軍），用以安置勳舊武臣。四品。　沈文秀：人名。字仲遠。吳興武康（今浙江德清縣）人。本書卷八八有傳。

[6]崔道固：人名。清河（今河北清河縣）人。本書卷八八有傳。

　　[7]磻溪讚道：呂尚幫助文王振興周道。相傳周文王訪賢，於磻溪得遇呂尚，遂尊爲太公望。呂尚輔佐文王、武王興周滅殷，卒成大業。磻溪，呂尚垂釣處。在今陝西寶雞市東南。《史記》卷三二《齊太公世家》：呂尚“以漁釣奸（干）周西伯。”即指此。

　　[8]傅巖毗化：傅說輔佐武丁化興殷國。相傳武丁思得賢人振興殷國，於是在傅巖訪賢，得遇刑徒傅說，托以政事，殷道大興。傅巖，地名。也作“傅險”，在今山西平陸縣。事見《尚書·說命》、《史記》卷三《殷本紀》。

　　[9]三極：即三才，天、地、人。《易·繫辭上》：“六爻之動，三極之道也。”孔穎達疏：“六爻遞相推動而生變化，是天、地、人三才至極之道。”

　　[10]正卯斯戮：少正卯被誅殺。意指誅除惡人。相傳孔子爲魯攝相，朝七日而誅魯大夫亂政者少正卯。事見《史記》卷四七《孔子世家》、《荀子·宥坐篇》。

　　[11]結夢庖鼎：夢中思念賢臣。庖鼎，賢臣的代稱。典出《史記·殷本紀》：“阿衡欲奸（干）湯而無由，乃爲有莘氏媵臣，負鼎俎，以滋味説湯，致于王道。”阿衡即伊尹，曾佐商湯滅夏桀，爲商的賢臣。《韓非子·難言》：“（伊尹）身執鼎俎，爲庖宰，昵近習親，而湯乃僅知其賢而用之。”後世因以庖鼎喻賢臣。

　　[12]瞻言板築：瞻仰思念賢臣傅說。指傅說爲刑徒時板築於傅巖事。事見《孟子·告子下》。後世遂以板築代指賢臣和隱士。

　　[13]有旴日昃，無忘昧旦：太陽偏西仍不停止工作，天將破曉就考慮國家大事。意指從早到晚廢寢忘食勤勞工作。

　　[14]幽居遯棲：隱居避世。

　　[15]彝倫咸叙：完全按真實才能銓選官吏。彝倫，按常理銓選官吏。

　　[16]始興公：公爵名。公國在今廣東韶關市。　　沈慶之：人名。字弘先，吳興武康人。本書卷七七有傳。　　太尉：官名。東漢爲三公之首，宋時爲名譽宰相，無實際職掌。一品。東晉末年授劉

裕太尉，則有實權。

[17]冠軍將軍：官名。將軍名號。三品。　邵陵王：王爵名。王國在今湖南邵陽市。　子元：人名。即劉子元。本書卷八〇有傳。　湘州：治所在今湖南長沙市。

[18]吳興：郡名。治所在今浙江湖州市南下菰城。　義興：郡名。治所在今江蘇宜興市。　晉陵：郡名。治所在今江蘇常州市。琅邪：郡名。治所在今江蘇句容市。從五郡並舉分析，此琅邪當爲南琅邪郡。

九月癸巳，車駕幸湖熟，[1]奏鼓吹。[2]戊戌，車駕還宮。庚子，以南兗州刺史永嘉王子仁爲南徐州刺史，丹陽尹始安王子真爲南兗州刺史。辛丑，撫軍將軍、南徐州刺史新安王子鸞免爲庶人，賜死。丙午，以兗州刺史薛安都爲平北將軍、徐州刺史。[3]丁未，衛將軍湘東王彧加開府儀同三司，特進、右光禄大夫劉遵考爲安西將軍、南豫州刺史，寧朔將軍殷孝祖爲兗州刺史。[4]戊申，以前梁、南秦二州刺史柳元怙復爲梁、南秦二州刺史。[5]己酉，車駕討征北將軍、徐州刺史義陽王昶，内外戒嚴。昶奔于索虜。[6]辛亥，右將軍、豫州刺史山陽王休祐進號鎮西大將軍。[7]甲寅，以安西長史袁顗爲雍州刺史。[8]戊午，以左民尚書劉思考爲益州刺史。[9]是日解嚴，車駕幸瓜步。[10]開百姓鑄錢。

[1]湖熟：地名。在今江蘇南京市江寧區東南湖熟鎮。
[2]奏鼓吹：演奏樂曲。
[3]兗州：治所在今山東兗州市。　薛安都：人名。河東汾陰（今山西萬榮縣）人。本書卷八八有傳。

[4]寧朔將軍：官名。多爲鎮守北方地區的軍事長官。四品。

殷孝祖：人名。陳郡長平（今河南西華縣）人。本書卷八六有傳。

[5]柳元怙：人名。河東解（今山西臨猗縣）人，柳元景之兄。本書卷七七有附傳。

[6]索虜：對北魏的蔑稱。北魏爲鮮卑族拓跋氏所建立的政權，鮮卑人頭上有辮髮，故南人蔑稱其爲索虜或索頭虜。

[7]右將軍：官名。亦爲軍府名號，用爲加官。三品。　鎮西大將軍：官名。多持節都督出鎮方面。二品。

[8]安西長史：官名。安西將軍府幕僚長，處理府中庶務。

袁顗：人名。字景章，陳郡陽夏（今河南太康縣）人。本書卷八四有傳。

[9]左民尚書：官名。尚書省左民曹長官，掌修繕工作及鹽池園苑等土木工程。三品。　劉思考：人名。劉遵考從弟。本書卷五一有附傳。

[10]瓜步：地名。在今江蘇南京市六合區東南瓜埠山。

冬十月癸亥，曲赦徐州。丙寅，車駕還宮。以建安王休仁爲護軍將軍。己卯，東陽太守王藻下獄死。[1]以宮人謝貴嬪爲夫人，[2]加虎賁鞚戟，[3]鸞輅龍旂，[4]出警入蹕，[5]實新蔡公主也。[6]乙酉，以鎮西大將軍、豫州刺史山陽王休祐爲鎮軍大將軍、開府儀同三司。[7]

[1]東陽：郡名。治所在今浙江金華市。　王藻：人名。琅邪臨沂人。因其妻臨川長公主劉英媛的妒讒而下獄死。本書卷四一有附傳。

[2]夫人：嬪妃制中的三夫人之一，位視三公。三夫人爲貴嬪、夫人、貴人。

[3]虎賁：官名。侍衞皇帝及保衞皇宫之官。　鈒戟：古兵器。
爲皇帝、后妃的儀仗之一。

[4]鸞輅：皇帝后妃及王侯所乘之車，車衡上有鸞鳥爲飾。
龍旂：畫有兩龍盤結的旗幟。皇帝、后妃的儀仗之一。

[5]出警入蹕：皇帝、后妃出入時，警戒清道，禁止行人。

[6]新蔡公主：名英媚。何邁妻，文帝第十女，廢帝之姑。

[7]鎮西大將軍：各本並作"鎮北大將軍"。中華本據"上九
月辛亥下作鎮西大將軍，《休祐傳》亦作鎮西，今改正。"　鎮軍
大將軍：官名。主要爲中央軍職，也可出任地方軍事長官，並領刺
史兼管民政。二品。鎮西大將軍亦二品。

十一月壬辰，寧朔將軍何邁下獄死。[1]新除太尉沈
慶之薨。壬寅，立皇后路氏，[2]四厢奏樂。赦揚、南徐
二州。護軍將軍建安王休仁加特進、左光禄大夫。中護
軍桂陽王休範遷職。丁未，皇子生，[3]少府劉勝之子
也。[4]大赦天下。贓汙淫盗，悉皆原除。賜爲父後者爵
一級。[5]壬子，以特進、左光禄大夫、護軍將軍建安王
休仁爲驃騎大將軍、開府儀同三司。戊午，南平王敬
猷、廬陵王敬先、安南侯敬淵並賜死。[6]

[1]何邁：人名。廬江灊人，新蔡公主之夫。本書卷四一有
附傳。

[2]皇后路氏：太皇太后之弟路道慶之女。本書卷四一有傳。

[3]皇子：不知名。本書僅此一見，其事不詳。

[4]劉勝：人名。各本並作"劉勝"，《元龜》卷一九七及二〇
七同本紀，本書《符瑞志》、《宋略》、《南史》帝紀、《通鑑》均作
"劉矇"。《南史》卷一四《建安王休仁傳》作"劉蒙"。本書卷七

二《始安王休仁傳》：“時廷尉劉矇妾孕，臨月，迎入後宮，冀其生男，欲立爲太子。”即指此。

[5]賜爲父後者爵一級：賜給全國的家長繼承人一級爵位。此乃繼承漢代的賜民爵制度。詳見朱紹侯《軍功爵制研究》。

[6]南平王：王爵名。王國在今湖北公安縣西北。　敬猷：人名。即劉敬猷。本書卷七二有附傳。　廬陵王：王爵名。王國在今江西吉水縣。　敬先：人名。即劉敬先。本書卷六一有附傳。　安南侯：侯爵名。侯國在今湖南華容縣。　敬淵：人名。即劉敬淵。本書卷七二有傳。

　　時帝凶悖日甚，誅殺相繼，內外百司，不保首領。先是訛言云：“湘中出天子。”帝將南巡荊、湘二州以厭之。先欲誅諸叔，然後發引。太宗與左右阮佃夫、王道隆、李道兒密結帝左右壽寂之、姜產之等十一人，[1]謀共廢帝。戊午夜，帝於華林園竹林堂射鬼。時巫覡云：“此堂有鬼。”故帝自射之。壽寂之懷刀直入，姜產之爲副。帝欲走，寂之追而殞之。時年十七。太皇太后令曰：

　　[1]太宗：宋明帝劉彧廟號。本書卷八有紀。　阮佃夫、王道隆、李道兒、壽寂之、姜產之：皆人名。均見本書卷九四《恩倖傳》。

　　司徒領護軍八座：[1]子業雖曰嫡長，少稟凶毒，不仁不孝，著自髫齔。孝武棄世，屬當辰曆。[2]自梓宮在殯，喜容覿然，天罰重離，歡恣滋甚。逼以內外維持，忍虐未露，而凶慘難抑，一旦肆禍，遂縱戮上宰，殄害輔臣。子鸞兄弟，先帝鍾愛，含怨既往，枉加屠酷。昶茂親作扞，橫相徵討。新蔡公主逼離夫族，幽置深宮，詭云薨殞。襄事甫爾，喪禮頓釋，昏酣長夜，庶事傾遺。朝賢舊勳，棄若遺土。管絃不輟，珍羞備膳。詈辱祖考，以爲戲謔。行游莫止，淫縱無度，肆宴園陵，規圖發掘。誅剪無辜，籍略婦女。建樹偽豎，莫知誰息。[3]拜嬪立后，慶過恒典。宗室密戚，遇若婢僕，鞭捶陵曳，無復尊卑。南平一門，特鍾其酷。反天滅理，顯暴萬端。苛罰酷令，終無紀極，夏桀、殷辛，未足以譬。闔朝業業，人不自保，百姓遑遑，手足靡厝。行穢禽獸，罪盈三千。高祖之業將泯，七廟之享幾絕。[4]吾老疾沈篤，每規禍鴆，憂煎漏刻，氣命無幾。開闢以降，所未嘗聞。遠近思奮，十室而九。

[1]八座：一般是指五尚書（吏部、度支、左民、都官、五兵）、二僕射（左、右僕射）、一令（尚書令）。如僕射祗有一人，則再加祠部尚書；若僕射爲二人，則右僕射兼祠部尚書，故五尚書不列祠部。宋時，凡國家大事、要事都要經過八座議論，然後由皇帝裁決、批准才能執行。

[2]屬當辰曆：應當繼承皇帝大業。辰，即龍，皇帝的象徵。曆，曆運，天象運行所顯示的一個朝代的氣數、命運。

[3]建樹偽豎，莫知誰息：建立的皇嗣，不知是誰的兒子。偽豎，對立劉曚子爲皇子的蔑稱。息，兒子。

[4]七廟之享幾絕：宗廟的祭祀幾乎斷絕。七廟，此處泛指宗廟。《禮記·王制》："天子七廟，三昭三穆，與大祖之廟而七。"

衛將軍湘東王體自太祖，[1]天縱英聖，文皇鍾愛，寵冠列藩。吾早識神睿，特兼常禮。潛運宏規，義士投袂，獨夫既殞，懸首白旗，社稷再興，宗祐永固，[2]人鬼屬心，大命允集。且勳德高邈，大業攸歸，宜遵漢、晋，纂承皇極。主者詳舊典以時奉行。

[1]體自太祖：是宋文帝的親生兒子。太祖，宋文帝劉義隆廟號。

[2]宗祐永固：國家永遠鞏固。宗祐，宗廟中藏神主的石室，此處代指宗廟，引申爲國家。

未亡人餘年不幸嬰此百艱，[1]永尋情事，雖存若殞。當復奈何！當復奈何！

葬廢帝丹陽秣陵縣南郊壇西。[2]

[1]未亡人：太皇太后的自稱。

[2]丹陽秣陵縣南郊壇西：在今江蘇南京市中華門外故報恩寺附近。

帝幼而狷急，在東宮每爲世祖所責。世祖西巡，子業啓參承起居，書迹不謹，上詰讓之。子業啓事陳謝，上又答曰：“書不長進，此是一條耳。聞汝素都懈怠，狷戾日甚，何以頑固乃爾邪！”初踐阼，受璽紱，悖然無哀容。始猶難諸大臣及戴法興等，既殺法興，諸大臣莫不震懾。於是又誅群公。元凱以下，[1]皆被毆捶牽曳。內外危懼，殿省騷然。初太后疾篤，遣呼帝。帝曰：

"病人間多鬼，可畏，那可往。"太后怒，語侍者："將刀來，破我腹，那得生如此寧馨兒！"[2]及太后崩後數日，帝夢太后謂之曰："汝不孝不仁，本無人君之相。子尚愚悖如此，[3]亦非運祚所及。孝武險虐滅道，怨結人神，兒子雖多，並無天命。大運所歸，應還文帝之子。"其後湘東王紹位，果文帝子也。故帝聚諸叔京邑，慮在外爲患。山陰公主淫恣過度，[4]謂帝曰："妾與陛下，雖男女有殊，俱託體先帝。陛下六宮萬數，而妾唯駙馬一人。事不均平，一何至此！"帝乃爲主置面首左右三十人；[5]進爵會稽郡長公主，[6]秩同郡王，食湯沐邑二千户，[7]給鼓吹一部，加班劍二十人。[8]帝每出，與朝臣常共陪輦。主以吏部郎褚淵貌美，[9]就帝請以自侍，帝許之。淵侍主十日，備見逼迫，誓死不回，遂得免。帝所幸閹人華願兒，[10]官至散騎常侍，[11]加將軍帶郡。帝少好讀書，[12]頗識古事，自造《世祖誄》及雜篇章，往往有辭采。以魏武帝有發丘中郎將、摸金校尉，[13]乃置此二官。以建安王休仁、山陽王休祐領之。[14]其餘事迹，分見諸列傳。

[1]元凱：也作"元愷"，"八元八凱"的省稱。此處泛指元老重臣及賢臣。《左傳》文公十八年："昔高陽氏有才子八人……齊聖廣淵，明允篤誠，天下之民謂之八愷。高辛氏有才子八人……忠肅共懿，宣慈惠和，天下之民謂之八元，此十六族也，世濟其美，不隕其名。"

[2]那得生如此寧馨兒：郝懿行《晉宋書故》："今按'寧馨'，晉宋方言即爲'如此'之意。沈休文著書不得其解，妄有增加，翻

爲重復，《南史》‘寧馨’上删去‘如此’二字，則得之矣。”

[3]子尚愚悖如此：此極言孝武帝之子無人可繼皇帝之位。子尚，人名。即孝武帝二子豫章王劉子尚。

[4]山陰公主：即劉楚玉。何戢妻，明帝即位後賜死。本書卷八〇有附傳。

[5]面首：面目姣好的男子。《通鑑》注：“面，取其貌美，首，取其髮美。”

[6]會稽郡：治所在今浙江紹興市。　長公主：皇帝的長女和姑母的封號。此指山陰公主。

[7]食：各本並作“侯”，中華本據《御覽》卷一五二改。湯沐邑：供公主收取租賦的封邑。

[8]班劍：有紋飾的劍，由武士佩帶以爲儀仗。班，同“斑”。

[9]吏部郎：官名。尚書省吏部曹屬官。主管官吏選任、銓叙、調動工作，對五品以下官有任免建議權，如加“參掌大選”名義，可參議高級官吏的任免。六品。　褚淵：人名。字彥回，河南陽翟（今河南禹州市）人。在宋歷官中書郎、司徒右長史、吏部尚書，封雩都縣伯，轉侍中，遷散騎常侍、丹陽尹、尚書右僕射，受遺詔任中書令，進爵爲侯。昇明初，改號衛將軍，開府儀同三司，中書監、司空。齊受禪，遷司徒，封南康郡公，尋加尚書令、錄尚書事，爲蕭齊名臣。《南齊書》卷二三有傳。

[10]閹人：即宦官。　華願兒：廢帝崇信的宦官，讒陷戴法興，餘事不詳。

[11]散騎常侍：官名。散騎省（集書省）長官，侍從皇帝，主掌圖書文翰，文章撰述，諫諍拾遺，收納轉呈文書奏事。三品。

[12]帝少好讀書：“讀書”各本並作“講書”。中華本據《南史》、《元龜》卷一九二、《御覽》卷一二八引改。

[13]魏武帝：即曹操。曹丕篡漢後追謚爲武帝。按《謚法》：“克定禍亂曰武。”“刑民克服曰武。”“威强敵德曰武。”　發丘中郎將：官名。主管發掘墳墓。　摸金校尉：官名。主管搜索金寶之

事。據説這是漢獻帝時曹操所設立的官職，一説爲敵方詆斥之辭。事見《三國志》卷六《袁紹傳》注引《魏氏春秋》。

[14]以建安王休仁、山陽王休祐領之：各本並脱"休仁山陽王"五字，中華本據《南史》補。張熷《舉正》云："按建安王乃休仁，休祐則山陽王也。《南史》作'以建安王休仁、山陽王休祐領之'爲是。"

史臣曰：廢帝之事行著于篇。若夫武王數殷紂之釁，[1]不能絓其萬一；霍光書昌邑之過，[2]未足舉其毫釐。假以中才之君，有一于此，足以霣社殘宗，[3]污宮瀦廟，[4]況總斯惡以萃一人之體乎！其得亡亦爲幸矣。

[1]殷紂之釁：殷紂王的罪過。殷紂王是殷商王最後一個昏暴君主。他迷戀酒色，誅殺賢臣，設炮烙之刑，殘酷搜括百姓，以實鹿臺之錢，而盈鉅橋之粟，設酒池肉林，以供其享受，又勞民傷財，廣修離宮別館，使民不聊生，後被周武王所滅。事見《史記·殷本紀》。

[2]昌邑之過：昌邑王的罪過。昌邑王劉賀是漢昭帝之侄。昭帝無子，故死後立劉賀爲帝。他荒淫無道，即位僅二十七日，就犯了一千一百二十七項罪過，故被執政大臣霍光奏請皇太后下詔廢劉賀之帝位。其事見《昌邑哀王劉髆傳》。

[3]霣社殘宗：社稷衰亡，宗廟消滅。霣，衰亡，衰敗。宗，宗廟，代指國家。

[4]污宮瀦廟：玷污宮廷，垢濁廟堂。

宋書　卷八

本紀第八

明帝

　　太宗明皇帝諱彧，[1] 字休炳，小字榮期，文帝第十一子也。[2] 元嘉十六年十月戊寅生。[3] 二十五年，封淮陽王，[4] 食邑二千户。二十九年，改封湘東王。[5] 元凶弑立，[6] 以爲驍騎將軍，[7] 加給事中。[8] 世祖踐阼，[9] 爲秘書監，[10] 遷冠軍將軍、南蘭陵下邳二郡太守，[11] 領石頭戍事。[12] 孝建元年，[13] 徙爲南彭城、東海二郡太守，[14] 將軍如故，[15] 鎮京口。[16] 其年，徵爲中護軍。[17] 二年，遷侍中，[18] 領游擊將軍。[19] 三年，徙衛尉，[20] 侍中如故。又爲左衛將軍，[21] 衛尉如故。大明元年，[22] 轉中護軍，衛尉如故。三年，爲都官尚書，[23] 領游擊將軍，衛尉如故。七年，遷領軍將軍。[24] 八年，出爲使持節、都督徐兖二州豫州之梁郡諸軍事、鎮北將軍、徐州刺史，[25] 給鼓吹一部。[26] 其年，徵爲侍中、護軍將軍。未拜，復爲領軍將軍，侍中如故。

[1]太宗：宋明帝劉彧廟號。　明：劉彧的謚號。按《謚法》："照臨四方謂之明。""自責以備謂之明。"

[2]文：劉義隆的謚號。按《謚法》："慈惠愛民曰文。""愍民惠禮曰文。"

[3]元嘉：宋文帝劉義隆年號（424—453）。

[4]淮陽王：王爵名。王國在今安徽當塗縣。

[5]湘東王：王爵名。王國在今湖南衡陽市。

[6]元凶：即宋文帝劉義隆長子劉劭，因弑父篡權得此惡名。本書卷九九有傳。

[7]驍騎將軍：官名。護衛宮廷的重要將領之一。四品。

[8]加：官制用語。原職之外，增授其他職銜或虛銜。　給事中：官名。侍從皇帝，獻納諫諍，收發轉達文書。五品。

[9]世祖：宋孝武帝劉駿廟號。

[10]秘書監：官名。秘書省長官，掌圖書經籍之事，領著作省。三品。

[11]冠軍將軍：官名。將軍名號。三品。　南蘭陵：郡名。治所在今江蘇常州市武進區西北萬綏鎮。

[12]領：官制用語。暫攝某官，常以卑官領高職，或以白衣領某職。　石頭戍事：衛戍石頭城軍務。石頭，石頭城，在今江蘇南京市清涼山。其城負山面江，控扼江險，南臨秦淮河口，形勢險固，宛如虎踞，故有"石頭虎踞"之稱。

[13]孝建：宋孝武帝劉駿年號（454—456）。

[14]南彭城：郡名。治所在今江蘇丹陽市。　東海：郡名。治所在今浙江金華市。

[15]將軍如故：意爲保留冠軍將軍的職銜。

[16]京口：又稱京城、北府，在今江蘇鎮江市。

[17]中護軍：官名。禁軍將領之一，領有營兵。三品。

[18]遷：官制用語。指官吏職務調動，有平遷、超遷之分，降

職則稱左遷。　侍中：官名。侍中省長官，侍從皇帝左右，出行則護駕。掌顧問應對，諫諍糾察，平議尚書奏事，有異議得駁奏，兼統宮廷內侍諸署。三品。

［19］游擊將軍：官名。禁衛軍將領之一，掌宿衛。四品。

［20］徙：官制用語。指官吏職務的調動，有平轉和升遷二種情況。　衛尉：官名。專掌宮禁及京師防衛。三品。

［21］左衛將軍：官名。禁軍重要統帥之一，多由皇帝親近之人擔任。四品。

［22］大明：宋孝武帝劉駿年號（457—464）。

［23］都官尚書：官名。尚書省都官曹長官，領都官、水部、庫部、功論四郎曹，掌軍事、刑獄、徒隸、獄囚、水利河工、庫藏及官吏考課等事。三品。

［24］領軍將軍：官名。禁軍統帥，掌禁衛軍及京師諸軍。三品。

［25］使持節：官名。加銜。凡重要軍事長官出征或出鎮時，加使持節銜者，可誅殺二千石以下官吏。大臣出使或參加祭吊等事，加使持節銜，以顯示其身份和權力的特殊。　都督諸軍事：官名。地方軍政長官，領駐在地刺史，兼管民事，分使持節、持節、假節三級，各擁有不同特權。　徐：州名。治所在今江蘇徐州市。兗：州名。治所在今山東兗州市，泰始二年（466）僑置於今江蘇淮安市淮陰區南甘羅城。　梁郡：在今安徽碭山縣。

［26］鼓吹：演奏樂曲的樂隊。

永光元年，[1] 又出爲使持節、散騎常侍、都督南豫豫司江四州揚州之宣城諸軍事、衛將軍、南豫州刺史，[2] 鎮姑孰。[3] 又徙爲都督雍梁南北秦四州郢州之竟陵諸軍事、寧蠻校尉、雍州刺史，持節、常侍、將軍如故。[4] 未拜，復本位。尋以本號開府儀同三司。[5]

[1]永光：宋前廢帝劉子業年號（465）。

[2]散騎常侍：官名。散騎省（集書省）長官，侍從皇帝左右，主掌圖書文翰，文章撰述，諫諍拾遺，收納轉呈文書奏事。三品。　南豫：州名。治所在今安徽當塗縣。　豫：州名。時與南豫州同治。　司：州名。僑置，治所在今河南信陽市南。　江：州名。治所在今江西九江市。　宣城：郡名。治所在今安徽宣城市宣州區。

[3]姑孰：地名。在今安徽當塗縣。時爲南豫州、豫州的州治所在地。

[4]雍：州名。僑置，治所在今湖北襄陽市襄城區。　梁：州名。寄治南鄭，今陝西漢中市。　北秦：即秦州，亦寄治南鄭。竟陵：郡名。治所在今湖北鍾祥市，後遷徙不定。　寧蠻校尉：官名。掌管雍州少數民族事務，多由其他將軍或刺史兼任。四品。

[5]開府儀同三司：官名。加號。得此銜者可享受與太尉、司徒、司空相同的禮遇，允許開設府署，自辟僚屬。

廢帝景和末，[1]上入朝，被留停都。廢帝誅害宰輔，殺戮大臣，恒慮有圖之者，疑畏諸父，並拘之殿内，遇上無禮，事在《文諸王傳》。遂收上付廷尉，[2]一宿被原。將加禍害者，前後非一。既而害上意定，明旦便應就禍。上先已與腹心阮佃夫、李道兒等密共合謀。[3]于時廢帝左右常慮禍及，人人有異志。唯有直閤將軍宗越、譚金、童太一等數人爲其腹心，[4]並虓虎有幹力，[5]在殿省久，衆並畏服之，故莫敢動。是夕，越等並外宿。佃夫、道兒因結壽寂之等殞廢帝於後堂。[6]十一月二十九日夜也。

〔1〕廢帝：宋前廢帝劉子業。本書卷七有紀。　景和：宋前廢帝劉子業年號（465）。前廢帝於永光元年（465）八月改年爲景和元年。

〔2〕廷尉：官名。此處指官署名。國家最高刑獄、司法、審判機構，大臣犯罪可由其直接審理收獄，也是地方司法案件的上訴機關。

〔3〕阮佃夫：人名。會稽諸暨（今浙江諸暨市）人。本書卷九四有傳。　李道兒：人名。臨淮（今安徽固鎮縣）人。本書卷九四有附傳。

〔4〕直閤將軍：官名。皇帝的侍衛，地位顯要。但品位不明，可能在三、四品之間。　宗越：人名。南陽葉（今河南葉縣）人。事見本書卷八三有《宗越傳》。　譚金：人名。荒中傖人。本書卷八三有傳。　童太壹：人名。東莞（今山東沂水縣）人。本書卷八三有附傳。

〔5〕虓虎：咆哮怒吼的老虎。喻勇士凶猛的形象。

〔6〕壽寂之：人名。本書卷九四有傳。

事定，上未知所爲。建安王休仁便稱臣奉引升西堂，[1]登御坐，召見諸大臣。于時事起倉卒，上失履，跣至西堂，猶著烏帽。坐定，休仁呼主衣以白帽代之，[2]令備羽儀。[3]雖未即位，凡衆事悉稱令書施行。[4]己未，司徒揚州刺史豫章王子尚、山陰公主並賜死。[5]宗越、譚金、童太一謀反伏誅。

〔1〕建安王：王爵名。王國在今福建建甌市南松溪南岸。　休仁：人名。即劉休仁。本書卷七二有傳。

〔2〕主衣：官名。掌御用衣服器玩，時爲女官，比吏六品。白帽：白紗帽。洪頤煊《諸史考異》："《禮志》《晉書·輿服志》

皆不詳白帽之制。《唐六典》乘輿之服則有白紗帽，皇太子之服則有烏紗帽，宋制當亦相同。”據此，白帽乃皇帝所戴之帽，故劉彧以白帽換掉烏帽，表明其地位已經改變。

　　［3］羽儀：儀仗中以羽毛裝飾的各種旗幟。

　　［4］令書：因此時劉彧尚未即皇帝位，故其所下達的命令，尚不能稱爲詔書，稱令書是權宜之計。

　　［5］豫章王：王爵名。王國在今江西南昌市。　子尚：人名。即劉子尚。本書卷八〇有傳。　山陰公主：即劉楚玉。其封邑在今浙江紹興市。本書卷八〇有附傳。

　　十二月庚申朔，令書以司空東海王禕爲中書監、太尉，[1]鎮軍將軍、江州刺史晉安王子勛進號車騎將軍、開府儀同三司。[2]癸亥，以新除驃騎大將軍建安王休仁爲司徒、尚書令、揚州刺史，[3]鎮軍大將軍、開府儀同三司山陽王休祐進號驃騎大將軍、荊州刺史。[4]崇憲衛尉桂陽王休範爲鎮北將軍、南徐州刺史。[5]乙丑，改封安陸王子綏爲江夏王。[6]

　　［1］司空：官名。三公之一，名譽宰相，多爲大臣加官。一品。東海王：王爵名。王國在今山東蒼山縣南。　禕：人名。即劉禕。字休秀，後改封廬江王。本書卷七九有傳。　中書監：官名。中書省長官之一，時權歸中書舍人，位重職閑，多用爲重臣加官。三品。　太尉：官名。東漢時爲三公之首，魏晉時爲名譽宰相，多爲大臣加官，無實際職掌。一品。東晉末年，劉裕任此職時則有實權。

　　［2］晉安王：王爵名。王國在今福建福州市。　子勛：人名。即劉子勛。本書卷八〇有傳。　車騎將軍：官名。位次於驃騎將軍，在名號大將軍之上，多作爲軍府名號加授大臣，無具體職掌。

二品。

　　[3]驃騎大將軍：官名。居諸名號大將軍之首。多加於舊臣元老，以示尊崇，開府置僚屬，不領兵。一品。　司徒：官名。三公之一，名譽宰相，加錄尚書事得爲真宰相。一品。　尚書令：官名。尚書省長官，實權如宰相，綜理全國政務，爲高級政務長官。三品。　揚州：治所在今江蘇南京市。

　　[4]鎮軍大將軍：中華本作“鎮軍將軍”。據丁福林《校議》考證：“本書《文九王·山陽王休祐傳》：‘景和元年，入朝，進號鎮西大將軍，仍遷散騎常侍、鎮軍大將軍、開府儀同三司。太宗定亂，以爲使持節、都督荆湘雍益梁寧南北秦八州諸軍事、驃騎大將軍、荆州刺史，開府、常侍如故’。《後廢帝紀》：‘（景和元年十月）乙酉，以鎮西大將軍、豫州刺史山陽王休祐爲鎮軍大將軍、開府儀同三司。’《南史·宋前廢帝紀》亦云其年十月乙酉，休祐爲鎮軍大將軍。由是則此記休祐景和元年十二月時由鎮軍將軍而爲驃騎大將軍，必誤。‘鎮軍’後應補‘大’一字。”丁言有據，據補。

　　山陽王：王爵名。王國在今江蘇淮安市。　休祐：人名。即劉休祐。後改封晋平王。本書卷七二有傳。

　　[5]崇憲衛尉：官名。崇憲宮衛尉。太后三卿之一，掌太后宮禁。三品。崇憲，皇太后路惠男所居宮名。　桂陽王：王爵名。王國在今廣西武宣縣西南。　休範：人名。即劉休範。本書卷七九有傳。

　　[6]安陸王：王爵名。王國在今湖北安陸市。　子綏：人名。即劉子綏。孝武帝第四子，過繼給安陸王劉叡，後改封江夏王，未受命，因故被明帝賜死。本書卷六一有附傳。　江夏王：王爵名。王國在今湖北武漢市武昌區。

　　泰始元年冬十二月丙寅，上即皇帝位。詔曰：[1]

[1]詔曰：據《南史》卷二〇《謝莊傳》，此詔書爲謝莊所撰寫。

　　高祖武皇帝德洞四瀛，[1]化綿九服。[2]太祖文皇帝以大明定基，世祖孝武皇帝以下武寧亂。日月所照，梯山航海；風雨所均，削衽襲帶。[3]所以業固盛漢，聲溢隆周。子業凶嚚自天，忍悖成性，人面獸心，見於齠日，反道敗德，著自比年。其狎侮五常，[4]怠棄三正，[5]矯誣上天，毒流下國，實開闢所未有，書契所未聞。再罹過密，[6]而無一日之哀；齊斬在躬，[7]方深北里之樂。[8]虎兕難匣，憑河必彰，[9]遂誅滅上宰，窮釁逆之酷，虐害國輔，究拏戮之刑。子鸞同生，[10]以昔憾殄殪。敬猷兄弟，[11]以睚眦殲夷。徵逼義陽，[12]將加屠膾。陵辱戚藩，[13]櫬楚妃主。[14]奪立左右，竊子置儲，[15]肆酗于朝，宣淫于國。事穢東陵，行汙飛走。[16]積釁罔極，日月滋深。比遂圖犯玄宮，志窺題凑，[17]將肆梟、鏡之禍，騁商、頓之心。[18]又欲鴆毒崇憲，虐加諸父，事均宮闈，聲遍國都。鴟梟小豎，莫不寵暱，朝廷忠誠，必也戮挫。收掩之旨，唬虎結轍；掠奪之使，白刃相望。百僚危氣，首領無有全地；萬姓崩心，妻子不復相保。所以鬼哭山鳴，星鉤血降，[19]神器殆於馭索，[20]景祚危於綴旒。[21]

[1]高祖：宋開國皇帝劉裕廟號。　武：劉裕的謚號。按《謚法》："剛彊理直曰武。""克定禍亂曰武。""威彊叡德曰武。"

[2]九服：王畿以外的九等地區。此處代指全國各個地區。典出《周禮・夏官・職方氏》，謂在方千里的王畿之外，每隔方五百里就有一服，即侯、甸、男、采、衛、蠻、夷、鎮、藩九服。

[3]削袵襲帶：穿對襟衣服腰緊帶子。此指少數民族服裝。

[4]狎侮五常：輕慢侮弄五行。與《尚書・甘誓》"威侮五行"意同。五常，一般指仁、義、禮、智、信，此處特指金、木、水、火、土五行。

[5]怠棄三正：指怠惰廢棄天、地、人的正道。語出《尚書・甘誓》："有扈氏威侮五行，怠棄三正。"

[6]再罷遏密：再次遇到皇帝大喪而停止舉樂。《尚書・舜典》："帝乃殂落。百姓如喪考妣。三載，四海遏密八音。"孔傳："遏，絕。密，靜也。"孔穎達疏："四海之人，蠻夷戎狄，皆絕靜八音而不復作樂。"

[7]齊斬在躬：父母重孝在身。齊，齊衰，服名。爲五服之一。喪服用粗麻布作成，以其緝邊縫齊，故稱"齊衰"。父母喪，服衰三年；祖父母喪，服衰一年；曾祖父母喪，服衰五月；高祖父母喪，服衰三月。斬，斬衰，服期三年，是五種喪服中最重的一種。子爲父、臣爲君、妻妾爲夫、嫡長孫爲祖父母，均服斬三年。

[8]北里之樂：古舞曲名。《史記》卷三《殷本紀》："（紂）於是使師涓作新淫聲，北里之舞，靡靡之樂。"

[9]虎兕難匣，憑河必彰：老虎犀牛離開檻籠，就更敢於冒險。此語從《論語》"虎兕出於柙"（《季氏》）和"暴虎憑河"（《述而》）衍化而來。"難匣"，疑爲"離匣"之誤。離匣，即"出於柙"。匣，同"柙"，即囚獸之檻籠。憑河，無船而徒步過河，寓有冒險之意。

[10]子鸞同生：新安王劉子鸞與廢帝子業是同父同母親兄弟。子鸞，人名。即劉子鸞。本書卷八〇有傳。

[11]敬猷兄弟：南平王劉敬猷、盧陵王劉敬先、安南侯劉敬淵兄弟。敬猷、敬淵，皆人名。即劉敬猷、劉敬淵。本書卷七二有附

傳。敬先，人名。即劉敬先。本書卷六一有附傳。

[12]徵逼義陽：徵召逼迫義陽王劉昶。事見本書卷七二《晉熙王昶傳》。

[13]陵辱戚藩：欺凌污辱親近的藩王。指廢帝拘禁污辱其諸叔之事。事見本書卷七二《文九王傳》、卷七九《文五王傳》。

[14]櫬楚妃主：用櫬木荆條抽打嬪妃和公主。《通鑑》：“帝召諸妃、主列於前，强左右使辱之，南平王鑠妃江氏不從，帝怒殺妃三子南平王敬猷、盧陵王敬先、安南侯敬淵，鞭江妃一百。”

[15]奪立左右，竊子置儲：指奪少府劉蒙妾所生之子，立以爲儲之事。

[16]事穢東陵，行汙飛走：污穢醜事發生在東陵，其行爲對飛禽走獸都是污辱。指廢帝發掘殷貴妃墓之事。東陵，宋帝諸陵盡在建康城東，故名。

[17]圖犯玄宫，志窺題凑：妄圖冒犯帝陵，窺視棺槨。此指廢帝欲掘孝武帝景寧陵之事。玄宫，帝王的陵墓。題凑，陵墓中的槨室用大木積累而成，木頭皆内向爲槨蓋，上尖下方，猶如屋檐四垂，謂之題凑。《漢書音義》韋昭注：“題，頭也。頭凑，以頭内向，所以爲固。”

[18]將肆梟鏡之禍，騁商、頓之心：以梟、鏡、商、頓的凶殘而喻廢帝子業的暴虐。梟，俗稱“猫頭鷹”。鏡，破鏡，狀如虎豹而小。《漢書·郊祀志上》注引孟康曰：“梟，鳥名，食母。破鏡，獸名，食父。”商，即商臣，楚成王之太子，因奪王位而殺其父。頓，即冒頓，匈奴頭曼單于之子，因奪單于位而射殺其父。

[19]鬼哭山鳴，星鈎血降：皆指災異等反常現象。

[20]神器：代表國家政權的玉璽、寶鼎之類器物，借指帝位和政權。　馭索：馭朽索。喻指廢帝當國有如用腐朽的繮繩駕馭六匹馬那樣危險。典出《尚書·五子之歌》：“予臨兆民，懍乎若朽索之馭六馬。”

[21]景祚：帝業。　綴旒：比喻國家垂危的形勢。《文選》潘

勖《册魏公九錫文》："當此之時，若綴旒然。"張銑注："旒，冠上垂珠，而綴於冠者，言帝室之危如旒之懸。"

朕假寐凝憂，泣血待旦，慮大宋之基，於焉而泯，武、文之業，將墜于淵。賴七廟之靈，[1]藉八百之慶，[2]巨猾斯殄，鴻沴時塞。[3]皇綱絶而復紐，天緯缺而更張。猥以寡薄，屬承乾統，上緝三光之重，俯顧庶民之艱。業業矜矜，[4]若履冰谷，思與億兆，同此維新。可大赦天下，改景和元年爲泰始元年。賜民爵二級。鰥寡孤獨不能自存者，人穀五斛。逋租宿債勿復收。犯鄉論清議，[5]贓汙淫盜，並悉洗除。[6]長徒之身，[7]特賜原遣。亡官失爵，禁錮舊勞，[8]一依舊典。[9]其昏制謬封，並皆刊削。[10]

[1]賴七廟之靈：依靠宗廟神靈保佑。七廟，此處泛指宗廟。《禮記·王制》："天子七廟，三昭三穆與大祖之廟而七。"

[2]藉八百之慶：借國運綿長之慶。藉，同"借"。八百之慶，周朝國運八百年，成爲國運綿長的象徵。

[3]巨猾：巨奸、大惡，指廢帝劉子業。　鴻沴：與"巨猾"義同。

[4]業業矜矜：戒懼謹慎，亦可作"矜矜業業"。《後漢書》卷五二《崔駰傳》"矜矜業業，無殆無荒"。

[5]鄉論清議：鄉里的評議和社會輿論。是東漢以後形成的品評人物議論政治的社會風氣。魏晋南北朝時期，鄉論清議多掌握在各級中正之手。中正根據鄉論清議寫出"品狀"（評語），記入户籍的籍注中，足以影響人的一生榮辱及政治生命。

[6]贓汙淫盜，並悉洗除：全部去掉户籍籍注欄内所記贓污淫

盜之類的評語。

[7]長徒之身：長期服勞役的人。當時刑罰的一種。

[8]禁錮舊勞：因罪而被禁錮的官史。即其舊有勞績遭到禁錮，永不任用。中國古代有以功勞而升官的制度。功，功勳。勞，勞績，任職年限。

[9]一依舊典：一切依照舊有的制度處理。實即解除禁錮，可以繼續任官。

[10]昏制謬封，並皆刊削：廢帝所下的昏庸詔令和錯誤封賜，全部作廢。

　　己巳，以安西將軍、南豫州刺史劉遵考爲特進、右光禄大夫，[1]輔國將軍、歷陽南譙二郡太守建平王景素爲南豫州刺史。[2]庚午，以荆州刺史臨海王子頊爲鎮軍將軍，[3]南徐州刺史永嘉王子仁爲中軍將軍，[4]左衛將軍劉道隆爲中護軍。[5]辛未，改封臨賀王子産爲南平王，[6]晋熙王子輿爲廬陵王。[7]壬申，以尚書左僕射王景文爲尚書僕射。[8]新除中護軍劉道隆卒。癸酉，[9]詔曰：“朕戡亂寧民，屬膺景祚。鴻制初造，革道惟新。而國故頻罹，[10]仁澤偏壅。每鑒寐疢心，罔識攸濟。巡方問俗，弘政所先，可分遣大使，廣求民瘼，考守宰之良，採衡閭之善。若獄犴淹枉，傷民害教者，具以事聞。鰥寡孤獨，癃殘六疾，不能自存者，郡縣優量賑給。貞婦孝子，高行力田，詳悉條奏。[11]務詢輿誦，[12]廣納嘉謀，每盡皇華之旨，[13]俾若朕親覽焉。”乙亥，追尊所生沈婕妤曰宣皇太后。[14]後軍將軍垣閎爲司州刺史，[15]前右將軍長史殷琰爲豫州刺史。[16]丙子，詔曰：“皇室多故，

糜費滋廣，且久歲不登，公私歉弊。方刻意從儉，弘濟
時艱，政道未孚。慨愧兼積。太官供膳，[17]可詳所減
撤，尚方御府雕文篆刻無益之物，[18]一皆蠲省，務存簡
約，以稱朕心。”戊寅，崇太后爲崇憲皇太后。立皇后
王氏。[19]鎮軍將軍、江州刺史晉安王子勛舉兵反，鎮軍
長史鄧琬爲其謀主，[20]雍州刺史袁顗率衆赴之。辛巳，
驃騎大將軍、前荊州刺史山陽王休祐改爲江州刺史，荊
州刺史臨海王子頊即留本任。加領軍將軍王玄謨鎮軍將
軍。壬午，車駕謁太廟。[21]甲申，後將軍、郢州刺史安
陸王子綏進號征南將軍，[22]右將軍、會稽太守尋陽王子
房進號安東將軍，[23]前將軍、荊州刺史臨海王子頊進號
平西將軍。[24]子綏、子房、子頊並不受命，舉兵同逆。
戊子，新除中軍將軍永嘉王子仁爲護軍將軍。

[1]安西將軍：官名。四安將軍之一，爲出鎮某一地區的軍事
長官，或作爲州刺史等地方官兼理軍務的加官。三品。　劉遵考：
人名。劉裕族弟。本書卷五一有傳。　特進：官名。多爲加官名
號，用以安置閑退大臣。二品。　右光禄大夫：官名。爲在朝顯職
人員的加官，無職掌。或授予年老有病致仕者，或作爲卒後贈官。
二品。
　[2]輔國將軍：官名。將軍名號。三品。　歷陽：郡名。治所
在今安徽和縣。　南譙：郡名。治所在今安徽巢湖市居巢區東南。
建平王：王爵名。王國在今重慶巫山縣。　景素：人名。即劉景
素。本書卷七二有附傳。
　[3]臨海王：王爵名。王國在今浙江臨海市東南章安鎮。　子
頊：人名。即劉子頊。本書卷八〇有傳。　鎮軍將軍：官名。位比
四鎮將軍，主要爲中央軍職，也可出任地方軍事長官，並領刺史等

地方官兼理民政。三品。

[4]南徐州刺史：各本並脱"南"字，中華本據本書卷八〇《永嘉王子仁傳》補。南徐州，治所在今江蘇鎮江市。　永嘉王：王爵名。王國在今浙江温州市。　子仁：人名。即劉子仁。本書卷八〇有傳。　中軍將軍：官名。重號將軍，位比四鎮將軍。三品。

[5]左衛將軍：官名。禁衛軍主要統帥之一，負責宫廷宿衛。四品。　劉道隆：人名。彭城（今江蘇徐州市）人。本書卷四五有附傳。　中護軍：官名。掌督護京師以外諸軍事，也可受命出征。三品。

[6]臨賀王：王爵名。王國在今廣西賀州市東南賀街鎮。　子産：人名。即劉子産。本書卷七二有附傳。　南平王：王爵名。王國在今湖北公安縣西北。

[7]晋熙王：王爵名。王國在今四川綿竹市。　子興：人名。即劉子興。本書卷六一有附傳。　廬陵王：王爵名。王國在今江西吉水縣東北。

[8]尚書左僕射：官名。尚書省次官，位在右僕射上，主持尚書省日常政務。三品。丁福林《校議》據本書卷七《前廢帝紀》、卷七七《顔師伯傳》、卷八五《王景文傳》、卷五七《蔡興宗傳》考證，王景文時任尚書右僕射。　王景文：人名。名彧，琅邪臨沂人。本書卷八五有傳。　尚書僕射：官名。尚書省次官，有時分置左、右僕射，有時祇設僕射，主持尚書省日常政務。

[9]癸酉：各本並作"壬午"，中華本據《建康實録》改。按：是月庚申朔，十三日壬申，十六日乙亥，此詔在十三日壬申後，十六日乙亥前，則作"壬午"誤，作"癸酉"是。

[10]國故頻罹：屢遭國難。

[11]詳悉條奏："詳"各本並作"許"，中華本據《元龜》卷二一三改。

[12]輿誦：衆人的議論。《晋書》卷七二《郭璞傳》："方闢四門以亮采，訪輿誦於群心。"

[13]皇華：典出《詩·小雅·皇皇者華》。意謂使者奉君王之命調查輿情，當博咨民隱，以達下情。

[14]沈婕妤：名容姬。本書卷四一有傳。婕妤，九嬪之一，位視九卿。 宣：謚號。按《謚法》："施而不成曰宣。""聖善周聞曰宣。"

[15]後軍將軍：官名。四軍將軍之一，禁衛軍主要將領之一，掌宮禁宿衛。四品。 垣閎：人名。字叔通，略陽桓道（今甘肅隴西縣）人，垣護之伯父垣遵之子，因北破薛道摽功，封樂鄉縣男。後歷益州刺史、度支尚書、衛尉。入齊後，官至金紫光祿大夫。《南史》卷二五有傳。

[16]前：官制用語，指以前曾任某官。 右將軍長史：官名。右將軍府幕僚長，處理府中政務。 殷琰：人名。陳郡長平（今河南西華縣）人。本書卷八七有傳。

[17]太官：官署名。掌宮廷膳食，由令、丞主持工作，歸侍中管轄。

[18]尚方：官署名。掌使役工徒，製作普通兵器和器用。由令、丞主持工作，屬少府管轄。 御府：官署名。掌役使工徒，製作精巧器玩及兵器。由令、丞主持工作，隸門下省。

[19]皇后王氏：名貞風，琅邪臨沂人。本書卷四一有傳。

[20]鄧琬：人名。字元琬，豫章南昌（今江西南昌市）人。本書卷八四有傳。

[21]太廟：皇帝祖廟。由太廟令主管。

[22]後將軍：官名。武官名號，地位略高於雜號將軍。不典禁軍，不與朝政。三品。 征南將軍：官名。四征將軍之一，多持節都督出鎮方面。二品。無持節都督銜者，三品。

[23]右將軍：官名。武官名號，地位略高於雜號將軍。不典禁軍，不與朝政。三品。 會稽：郡名。治所在今浙江紹興市。 尋陽王：王爵名。王國在今江西九江市。 子房：人名。即劉子房。本書卷八〇有傳。 安東將軍：官名。四安將軍之一，爲出鎮某一

地區的軍事長官，或爲州刺史等地方官兼領軍事的加官。

〔24〕前將軍：官名。武官名號，地位略高於雜號將軍。不典禁軍，不與朝政。三品。　平西將軍：官名。四平將軍之一，多持節都督或監某一地區的軍事，或作爲刺史等地方官兼理軍務的加官。三品。

二年春正月己丑朔，以軍事不朝會。庚寅，以金紫光禄大夫王僧朗爲左光禄大夫、開府儀同三司。[1]壬辰，驃騎大將軍、江州刺史山陽王休祐改爲南豫州刺史，鎮歷陽。鎮軍將軍、領軍將軍王玄謨爲車騎將軍、江州刺史，平北將軍、徐州刺史薛安都進號安北將軍。[2]安都亦不受命。癸巳，以左衛將軍巴陵王休若爲鎮東將軍，新除安東將軍尋陽王子房爲撫軍將軍，[3]司徒左長史袁愍孫爲領軍將軍。[4]甲午，中外戒嚴。司徒建安王休仁都督征討諸軍事，統衆軍南討。以青州刺史劉祗爲南兗州刺史。[5]丙申，以征虜司馬申令孫爲徐州刺史，[6]義陽内史龐孟虯爲司州刺史。[7]令孫、孟虯及豫州刺史殷琰、青州刺史沈文秀、冀州刺史崔道固、湘州行事何慧文、廣州刺史袁曇遠、益州刺史蕭惠開、梁州刺史柳元怙並同叛逆。[8]兗州刺史殷孝祖入衛京都，[9]仍遣孝祖前鋒南伐。甲辰，加孝祖撫軍將軍。丙午，車駕親御六師，出頓中興堂。辛亥，驃騎大將軍、南豫州刺史山陽王休祐改爲豫州刺史，統衆軍西討。吳郡太守顧琛、吳興太守王曇生、義興太守劉延熙、晉陵太守袁標、山陽太守程天祚並舉兵反。[10]鎮東將軍巴陵王休若統衆軍東討。壬子，崇憲皇太后崩。[11]是日，軍主任農夫、劉懷珍平定義興。^[12]永世縣民史逸宗據縣爲逆，^[13]殿中將軍陸攸之討平之。^[14]丙辰，以新除左光禄大夫、開府儀同三司王僧朗爲特進，左光禄大夫如故。

[1]金紫光禄大夫：官名。晋制光禄大夫銀章青綬，如加賜金章紫綬，即爲金紫光禄大夫，其所賜給與特進同。二品。其爲加官者，唯假章綬、禄賜、班位，不別給車服、吏卒。　王僧朗：人名。琅邪臨沂人，明帝王皇后、王景文之父。事見本書卷八五《王景文傳》。　左光禄大夫：官名。爲在朝顯職之加官，或爲年老致仕者及卒後之贈官，以示尊崇，無職掌。二品。

[2]薛安都：人名。河東汾陰（今山西萬榮縣）人。本書卷八八有傳。　安北將軍：官名。四安將軍之一，出鎮北方某地的軍事長官，或作爲刺史等地方官兼理軍務的加官。三品。

[3]撫軍將軍：官名。將軍名號，位比四鎮將軍。三品。

[4]司徒左長史：官名。司徒府幕僚長，位在右長史上，主管府内諸曹及諸州郡户籍、農桑、官吏考課等事。六品。　袁愍孫：人名。又名粲，字景倩，陳郡陽夏（今河南太康縣）人。本書卷八九有傳。

[5]青州：治所在今山東青州市。　劉祗：人名。字彦期，劉道憐之孫。本書卷五一有附傳。

[6]征虜司馬：官名。征虜將軍府司馬，掌府内武職，參贊軍務，位僅次於長史。　申令孫：人名。魏郡魏（今河北大名縣）人，申坦族侄。本書卷六五有附傳。

[7]義陽：王國名。在今河南信陽市。　内史：官名。諸侯國掌民政之長官，職如太守。五品。　龐孟虬：人名。宋名將，曾任虎賁主，隨顔師伯大破魏軍，因功升屯騎校尉，遷義陽内史，隨晋安王子勛反，戰敗被誅。　司州：僑置，治所在今河南汝南縣。

[8]沈文秀：人名。字仲遠，吳興武康人。本書卷八八有傳。

冀州：僑置。治所在今山東濟南市。　崔道固：人名。清河人。本書卷八八有傳。　湘州行事：官名。代理湘州刺史。行事，南北朝的官制，即代行某一職務。　何慧文：人名。宋名將，因隨晉安王子勛反明帝，兵敗，自殺不成，絕食而死。　袁曇遠：人名。曾任南海太守，懦弱無遠略，隨晉安王子勛反明帝，爲其部下李萬周所殺。　益州：治所在今四川成都市。　蕭惠開：人名。南蘭陵人。本書卷八七有傳。　梁州：治所在今陝西漢中市東。　柳元怙：人名。河東解人，柳元景從兄。本書卷七七有附傳。

[9]殷孝祖：人名。陳郡長平（今河南西華縣）人。本書卷八六有傳。

[10]吳郡：治所在今江蘇蘇州市。　顧琛：人名。字弘瑋，吳郡吳人。本書卷八一有傳。　吳興：郡名。治所在今浙江湖州市南下菰城。　王曇生：人名。琅邪臨沂人。本書卷九三有附傳。　義興：郡名。治所在今江蘇宜興市。　劉延熙：人名。彭城呂（今江蘇銅山縣）人，劉道産二子。本書卷六五有附傳。　晉陵：郡名。治所在今江蘇常州市。　袁標：人名。陳郡陽夏人，袁淑第四子，隨晉安王子勛反明帝，兵敗歸降。中華本及《南齊書》卷一作“袁摽”，本書其他諸處均作“袁標”，《南朝五史人名索引》統一改作“袁標”。今從之。　山陽：郡名。治所在今江蘇淮安市。程天祚：人名。廣平（今河南鄧州市東南）人，有武力，文帝時爲殿中將軍，助戍彭城，於汝陽爲魏軍所俘，後逃歸，曾助孝武帝反元凶劉劭，甚得劉駿信任。

[11]崇憲皇太后崩：實際是被明帝用毒酒害死。事見《南史》卷一一《孝武昭路太后傳》。

[12]軍主：官名。軍隊的主將。所領軍隊由數百人至萬人以上不等，其品級由所領人數而定，最高者可至三品。　任農夫：人名。臨淮（今江蘇泗洪縣）人，官至強弩將軍，以平晉安王子勛功，封廣晉縣子。後歷官射聲校尉、左軍將軍、輔師將軍、淮南太守，又以平桂陽王休範功，改封屚陵縣侯。入爲驍騎將軍，加通直

散騎常侍，後加征虜將軍，散騎常侍，卒贈左將軍。以軍功至此大位者，宋世少見。　劉懷珍：人名。字道玉，平原（今山東平原縣）人。文帝時，平司馬順則之役初露頭角。孝武帝時，以破魏功，拜建武將軍。明帝時，又以軍功任羽林監、屯騎校尉。宋末，倒向蕭道成，官至左衛將軍，加給事中，爵霄城縣侯。《南齊書》卷二七有傳。

［13］永世縣：治所在今江蘇溧陽市南古縣村。　史逸宗：人名。本書僅此一見，其事不詳。

［14］殿中將軍：官名。侍衛武職，不典兵。六品。　陸攸之：人名。吳興武康人，驍勇有膽力，以平定晉安王子勛功，進位員外散騎侍郎。

　　二月乙丑，僧朗卒。尚書僕射王景文父憂去職。曲赦吳、吳興、義興、晉陵四郡。[1]吏部尚書蔡興宗爲尚書左僕射，[2]吳興太守張永、右軍將軍齊王東討，[3]平晉陵。癸未，曲赦浙江東五郡。[4]丁亥，鎮東將軍巴陵王休若進號衛將軍。建武將軍吳喜公率諸軍破賊於吳、吳興、會稽，平定三郡，[5]同逆皆伏誅。輔國將軍齊王前鋒北討，輔國將軍劉勔前鋒西討。[6]賊劉胡領衆四萬據赭圻。[7]

　　［1］曲赦：猶如特赦，不是普赦天下，而是祇赦指定的地區。

　　［2］吏部尚書：官名。尚書省吏部曹長官，位居列曹尚書之首。掌官吏任免、考選。三品。　蔡興宗：人名。濟陽考城（今河南民權縣）人。本書卷五七有附傳。丁福林《校議》據本書卷五七《蔡興宗傳》、卷八四《袁顗傳》、《天文志四》考證，蔡興宗時任尚書右僕射，而非左僕射。

　　[3]張永：人名。字景雲，吳郡吳人。本書卷五三有傳。　　右軍將軍：官名。四軍將軍之一，掌宮禁宿衞。四品。　　齊王：王爵名。此指南朝蕭齊開國皇帝蕭道成，但蕭道成此時尚未封齊王，書齊王而不指名，以示尊重，此乃史家筆法。蕭道成，《南齊書》卷一、二有紀。

　　[4]浙江東五郡：指吳、吳興、義興、晋陵、山陽等五郡。

　　[5]建武將軍：官名。五武將軍之一。四品。　　吳喜公：人名。又名喜，吳興臨安（今浙江臨安市）人。本書卷八三有傳。

　　[6]劉勔：人名。字伯猷，彭城人。本書卷八六有傳。　　西討：各本並作“南討”，中華本據《南史》改。按：劉勔時攻壽陽，當云“西討”。

　　[7]劉胡：人名。南陽涅陽人。本書卷八四有附傳。　　赭圻：城名。在今安徽繁昌縣西北長江南岸。

　　三月庚寅，撫軍將軍殷孝祖攻赭圻，死之。以輔國將軍沈攸之代爲南討前鋒。[1]賊衆稍盛，袁顗頓鵲尾，[2]聯營迄至濃湖，[3]衆十餘萬。壬辰，以新除太子詹事張永爲青、冀二州刺史。[4]丙申，鎮北將軍、南徐州刺史桂陽王休範總統北討諸軍事。丁酉，以尚書劉思考爲徐州刺史。[5]戊戌，貶尋陽王子房爵爲松滋縣侯。[6]乙巳，以奉朝請鄭黑爲司州刺史。[7]辛亥，鎮北將軍、南徐州刺史桂陽王休範領南兗州刺史。壬子，斷新錢，專用古錢。癸丑，原赦揚、南徐二州囚繫，凡逋亡一無所問。

　　[1]“撫軍將軍殷孝祖”至“代爲南討前鋒”：此句各本作“撫軍將軍沈攸之代爲南討前鋒”，“撫軍”下脱十三個字。中華本據《南史》並參照本書卷七四《沈攸之傳》、卷八六《殷孝祖傳》

補。按：《建康實録》與《南史》同。

[2]鵲尾：地名。即鵲尾渚，在今安徽無爲縣西北。

[3]濃湖：地名。在今安徽繁昌縣西，已堙没。

[4]太子詹事：官名。東宮屬官，掌管東宮日常事務。三品。

[5]尚書：官名。尚書省屬官。位在令、僕射下，丞、郎上，各領數郎曹，執行政務。三品。　劉思考：人名。劉裕族弟，歷官十郡太守、三州刺史，卒於散騎常侍，追贈特進。本書卷五一有附傳。

[6]松滋縣侯：侯爵名。侯國在今湖北松滋市西北。

[7]奉朝請：官名。散騎省屬官，以安置閑散官職。　鄭黑：人名。淮西（今皖北豫東淮河南岸地區）人。因率子弟部曲萬人在陳郡起兵反對晋安王子勛，被明帝任爲司州刺史，後北魏進攻淮西，鄭黑戰敗被殺。

夏四月壬午，以散騎侍郎明僧暠爲青州刺史。[1]

[1]明僧暠：人名。平原鬲（今山東平原縣）人，明僧紹之二弟。孝武帝時曾兩次出使北魏，以善答對見稱。

五月壬辰，以輔國將軍沈攸之爲雍州刺史。丁酉，曲赦豫州。丁未，新除尚書僕射王景文爲中軍將軍，以青、冀二州刺史張永爲鎮軍將軍。庚戌，以寧朔將軍劉乘民爲冀州刺史。甲寅，葬崇憲皇太后於修寧陵。[1]冠軍將軍、益州刺史蕭惠開進號平西將軍。

[1]修寧陵：各本並作“攸寧陵”，中華本據《通鑑》《南史》改。《通鑑》胡三省注：“修寧陵在孝武陵東南。”孝武帝景寧陵在今江蘇南京市東麒麟門外北三里處的麒麟鋪。

六月辛酉，鎮軍將軍張永領徐州刺史。京師雨水，丁卯，遣殿中將軍檢行賜恤。以左軍將軍垣恭祖爲梁、南秦二州刺史。[1]

[1]左軍將軍：官名。四軍將軍之一，侍衛武職，多以軍功得官。四品。　垣恭祖：人名。略陽桓道人，垣護之次子。事見本書卷五〇《垣護之傳》。

秋七月己丑，鎮北將軍、南徐兗二州刺史桂陽王休範進號征北大將軍。[1]辛卯，鎮軍將軍、徐州刺史張永改爲南兗州刺史。丁酉，以仇池太守楊僧嗣爲北秦州刺史、武都王。[2]壬寅，以男子時朗之爲北豫州刺史。[3]乙巳，龍驤將軍劉道符平山陽。[4]辛亥，又以義軍主鄭叔舉爲北豫州刺史，[5]鎮軍將軍、南兗州刺史張永復領徐州刺史。甲寅，復以冀州刺史崔道固爲徐州刺史。

[1]征北大將軍：官名。多統兵出鎮方面，都督數州諸軍事。二品。
[2]仇池：郡名。治所在今甘肅西和縣西南。　楊僧嗣：人名。氐族首領，略陽清水（今甘肅清水縣）人。事見本書卷九八《略陽清水氐楊氏傳》。　北秦州：治所在今甘肅西和縣西。　武都王：王爵名。王國在甘肅西和縣南。
[3]男子：此處特指原來沒有官職的人。　時朗之：人名。本書僅此一見，其事不詳。　北豫州：僑置，地址不詳。
[4]龍驤將軍：官名。將軍名號。三品。　劉道符：人名。本書僅此一見，其事不詳。

[5]義軍主：指擁護朝廷反對晋安王劉子勛的軍隊主將。　鄭
叔舉：人名。淮西人，因起兵擊劉子勛部將常珍奇，而被任命爲北
豫州刺史。

八月己卯，司徒建安王休仁率衆軍大破賊，斬僞尚
書僕射袁顗，進討江、郢、荆、雍、湘五州，平定之。
晋安王子勛、安陸王子綏、臨海王子頊、邵陵王子元並
賜死，[1]同黨皆伏誅。諸將軍帥封賞各有差。[2]甲申，以
護軍將軍、永嘉王子仁爲平南將軍、湘州刺史。

[1]邵陵王：王爵名。王國在今湖南邵陽市。　子元：人名。
即劉子元。本書卷八〇有傳。
[2]諸將軍帥：諸將指政府軍將領，軍帥指各地義軍的軍主或
統帥。《建康實録》作“諸將帥”。

九月乙酉，曲赦江、郢、荆、雍、湘五州；守宰不
得離職。壬辰，驃騎大將軍、豫州刺史山陽王休祐改爲
荆州刺史。分豫州立南豫州。[1]癸巳，六軍解嚴。[2]大赦
天下，賜民爵一級。甲午，以中軍將軍王景文爲安南將
軍、江州刺史。戊戌，以車騎將軍、江州刺史王玄謨爲
左光禄大夫、開府儀同三司、護軍將軍。庚子，以建安
王休仁世子伯融爲豫州刺史。[3]辛丑，衛將軍巴陵王休
若即本號爲雍州刺史。雍州刺史沈攸之爲郢州刺史。庚
戌，以太子左衛率建平王景素爲南兖州刺史。

[1]分豫州立南豫州：《輿地表》泰始二年九月“又于淮南分
西豫，以東豫治歷陽（今安徽和縣），統歷陽、淮南、宣城，又僑

立安豐、汝南、新蔡、陳、南頓、潁川、陳留，汝陽屬焉。西豫仍
治淮陽，統南梁、南譙、南汝陰、廬江、晋熙、弋陽、邊城、光
城。又僑立西汝陰，建寧屬之"。此處所謂西豫即豫州，東豫即南
豫州。

[2]六軍：皇帝所統領的軍隊，此處代指全國的軍隊。

[3]世子：諸侯王的嫡長子或能繼承爵位的人。 伯融：人名。
即劉伯融。本書卷七二有附傳。 豫州：本書卷七二《始安王休仁
傳》作"南豫州"。

　　十月乙卯，永嘉王子仁、始安王子真、淮南王子
孟、南平王子產、廬陵王子輿、松滋侯子房並賜死。[1]
丁卯，以郢州刺史沈攸之爲中領軍，與張永俱北討。庚
午，以吳郡太守顧覬之爲湘州刺史。[2]戊寅，立皇子昱
爲皇太子。[3]曲赦揚、南徐二州。[4]以輔國將軍劉勔爲廣
州刺史，左軍將軍張世爲豫州刺史。[5]

[1]始安王：王爵名。王國在今廣西桂林市。 子真：人名。
即劉子真，人名。本書卷八〇有傳。 淮南王：王爵名。王國在今
安徽當塗縣。 子孟：人名。即劉子孟。本書卷八〇有傳。

[2]顧覬之：人名。字偉仁，吳郡吳人。本書卷八一有傳。
"覬"，各本並作"顗"，中華本據本書卷八一《顧覬之傳》改。

[3]皇子昱：人名。即後廢帝劉子昱。本書卷九有紀。 皇太
子：即繼承皇位的嫡長子，儲君。

[4]南徐：州名。各本並脫"南"字，中華本據《建康實
錄》補。

[5]張世：人名。即張興世。竟陵竟陵（今湖北潛江市）人。
本書卷五〇有傳。

　　十一月甲申，以安成太守劉襲爲郢州刺史。[1]壬辰，詔曰：“治崇簡易，化疾繁侈，遠關隆替，明著軌跡者也。朕拯斯墜運，屬此屯極，[2]仍之以凋耗，因之以師旅，而識昧前王，務艱昔代。俾夫舊賦既繁，爲費彌廣，鑒寐萬務，[3]每思弘革。方欲緩縣優調，愛民爲先，有司詳加寬惠，更立科品。其方物職貢，各順土宜，出獻納貢，[4]敬依時令。凡諸蠹俗妨民之事，趣末違本之業，雕華靡麗，奇器異技，並嚴加裁斷，務歸要實。左右尚方御府諸署，[5]供御制造，咸存儉約。庶淳風至教，微遵太古，阜財興讓，少敦季俗。”又詔曰：“夫秉機詢政，[6]立教之攸本；舉賢聘逸，弘化之所基。故負鼎進策，殷代以康；[7]釋釣作輔，周祚斯乂。[8]朕甫承大業，訓道未敷，雖側席忠規，[9]竚夢巖築，[10]而良圖莫薦，奇士弗聞，永鑒通古，無忘宵寐。今藩隅克晏，敷化維始，屢懷存治，實望箴闕。[11]王公卿尹，群僚庶官，其有嘉謀直獻，匡俗濟時，咸切事陳奏，無或依隱。若乃林澤貞栖，[12]丘園耿潔，[13]博洽古今，敦崇孝讓，四方在任，可明書搜揚，具即以聞，隨就褒立。”以建平王景素子延年爲新安王。[14]以新除左光禄大夫、開府儀同三司王玄謨爲車騎將軍、南豫州刺史。丙申，制使東土經荒流散，並各還本，蠲衆調二年。

　　[1]安成：郡名。治所在今江西安福縣。　　劉襲：人名。字茂德。本書卷五一有附傳。　　郢州：治所在今湖北武漢市武昌區。
　　[2]屯極：艱難困頓到極點。屯，《易》卦名。《象》曰：“屯，剛柔始交而難生。”

〔3〕鑒寐萬務：處理政務連脱衣服睡覺的時間都沒有。鑒寐，不脱衣服睡覺。

〔4〕出獻納貢：中華本校勘記云，“出”《元龜》卷一九八作“來”。

〔5〕左右尚方：官署名。尚方是專爲宮廷製作新奇貴重手工藝品及精美器皿、刀劍兵器等物的機構。宋改制，以尚方爲右尚方，將原相府作部改爲左尚方，掌製一般軍械。　御府：官署名。孝武帝改門下省細作署爲御府，掌製作精巧手工業品。

〔6〕秉：各本並作“矢”，中華本據《元龜》卷二一二改。

〔7〕負鼎進策，殷代以康：伊尹負鼎俎以見商湯，以烹調之道講説政治，商湯采納，商國大振。典出《史記》卷三《殷本紀》。

〔8〕釋釣作輔，周祚斯乂：典出《史記》卷三二《齊太公世家》。文王訪賢於磻溪，呂尚放下釣竿，輔佐文王、武王，周國振興。

〔9〕側席忠規：側身而坐聽取賢人的忠言規諫。《後漢書》卷三《肅宗孝章帝紀》：“朕思遲直士，側席異聞。”李賢注：“側席謂不正坐，所以待賢良也。”

〔10〕竚夢巖築：久久等待在夢中所見到的板築於傅巖的賢人。這是引用殷王武丁假借做夢去傅巖尋找夢中賢人傳説的典故。事見《史記·殷本紀》。

〔11〕實望箴闕：實在希望有人規諫過失。箴闕，針砭過失。《抱朴子·漢過》：“進則切辭正論，攻過箴闕。”

〔12〕林澤貞栖：在山林川澤中隱居的忠貞正直的隱士。

〔13〕丘園耿潔：在家鄉隱居的耿直高潔之士。蔡邕《處士圂叔則銘》：“潔耿介於丘園，慕七人之遺風。”丘，即丘墟。園，即園圃。後世指在家隱居之地。

〔14〕延年：人名。即劉延年。字德沖。本書卷八〇有附傳。始平王：王爵名。王國在今湖北丹江口市均縣鎮。

十二月己未，以尚書金部郎劉善明爲冀州刺史。[1]乙丑，詔曰：“近衆藩稱亂，多染釁科。[2]或誠係本朝，事緣逼迫，混同證錮，[3]良以悵然。夫天道尚仁，德刑並用，雷霆時至，雲雨必解。朕眷言靜念，思弘風澤，凡應禁削，皆從原蕩。[4]其文武堪能，隨才銓用。”辛未，以新除廣州刺史劉勔爲益州刺史，前巴西、梓潼二郡太守費混爲廣州刺史。[5]劉勔克壽陽，豫州平。辛巳，以輔國將軍劉靈遺爲梁、南秦二州刺史。[6]薛安都要引索虜，張永、沈攸之大敗，於是遂失淮北四州及豫州淮西地。[7]

[1]尚書金部郎：官名。也稱金部郎中，尚書省金部曹屬官。六品。　劉善明：人名。平原（今山東平原縣）人，劉懷貞之弟，以參與平薛安都功，任爲寧朔長史，歷官綏遠將軍、北海太守，除尚書金部郎，遷屯騎校尉，出爲海陵太守。在郡獎勵種植林果，郡民獲利。後歷官寧朔將軍，宋末倒向蕭道成，道成比之於張良、陳平，入齊官至淮南、宣城二郡太守，封新淦伯。《南齊書》卷二八有傳。

[2]多染釁科：很多人陷入犯罪的科律。

[3]混同證錮：揭發的旁證（被迫參加）與堅決反叛的人混同不分。

[4]凡應禁削，皆從原蕩：凡是應該禁錮終身和削除官爵者，一律赦免，並從户籍中除去其所受處分的籍注。

[5]巴西：郡名。治所在今四川巴中市。　梓潼：郡名。治所與巴西同。　費混：人名。本書僅此一見，其事不詳。

[6]劉靈遺：人名。各本並作“劉靈道”，張森楷《校勘記》云：“當作‘劉靈遺’，《鄧琬傳》可證。下四年亦作‘劉靈遺’”。

張說是，據改。

　　[7]淮北四州：指青、冀、徐、兗四州之地。

　　三年春正月庚子，以農役將興，太官停宰牛。[1]癸卯，曲赦豫、南豫二州。衛將軍巴陵王休若降號鎮西將軍。[2]

　　[1]太官：官署名。掌宮廷膳食，屬少府，主管有令、丞。

　　[2]鎮西將軍：官名。四鎮將軍之一，多持節都督出鎮方面。二品。無持節都督頭銜者，三品。

　　閏月庚午，京師大雨雪，遣使巡行，賑賜各有差。戊寅，以游擊將軍垣閦爲益州刺史。[1]

　　[1]垣閦：人名。各本並作“垣閭”。張森楷《校勘記》云：“垣閭，大明三年已爲竟陵王誕所殺，見《垣護之傳》，此爲垣閦之誤。”張說是，據改。

　　二月甲申，以御史中丞羊希爲廣州刺史。[1]是日，車駕爲戰亡將士舉哀。己丑，以鎮西司馬劉亮爲梁、南秦二州刺史。[2]索虜寇汝陰，[3]太守張景遠擊破之。[4]丙申，曲赦青、冀二州，

　　[1]御史中丞：官名。也稱南司，專掌監察、執法，常受命領兵，出督軍旅。其職雖重，士族名士多不樂任此職。四品。　羊希：人名。字泰聞，太山南城（今山東平邑縣）人。本書卷五四有附傳。各本並作“羊南”，中華本據本書卷五四《羊玄保傳》

改正。

[2]鎮西司馬：官名。鎮西大將軍府幕僚，管理府內武職，與長史共參軍務。　劉亮：人名。彭城人。孝武帝時任武康令、鎮東中兵參軍，南征北討，屢立戰功，封順陽縣侯，後任梁、益二州刺史。在任廉潔，不營財貨，但服食修道，欲求長生，終因中毒而死。

[3]汝陰：郡名。治所在今安徽阜陽市。

[4]張景遠：人名。在抗擊北魏戰爭中屢立軍功，後病死於汝陰，追贈冠軍將軍、徐州刺史，封含洭縣男。

三月丙子，以尚書左僕射蔡興宗爲安西將軍、郢州刺史。[1]戊寅，以冠軍將軍王玄載爲徐州刺史，[2]寧朔將軍崔平爲兗州刺史。[3]

[1]尚書左僕射蔡興宗：丁福林《校議》據本書卷五七《蔡興宗傳》及卷八五《王景文傳》考證，“左僕射”乃“右僕射”之訛。

[2]王玄載：人名。字彥休，太原祁人。王玄謨從弟，後任益州刺史，宋末倒向蕭道成，入齊官至左戶尚書、兗州刺史，卒於官。《南史》卷一六有附傳，《南齊書》卷二七有傳。

[3]崔平：人名。本書僅此一見，其事不詳。

夏四月癸巳，以前司州刺史鄭黑爲司州刺史。乙未，冠軍將軍、北秦州刺史楊僧嗣進號征西將軍。庚子，立桂陽王休範第二子德嗣爲廬陵王，[1]立侍中劉韞第二子銑爲南豐王。[2]丙午，安西將軍蔡興宗降號平西將軍。

　　[1]德嗣：人名。即劉德嗣。過繼給廬陵王劉紹爲嗣，後爲後廢帝所殺。事見本書卷六一《廬陵孝獻王義真傳》。

　　[2]劉韞：人名。字彥文，劉道憐之孫。本書卷五一有附傳。銑：人名。即劉銑。過繼給南豐王朗爲嗣。昇明三年（477）與其父劉韞同時被蕭道成所殺。　南豐王：王爵名。王國在今江西廣昌縣東。

　　五月丙辰，宣太后崇寧陵禁内墳屋瘞遷徙者，給葬直，蠲復家丁。戊午，以車騎將軍、南豫州刺史王玄謨爲左光禄大夫、開府儀同三司。辛酉，罷南豫州并豫州。壬戌，以太子詹事袁粲爲尚書僕射。

　　六月乙酉，以侍中劉韞爲湘州刺史。

　　秋七月壬子，以左光禄大夫、開府儀同三司王玄謨爲特進、左光禄大夫、護軍將軍。薛安都子伯令略據雍州四郡，[1]刺史巴陵王休若討斬之。

　　[1]伯令：人名。即薛伯令。河東汾陰人。事見本書卷八八《薛安都傳》。　雍州四郡：即廣平郡、順陽郡、義成郡、扶風郡。

　　八月丁酉，詔曰：“古者衡虞置制，[1]蠔蚍不收；[2]川澤産育，登器進御。[3]所以繁阜民財，養遂生德。頃商販逐末，競早爭新，折未實之菓，收豪家之利，[4]籠非膳之翼，爲戲童之資。[5]豈所以還風尚本，捐華務實。宜修道布仁，以革斯蠹。自今鱗介羽毛，[6]肴核衆品，[7]非時月可採，器味所須，可一皆禁斷，嚴爲科制。”壬寅，以中領軍沈攸之行南兗州刺史，率衆北討。癸卯，詔曰：“法網之用，期世而行，寬惠之道，因時而布。

況朕尚德戡亂，依仁馭俗，宜每就弘簡，以隆至治。而
頻罷兵革，緜賦未休，軍民巧僞，興事甚多，蹈刑入
憲，諒非一科。至乃假名戎伍，窺爵私庭，因戰散亡，
託懼逃役。且往諸淪逼，雖經累宥，逋竄之黨，猶爲實
繁。宵言永懷，良兼矜疚。思所以重播至澤，覃被區
宇。可大赦天下。」加新除左光禄大夫王玄謨車騎將軍。
丙午，遣吏部尚書褚淵慰勞緣淮將帥，[8] 隨宜量賜。戊
申，以新除右衞將軍劉勔爲豫州刺史。[9]

[1]衡虞置制：保護山林設官建置制度。衡虞，守護山林的官。

[2]蠓蚳不收：輕微（不成材）之物都不收取。蠓蚳，蟻孵、
蝗卵，引申爲輕微之物。

[3]登器進御：生長成材纔能進呈國家。登器，生長成熟，
成器。

[4]收豪家之利：收十分之五的租税。這句話是從「或耕豪民
之田，見税十五」衍化來的。

[5]籠非膳之翼，爲戲童之資：抓獲不是爲食用的飛鳥，而供
兒童游戲之用。

[6]鱗介羽毛：帶鱗帶甲的魚類，帶羽毛的鳥類。

[7]肴核衆品：肉類和果類各種食品。

[8]褚淵：人名。字彦回，河南陽翟（今河南禹州市）人。在
宋以著作郎起家，歷任太子洗馬、吏部郎。明帝即位，遷侍中，轉
吏部尚書，再遷散騎常侍、丹陽尹，授右僕射，受遺詔輔政。昇明
初，改號衞將軍，開府儀同三司。齊受禪遷司徒，封南康郡公，爲
蕭齊一代名臣。《南齊書》卷二三有傳。

[9]以新除右衞將軍劉勔爲豫州刺史：據下文泰始五年（469）
八月己丑所記及《南史》卷三九《劉勔傳》，「豫州刺史」前應加

“行”字，即“行豫州刺史”。

九月癸丑，鎮西將軍、雍州刺史巴陵王休若進號衛將軍，平西將軍、郢州刺史蔡興宗進號安西將軍。乙卯，以越騎校尉周寧民爲兗州刺史。[1]戊午，以皇后六宮以下雜衣千領，[2]金釵千枚，班賜北征將士。庚申，前將軍兼冀州刺史崔道固進號平北將軍。[3]甲子，曲赦徐、兗、青、冀四州。

[1]越騎校尉：官名。侍衛武官，不領兵，用以安置勳舊武臣。四品。　周寧民：人名。沛郡（今江蘇沛縣）人。以討薛安都及其他軍功，官至將校，封贛縣侯，後升任寧朔將軍、徐州刺史、鍾離太守。

[2]皇后六宮：皇后的寢宮，有正寢一，燕寢五，合稱六宮，見《禮記·昏義》。有時也泛指夫人以下分居皇后六宮的人。

[3]前將軍兼冀州刺史崔道固進號平北將軍：丁福林《校議》引本書卷八八《崔道固傳》“三年，以爲都督冀青兗幽并五州諸軍事、前將軍、冀州刺史”之文可證，可刪除本文“冀州刺史”前之“兼”字。

冬十月壬午，改封新安王延年爲始平王。[1]戊子，芮芮國遣使獻方物。[2]辛丑，復郡縣公田。鎮西大將軍、西秦河二州刺史吐谷渾拾寅進號征西大將軍。[3]

[1]新安王：王爵名。王國在今浙江淳安縣。　延年：人名。即劉延年，字德沖。建平王景素之子，過繼給始平王子鸞爲嗣。事見本書卷八〇《始平孝敬王子鸞傳》。

[2]芮芮國：古國名。也稱蠕蠕、茹茹、蹂蠕，自稱柔然，皆一音之轉。公元四世紀興起於北方，游牧於大漠南北。丘豆代可汗時，征服蒙古草原，成爲北方强國。

[3]鎮西大將軍：官名。多持節都督出鎮西方。二品。　西秦：州名。治所不詳。　河：州名。治所在今甘肅臨夏市西南。　吐谷（yù）渾：古鮮卑族的一支，原住遼東，西晉時，在其首領吐谷渾率領下西遷至甘肅、青海間，至其孫葉延時，始號其國爲吐谷渾。

拾寅：人名。吐谷渾拾虔之弟。事見本書卷九六《吐谷渾傳》。

征西大將軍：官名。將軍名號。多授予統兵出鎮在外、都督數州諸軍事者。二品。

十一月，立建安王休仁第二子伯猷爲江夏王，[1]改封義陽王昶爲晋熙王。[2]乙卯，分徐州置東徐州，[3]以輔國將軍張讜爲刺史。[4]高麗國、百濟國遣使獻方物。[5]

[1]伯猷：人名。即劉伯猷。過繼給江夏王伯禽，休仁死後還本，後廢帝賜爵都鄉侯，建平王景素爲逆，受牽連賜死。　江夏王：王爵名。王國在今湖北武漢市武昌區。

[2]改封義陽王昶爲晋熙王：本書卷七二《晋熙王昶傳》謂"泰始六年，以第六皇子燮字仲綏繼昶，改昶封爲晋熙王"，與此所記不合，但應以此爲準。蓋劉昶於泰始三年（467）十一月改封晋熙王，泰始六年四月劉燮過繼給劉昶，襲封晋熙王，《晋熙王昶傳》"改昶封爲晋熙王"應爲"襲昶封爲晋熙王"之誤。義陽王，王爵名。王國在今河南信陽市南。昶，人名。即劉昶。字休道。本書卷七二有傳。

[3]分徐州置東徐州：時徐州已入魏，此乃臨時措施。《輿地表》：泰始三年"張讜守東莞團城，以爲東徐州刺史"。

[4]張讜：人名。清河東武城（今河北清河縣）人，時任東

安、東莞二郡太守，守團城，在彭城北，不久被北魏攻占。張讜降魏，官至平遠將軍，封平陸侯。《魏書》卷六一有傳。

[5]高麗：古國名。即高句麗。原爲中國東北一支少數民族，漢時開始興起，東晉以後占有今遼寧南部、朝鮮北部地區，後爲唐高宗所滅。　百濟：古國名。在朝鮮半島西南部。高麗族中的一支，西漢時開始强盛，後與高麗、新羅形成三國鼎立之勢。亦爲唐高宗所滅。

十二月庚辰，以寧朔將軍劉休賓爲兗州刺史。[1]

[1]劉休賓：人名。字處幹。平原人，曾任虎賁中郎將、幽州刺史，在兗州降魏，任懷寧縣令。《魏書》卷四三有傳。

四年春正月己未，車駕親祠南郊，大赦天下。庚午，衛將軍巴陵王休若降號左將軍。乙亥，零陵王司馬勗薨。[1]

[1]零陵王：王爵名。王國在今湖南永州市。　司馬勗：人名。晉恭帝司馬德文退位後，劉裕封他爲零陵王，司馬勗是他的第二代傳人。

二月辛丑，以前龍驤將軍常珍奇爲平北將軍、司州刺史，[1]珍奇子超越爲北豫州刺史。[2]乙巳，右光禄大夫、車騎將軍、護軍將軍王玄謨薨。[3]

[1]常珍奇：人名。汝南（今河南汝南縣）人。孝武帝時任司州刺史，明帝時參與劉子勛反中央的鬥爭，失敗後，遣使請降於北

魏，但北魏向其徵質子時，珍奇不肯遣送，爲魏所破而逃走。

[2]超越爲北豫州刺史：各本並作“北冀州刺史”，中華本校勘記引孫彪《考論》云：“《劉勔傳》，超越爲北豫州刺史，非北冀州。”從超越所任潁川、汝陽太守來判斷，應是北豫州刺史。據改。超越，人名。即常超越。因誅滅北魏子都公費拔等三千餘人有功，被封爲安陽縣男，官輔國將軍、北豫州刺史，潁川、汝陽、□□三郡太守，不久被北魏軍所攻殺。

[3]右光禄大夫：官名。據中華本考證：三朝本、北監本、毛本、殿本作“右光禄大夫”，局本及本書卷七六《王玄謨傳》作“左光禄大夫”。按《建康實錄》作“光禄大夫”，《通鑑》則記爲“車騎大將軍、曲江莊公王玄謨卒”，而不提光禄大夫銜。又《通鑑》作“車騎大將軍”亦誤。孫彪《考論》云：“大將軍號太崇，《鄧琬傳》及《明帝紀》並云車騎，是也。”

三月己未，以游擊將軍劉懷珍爲東徐州刺史。戊辰，[1]以軍司馬劉靈遺爲梁、南秦二州刺史，[2]南譙太守孫奉伯爲交州刺史，[3]交州人李長仁據州叛。[4]妖賊攻廣州，殺刺史羊希，[5]龍驤將軍陳伯紹討平之。[6]

[1]三月己未、戊辰：中華本校勘記云：“是月丙子朔，無己未、戊辰。二十日乙未，二十三日戊戌。己未或乙未之訛，戊辰或戊戌之訛。”

[2]以軍司馬劉靈遺爲梁、南秦二州刺史：孫彪《考論》云：“軍上脱一字。”按：“軍司馬”爲領兵武官，漢魏晋南北朝均設此職，孫説並非確論，可參考。

[3]南譙太守：各本並作“譙南太守”，中華本據本書《州郡志》改。南譙，郡名。治所在今安徽巢湖市居巢區東南。　孫奉伯：人名。後任始興太守，給太子獻禮時，祇獻一琴，明帝嫌少，

賜死。　交州：治所在今越南北寧省仙遊縣東。

[4]李長仁：人名。本書卷九四《徐爰傳》："土人李長仁爲亂，悉誅北來流寓，無或免者。"可見這是南方土著豪强反對北來門閥士族的暴動，但因資料不足，詳情及後果不得而知。

[5]羊希：各本並作"羊南"。中華本據《南史》《建康實錄》《通鑑》及本書卷五四《羊玄保傳》改正。

[6]陳伯紹：人名。伯紹因平亂有功，任東莞太守，後升任交州刺史，又改任越州刺史，不知所終。

夏四月己卯，復減郡縣田租之半。[1]丙申，東海王褘改封廬江王，[2]山陽王休祐改封晉平王，[3]改晉安郡爲晉平郡。辛丑，芮芮國及河南王並遣使獻方物。[4]甲辰，以豫章太守張辯爲廣州刺史。[5]

[1]復減郡縣田租之半："田租"，《建康實錄》作"田禄"。中華本認爲"普減國内田租之半，決非封建統治者所肯爲，當是減削郡縣官吏田禄之半"，故據《建康實錄》將"田租"改爲"田禄"。按：從漢代開始就有減田租之半的先例，歷代亦有效仿。此處不改可能更符合明帝收買人心、穩定秩序之本意。

[2]丙申：各本並脱"丙申"二字，中華本據《南史》《建康實錄》補。

[3]晉平王：王爵名。王國在今福建省福州市。按：晉安郡原是子勛的封國，因改封給休祐，故改爲晉平郡。

[4]河南王：王爵名。吐谷渾領袖的爵號，因其占據河州，故自慕容延時起宋文帝就封其爲河南王，拾寅繼承了這一封號。

[5]豫章：郡名。治所在今江西南昌市。　張辯：人名。吳郡吳人，張茂度四子。歷任尚書吏部郎、廣州刺史、大司農等職。事見本書卷五三《張茂度傳》。

五月乙巳，[1]曲赦廣州。癸亥，以行雍州刺史巴陵王休若行湘州刺史，會稽太守張永爲雍州刺史，湘州刺史劉韞爲南兗州刺史。

[1]乙巳：各本並作“乙未”，中華本校勘記云：“是月乙巳朔，無乙未。下有十九日癸亥。此乙未當是乙巳之誤，今改正。”

秋七月乙巳朔，以吳郡太守王琨爲中領軍。[1]丙辰，始平王延年薨。己未，以侍中劉襲爲中護軍。庚申，以驍騎將軍齊王爲南兗州刺史。

[1]王琨：人名。小字崑崙，琅邪臨沂人。宋文帝時，歷任宣城、義興太守，爲官廉約，時有清譽。孝武帝時，曾任廣州刺史，無所取納，深得孝武帝信任，遷度支尚書、光禄大夫、散騎常侍。入齊領武陵王師，加侍中，病卒。《南齊書》卷三二有傳。 中領軍：官名。掌京師駐軍及禁軍，爲禁軍統帥。三品。

八月戊子，以南康相劉勃爲交州刺史。[1]辛卯，分青州置東青州，[2]以輔國將軍沈文靜爲東青州刺史。[3]丁酉，安南將軍、江州刺史王景文進號鎮南將軍。[4]

[1]南康：公爵名。即南康公，公國在今江西贛州市東北。時爲褚淵封地。 相：官名。王公國的行政長官，職如太守。 劉勃：張森楷《校勘記》云：“《劉勔傳》有弟勳，泰始中，爲寧朔將軍、交州刺史，於道遇病卒。勃、勳形近，當即一人。”
[2]分青州置東青州：時青州已入北魏，置東青州乃屬臨時措

施。《輿地志》："沈文静自海道救東陽（僑置，青州州治，在今浙江金華市），爲魏所斷，保不其城（今山東即墨市西南），置東青州，以文静爲刺史，魏人攻拔，殺之。"

[3]沈文静：人名。吳興武康人。沈文秀之弟，曾任征北中兵參軍，後任青州刺史，不久被魏軍攻殺。各本並作"沈文靖"，按：本書卷八八《沈文秀傳》及《通鑑》均作"沈文静"，據改。

[4]鎮南將軍：官名。四鎮將軍之一，多爲持節都督出鎮南方地區的軍事長官。二品。不加持節都督銜者，三品。

九月丙辰，以驃騎長史張悦爲雍州刺史。[1]戊辰，詔曰："夫愆有小大，憲隨寬猛，故五刑殊用，[2]三典異施。[3]而降辟次網，便暨鉗撻，[4]求之法科，差品滋遠。朕務存欽恤，每有矜貸。尋劫制科罪，[5]輕重同之大辟，[6]即事原情，未爲詳衷。[7]自今凡竊執官仗，拒戰邏司，[8]或攻剽亭寺，[9]及害吏民者，凡此諸條，悉依舊制。五人以下相逼奪者，可特賜黥刖，投畀四遠，仍用代殺，方古爲優，全命長户，施同造物。庶簡惠之化，有孚群萌，好生之德，無漏幽品。"庚午，曲赦揚、南徐、兖、豫四州。

[1]驃騎長史：官名。驃騎將軍府幕僚長，處理府内政務。張悦：人名。張邵之侄。本書卷四六、五九有附傳。 雍州：治所在今湖北襄陽市襄城區。

[2]五刑殊用：五種刑罰各適用不同的罪名。五刑，各代解釋不同，宋指黥、劓、斬左右趾、梟首、菹其骨肉。

[3]三典異施：輕、中、重三種刑法各施於不同的時期。《周禮·秋官·大司寇》："掌建邦之三典，以佐王刑邦國詰四方：一曰

刑新國用輕典，二曰刑平國用中典，三曰刑亂國用重典。"

[4]降辟次網，便暨鉗撻：降低死刑法律處分，也就要聯繫到髡鉗、鞭撻一類刑罰。

[5]劫制：用威力强加控制。"劫"，各本並作"刦"。孫彪《考論》云："當云劫制，刦字誤。"按：孫說是，據改。　科罪：定罪。

[6]輕重同之大辟：不論罪行輕重，都按處理死刑那樣減刑。

[7]未爲詳衷：不算公允。

[8]拒戰邏司：抗拒攻擊巡邏偵察吏員。

[9]亭寺：亭部、官署。亭，基層治安機構，有捕盜捉賊的職責。寺，政府衙門。

冬十月癸酉朔，日有蝕之。發諸州兵北討。南康、建安、安成、宣城四郡，[1]昔不同南逆，並不在徵發之例。甲戌，割揚州之義興郡屬南徐州。

[1]建安：郡名。治所在今福建建甌市。

五年春正月癸亥，車駕躬耕藉田。[1]大赦天下，賜力田爵一級。[2]

[1]藉田：古代帝王借民力耕種公田。《國語·周語上》："王耕一墢，班三之，庶民終於千畝。"後世皇帝在每年春耕開始時，都舉行藉田典禮，以顯示對農業生產的重視。

[2]力田：對努力農業生產者所賜給的榮譽稱號。《漢書》卷二《惠帝紀》："春正月，舉民孝弟力田者復其身。"

二月丙申，分豫州、揚州立南豫州，[1]以太尉廬江王褘爲車騎將軍，開府儀同三司、南豫州刺史。

[1]分豫州、揚州立南豫州：從豫州、揚州各分出若干郡而建立南豫州，具體郡名沒有説清。本書《州郡志二》僅説："今南豫以淮東爲境。"據《輿地表》，泰始年間豫州、南豫州分合無常，詳情難以説清。

三月乙卯，於南豫州立南義陽郡。[1]丙寅，車駕幸中堂聽訟。[2]己巳，河南王遣使獻方物。

[1]南義陽郡：治所在今湖北孝感市北。
[2]中堂：皇宮中某院的正堂。晋穆帝、孝武帝曾以中堂爲太學，宋文帝於中堂即皇帝位，爲晋、宋時一處重要殿堂。

夏四月辛未，割雍州隨郡屬郢州。[1]乙酉，割豫州義陽郡屬郢州，[2]郢州西陽郡屬豫州。[3]戊子，以寧朔將軍崔公烈爲兗州刺史。[4]戊戌，新除給事黃門侍郎杜幼文爲梁、南秦二州刺史。[5]

[1]隨郡：治所在今湖北隨州市。
[2]義陽郡：治所在今河南信陽市。
[3]西陽郡：治所在今湖北黃岡市黃州區。
[4]崔公烈：人名。曾任巴陵王休若名下的軍主，在平定晋安王子勛之役中，立有戰功，深得明帝信任。
[5]給事黃門侍郎：官名。侍中或門下省次官。可出入禁中，侍從皇帝左右，顧問應對，參議駁奏，並與侍中俱掌門下衆事。五品。 杜幼文：人名。京兆杜陵（今陝西西安市長安區）人，杜驥第五子。本書卷六五有附傳。

六月辛未，立晋平王休祐子宣曜爲南平王。[1]壬申，以安西將軍、郢州刺史蔡興宗爲鎮東將軍。[2]癸酉，以左衛將軍沈攸之爲郢州刺史。以軍興已來，百官斷俸，並給生食。[3]丁丑，車騎將軍、南豫州刺史廬江王褘免官爵。戊寅，以左將軍、行湘州刺史巴陵王休若爲征南將軍、湘州刺史。壬午，罷南豫州。丙戌，以新除給事黃門侍郎劉亮爲益州刺史。

[1]立晋平王休祐子宣曜爲南平王：各本並脱"立"字。中華本據《南史》《建康實録》補，按：本書卷七二《南平穆王鑠傳》也有"立"字。宣曜，人名。即劉宣曜。劉休祐第七子，過繼給南平王鑠，休祐死，宣曜被廢還本。

[2]鎮東將軍：官名。四鎮將軍之一，多持節都督出鎮方面。二品。若無持節都督銜，三品。

[3]並給生食：合併發給糧穀。意爲以穀物代錢作爲俸禄。生食，未經煮熟的食物，此處代指穀物。

秋七月己酉，以輔國將軍王亮爲徐州刺史，[1]東莞太守陳伯紹爲交州刺史。甲寅，以山陽太守李靈謙爲兖州刺史。[2]壬戌，改輔國將軍爲輔師將軍。

[1]王亮：人名。字奉叔，琅邪臨沂人。起家秘書郎，累遷南郡王友、秘書丞。入齊，歷官給事黃門侍郎、晋陵太守，在職清公有美政，建武末爲吏部尚書、尚書左僕射。入梁，官至尚書令，爲官有聲響，深得范縝推崇。《梁書》卷一六有傳。

[2]李靈謙：人名。曾任東莞、東安二郡太守，參與過平定晋

安王之戰，後任山陽太守，升兗州刺史，改任宣城太守，再任兗州刺史。

八月己丑，以右將軍行豫州刺史劉勔爲平西將軍、豫州刺史。壬辰，以海陵太守劉崇智爲冀州刺史。[1]

[1]海陵：郡名。治所在今江蘇泰州市東北。　劉崇智：人名。本卷二見，知其後任青州刺史，餘事不詳。

九月甲寅，立長沙王纂子延之爲始平王。[1]戊午，中領軍王琨遷職。己未，詔曰："夫箕、潁之操，[2]振古所貴，沖素之風，[3]哲王攸重。朕屬横流之會，[4]接難晦之辰，[5]龕暴剪亂，[6]日不暇給。今雖關、隴猶靄，[7]區縣澄氛，偃武修文，於是乎在。思崇廉耻，用静馳薄，固已物色載懷，寢興竚嘆。其有貞栖隱約，息事衡樊，[8]鑿坏遺榮，[9]負釣辭聘，[10]志恬江海，行高塵俗者，在所精加搜括，時以名聞。將賁園矜德，[11]茂昭厥禮。群司各舉所知，以時授爵。"乙丑，以新除平西將軍、豫州刺史劉勔爲中領軍。

[1]長沙王：王爵名。王國在今湖南長沙市。　纂：人名。即劉纂。字元績，長沙王劉道憐之孫，官至步兵校尉，順帝昇明三年(479)卒。　延之：人名。即劉延之。繼承始平王劉子鸞的封爵。順帝昇明三年卒。

[2]箕、潁之操：隱居箕山和潁水的節操。相傳堯時有高士許由，堯知其賢，欲以天下相讓，許由不肯接受，遂隱居於箕山之下、潁水之陽，避世不出。事見《高士傳》。

［3］沖素之風：淡泊純樸的作風。這是隱士的作風。陸機《七徵》：“玄虛子耽性沖素，雍容淡泊。”

［4］横流之會：動亂的時期。

［5］難晦之辰：艱難衰敗的時候。

［6］龕暴：戡平暴亂。龕，同“戡”。

［7］關、隴猶靄：關中隴西地區還不平静。猶靄，還在雲霧籠罩之下，引申爲不平静。

［8］息事：“息”，各本並作“自”，中華本據《元龜》卷二一三、六四五改正。　衡樊：衡門樊籬，意爲房舍簡陋。

［9］鑿坏（péi）遺榮：典出《淮南子・齊俗訓》。魯國有賢人顏闔，魯君想請他爲相，派使臣去請他，他就鑿開後墻逃走了。坏，同“坯”或“培”，未燒的土磚。

［10］負釣辭聘：典出《莊子・秋水》。莊子垂釣於濮之上，楚王派人去聘請莊子主政，莊子持竿不顧，拒絶應聘。又據《後漢書》卷八三《嚴光傳》記載，嚴光（子陵）與劉秀同學，劉秀當皇帝後，想聘嚴光出來做官，嚴光隱於富春江，垂釣而不應聘。

［11］賁園矜德：隱居丘園之人，其道德更爲高尚。典出《易・賁卦》：“賁於丘園，束帛戔戔。”王肅注：“失位無應，隱處丘園，蓋蒙闇之人，道德彌明，必有束帛之聘也。”

冬十月丁卯朔，日有蝕之。

十一月丁未，索虜遣使獻方物。

閏月戊子，驃騎大將軍、荆州刺史晋平王休祐以本號爲南徐州刺史，征南將軍、湘州刺史巴陵王休若爲征西將軍、荆州刺史，輔師將軍孟次陽爲兗州刺史，[1]義陽太守吕安國爲司州刺史。[2]

［1］孟次陽：人名。字崇基，平昌安丘（今山東安丘市）人。

泰始初，爲山陽王休祐驃騎參軍，保衛合肥有功，封伐縣子，六年
（本卷説在五年），出爲輔師將軍、兖州刺史，戍淮陰，後進號冠軍
將軍，元徽四年卒。各本並脱“次”字。中華本據《南史》卷七
七《阮佃夫傳》、本書卷八七《殷琰傳》補。

[2]吕安國：人名。廣陵廣陵（今江蘇揚州市）人，宋末著名
將領，以討殷琰功，封鍾武縣男，累官至寧朔將軍、義陽太守。北
魏攻陷汝南，司州失守，以安國都督司州諸軍事、司州刺史，後屢
立戰功，歷官光禄大夫、散騎常侍、金紫光禄大夫、兖州中正。
《南齊書》卷二九有傳。

　　十二月戊戌，司徒建安王休仁解揚州刺史。己未，
以征北大將軍、南徐州刺史桂陽王休範爲中書監、中軍
將軍、揚州刺史，[1]吴興太守建平王景素爲湘州刺史，
輔師將軍建安王世子伯融爲廣州刺史。[2]庚申，分荆、
益州五郡置三巴校尉。[3]

　　[1]中軍將軍：各本並作“中將軍”，中華本據本書卷七九
《桂陽王休範傳》補。

　　[2]伯融：各本並脱“伯”字，中華本據本書卷七二《始安王
休仁傳》補。

　　[3]分荆、益州五郡置三巴校尉：《輿地表》泰始五年“分荆
州之巴東、建平，益州之巴西、梓潼，置三巴校尉于白帝（今重慶
奉節縣）”。三巴校尉，官名。即護三巴校尉。本書卷五九《張悦
傳》云：“六年，太宗於巴郡置三巴校尉，以悦補之，加持節，輔
師將軍，領巴郡太守。未拜，卒。”建三巴校尉年代地點與本卷所
記不符。

　　六年春正月乙亥，初制間二年一祭南郊，間一年一

祭明堂。[1]

[1]明堂：堂名。皇帝宣明政教的地方。凡朝會、祭祀、慶賞、
選士、養老、教學等大典，都在此舉行。

二月壬寅，司徒建安王休仁爲太尉，領司徒。癸
丑，皇太子納妃。[1]甲寅，大赦天下。巧注從軍，[2]不在
赦例。班賜各有差。

[1]皇太子：皇帝的嫡長子，皇位的法定繼承人。此指後廢帝
劉昱。本書卷九有紀。　納妃：太子娶正妻。此指後廢帝江皇后，
名簡珪，濟陽考城人。本書卷四一有傳。
[2]巧注從軍：沒有參軍的人，在户籍中假稱已服兵役。巧，
投機取巧。

三月乙亥，中護軍劉襲卒。丁丑，以太子詹事張永
爲護軍將軍。
夏四月癸亥，立第六皇子爕爲晋熙王。[1]

[1]爕：人名。即劉爕。字仲綏，過繼給晋熙王昶，並繼承劉
昶封爵。本書卷七二有附傳。

五月丁丑，以前軍將軍陳胤宗爲徐州刺史。[1]丁亥，
以冠軍將軍吐谷渾拾虔爲平西將軍。[2]戊子，奉朝請孔
玉爲寧州刺史。[3]

[1]前軍將軍：官名。將軍名號，略高於雜號將軍，也用作軍

府名號。三品。　　陳胤宗：人名。本書僅此一見，其事不詳。

　　[2]拾虔：人名。吐谷渾首領拾寅之兄。見本書卷九六《鮮卑吐谷渾傳》。

　　[3]孔玉：人名。本書僅此一見，其事不詳。

　　六月己亥，以第五皇子智井繼東平沖王休倩。[1]庚子，以侍中劉韞爲撫軍將軍、雍州刺史，前將軍、郢州刺史沈攸之進號鎮軍將軍，揚州刺史桂陽王休範爲征南大將軍、江州刺史。癸卯，以鎮南將軍、江州刺史王景文爲尚書左僕射、揚州刺史，尚書僕射袁粲爲尚書右僕射。己未，改臨賀郡爲臨慶郡，[2]追改東平王休倩爲臨慶沖王。[3]

　　[1]智井：人名。即劉智井。過繼給東平王休倩，未拜爵而亡。東平沖王：王爵名。王國在今山東東平縣。　　休倩：人名。即劉休倩。本書卷七二有傳。

　　[2]改臨賀郡爲臨慶郡：本書《臨慶沖王休倩傳》作“臨慶國”。王國在今廣西賀州市八步區東南賀街。

　　[3]沖：臨慶王劉休倩的謚號。按：劉休倩九歲封東平王，未拜爵而亡，臨慶沖王乃死後改封追謚。

　　七月丙戌，第五皇子智井薨。

　　九月乙丑，中領軍劉勔加平北將軍。戊寅，立總明觀，徵學士以充之。[1]置東觀祭酒。[2]癸未，以第八皇子智渙繼臨慶沖王休倩。[3]

　　[1]總明觀：國立學校名。明帝以國學廢，故立總明觀以繼之。

學士：官名。以文士充任，掌典禮、編纂、撰述、修史之事，本爲文學侍從之官，調入總明觀則擔任教學任務，分儒、道、文、史、陰陽五部學，陰陽實無其人。

［2］東觀祭酒：官名。即總明觀祭酒，爲東觀學士之首，主持觀内工作。

［3］以第八皇子智渙繼臨慶沖王休倩：按：本書卷七二《臨慶沖王休倩傳》作“立第八皇子躋爲臨慶王，食邑二千户，繼休倩後。明年，還本國”。與此所記人名不同。又本書卷六一《江夏文獻王義恭傳》稱：“七年，太宗以第八子躋，字仲升，繼義恭爲孫，封江夏王，食邑五千户……齊受禪，降爲沙陽縣公，食邑一千五百户，謀反，賜死。”劉躋還本國後，又過繼給江夏王義恭爲孫，死於齊。

　　冬十月辛卯，立第九皇子贊爲武陵王。[1]乙巳，以前右軍馬誴爲北雍州刺史。[2]己酉，車駕幸東堂聽訟。

　　［1］贊：人名。即劉贊。字仲敷。本書卷八○有傳。　武陵王：王爵名。王國在今湖南常德市。

　　［2］右軍：官名。右軍將軍的簡稱，掌宫禁宿衛。四品。　馬誴：人名。本書僅此一見，其事不詳。

　　十一月己巳，高麗國遣使獻方物。

　　十二月癸巳，以邊難未息，制父母陷異域，悉使婚宦。戊戌，以始興郡爲宋安郡。丙辰，護軍將軍張永遷職。

　　七年春正月甲戌，置散騎奏舉郎。[1]

　　［1］散騎奏舉郎：官名。本書《百官志》不載此官。顧名思

義，應是散騎省的屬官。散騎省設在禁中，容易接近皇帝，此官可能專掌上奏檢舉之事，因不得人心，故短期而罷。

二月癸巳，征西將軍、荆州刺史巴陵王休若進號征西大將軍，[1]開府儀同三司。[2]戊戌，置百梁、懽蘇、永寧、安昌、富昌、南流郡，[3]又分廣、交州三郡，合九郡，立越州。[4]己亥，以前將軍劉康爲平東將軍。[5]妖寇宋逸攻合肥，[6]殺汝陰太守王穆之，[7]郡縣討平之。甲寅，驃騎大將軍、開府儀同三司、南徐州刺史晋平王休祐薨。戊午，以征西大將軍、荆州刺史巴陵王休若爲征北大將軍、南徐州刺史，湘州刺史建平王景素爲荆州刺史。

[1]征西將軍：各本並訛爲“征南大將軍”。孫彪《考論》云：“荆州不以南爲號，據《休若傳》，是征西將軍，‘大’字衍。”按：《南史》《建康實錄》均作“征西將軍。

[2]開府儀同三司：據中華本考證，在此句之上，《南史》《建康實錄》有“及征南大將軍江州刺史桂陽王休範並”十六字。

[3]百梁：郡名。治所在今廣西合浦縣東北。　懽蘇：郡名。《南齊書·州郡志》越州條序作“隴蘇”，郡作“龍蘇”，《通鑑》亦作“龍蘇”。治所在今廣西浦北縣北蘇村附近。　永寧：郡名。治所在今廣東電白縣東北。　安昌：郡名。治所在今廣西合浦縣。富昌：郡名。治所不詳。　南流郡：治所在今廣西玉林市。

[4]又分廣、交州三郡，合九郡，立越州：即從廣州分出臨漳，交州分出合浦、宋壽，再加上文的百梁等六郡，共九郡，建立越州。治所在臨漳，今廣西合浦縣東北舊州東。《通鑑》胡三省注：“沈約《宋志》作臨障，宋白《續通典》作臨瘴，以臨界内瘴江爲

名，瘴江一名合浦江。"

[5]劉康：人名。本書僅此一見，其事不詳。　平東將軍：官名。四平將軍之一，多持節都督或監某一郡軍事，也作爲刺史等地方官兼理軍務的加官。三品。

[6]宋逸：人名。本書僅此一見，其事不詳。

[7]王穆之：人名。宋戰將，以軍主討伐薛安都，因功封衡山縣開國男，後升任龍驤將軍，泰始七年（471）於汝陰太守任上被殺。

三月辛酉，索虜遣使獻方物。壬戌，芮芮國遣使奉獻。

夏四月辛丑，減天下死罪一等，凡赦繫悉遣之。甲辰，於南兗州置新平郡。[1]癸丑，金紫光禄大夫張永領護軍。

[1]新平郡：僑置，治所不詳。

五月戊午，司徒建安王休仁有罪，自殺。辛酉，以寧朔長史孫超之爲廣州刺史，[1]尚書左僕射、揚州刺史王景文以刺史領中書監。庚午，以尚書右僕射袁粲爲尚書令，新除吏部尚書褚淵爲尚書右僕射。[2]辛未，監吳郡王僧虔行湘州刺史。[3]丙戌，追免晋平王休祐爲庶人。

[1]寧朔長史：官名。寧朔將軍府幕僚長，主持府内政事。孫超之：人名。吳郡吳人，歷官尚書比部郎、員外散騎侍郎，因參與討平鄧琬功，封羅縣開國侯，後爲後廢帝所殺。

[2]尚書右僕射：各本《宋書》及《通鑑》並作"左僕射"，

中華本據《南齊書》卷二三《褚淵傳》、《南史》、《建康實録》改。

[3]監：官名。魏晋後，除中書、秘書、廷尉等官署設爲主官、屬官外，還有以較高官員監理某地區"諸軍事"者以統兵，是地區軍事長官。或有稱監某州、郡、縣者，即行使州刺史、郡守、縣令的職權。　王僧虔：人名。琅邪臨沂人，王曇首少子。元嘉中除秘書郎，累遷至尚書令，入齊轉侍中、撫軍將軍、丹陽尹，後官至左光禄大夫。《南齊書》卷三三有傳。

六月丁酉，以征南大將軍、江州刺史桂陽王休範爲驃騎大將軍、南徐州刺史，征北大將軍巴陵王休若爲車騎大將軍、江州刺史。甲辰，芮芮國遣使獻方物。

秋七月丁巳，罷散騎奏舉郎。乙丑，新除車騎大將軍、江州刺史巴陵王休若薨，桂陽王休範以新除驃騎大將軍，還爲江州。庚午，以第三皇子準爲撫軍將軍。辛未，以太子詹事劉秉爲南徐州刺史。[1]戊寅，以寧朔將軍沈懷明爲南兖州刺史。[2]乙酉，於冀州置西海郡。[3]

[1]劉秉：人名。字彦節，劉道憐之孫。本書卷五一有附傳。

[2]沈懷明：人名。吳興武康人，曾任建威將軍，因戰功封吳興縣子。歷官黃門侍郎、南兖州刺史、冠軍將軍。桂陽王休範反，征討不利，憂懼而死。

[3]西海郡：《輿地表》泰始七年"割贛榆置鬱縣，立西海郡，隸青州"，據此知西海郡治在鬱縣（今江蘇贛榆縣）。

八月戊子，第八皇子躋繼江夏文獻王義恭。庚寅，以疾愈大赦天下。冀州刺史劉崇智加青州刺史。戊戌，立第三皇子準爲安成王。[1]

[1]準：人名。即宋順帝劉準。本書卷一〇有紀。　安成王：王爵名。王國在今江西安福縣。

九月辛未，以越騎校尉周寧民爲徐州刺史。

冬十一月戊午，[1]百濟國遣使獻方物。

[1]冬十一月戊午：“十一月”，各本並作“十月”，中華本據《建康實録》改。按十月丙戌朔，無戊午。十一月乙卯朔，初四日戊午。

十二月丁酉，分豫州、南兗州立南豫州，以歷陽太守王玄載爲南豫州刺史。[1]

[1]分豫州、南兗州立南豫州：《輿地表》泰始七年“復分淮東立二豫。以歷陽、淮南、宣城、南譙、南汝陰及南兗之臨江爲南豫州。豫州統南梁、廬江、晋熙、潁川、汝南、新蔡、陳、南頓、陳留、汝陽、安豐、西汝陰、南義陽、弋陽、邊城、光城等郡”。南豫州治所在歷陽（今安徽和縣），豫州治壽春（今安徽壽縣）。

泰豫元年春正月甲寅朔，上有疾不朝會。以疾患未痊，故改元。賜孤老貧疾粟帛各有差。戊午，皇太子會萬國於東宫，并受貢計。[1]

[1]貢計：貢品的登記簿。此指萬國貢品登記簿。

二月辛丑，以給事黄門侍郎王瞻爲司州刺史。

三月癸丑朔，林邑國遣使獻方物。[1]己未，中書監、揚州刺史王景文卒。

[1]林邑國：古國名。在今越南廣南省維川縣茶橋。本書卷九七有傳。

夏四月辛卯，以撫軍司馬蔡那爲益州刺史。[1]癸巳，以右衛將軍張興世爲雍州刺史。[2]己亥，上大漸。[3]驃騎大將軍、江州刺史桂陽王休範進位司空，尚書右僕射褚淵爲護軍將軍，中領軍劉勔加尚書右僕射，鎮東將軍蔡興宗爲征西將軍、開府儀同三司、荆州刺史，鎮軍將軍、郢州刺史沈攸之進號安西將軍。詔曰：“朕自臨御億兆，仍屬戎寇，雖每存弘化，而惠弗覃遠，軍國凋弊，刑訟未息。今大漸維危，載深矜嘆。可緩徭優調，去繁就約。因改之宜，詳有簡衷。務以愛民爲先，以宣朕遺意。”袁粲、褚淵、劉勔、蔡興宗、沈攸之同被顧命。是日，上崩于景福殿，時年三十四。五月戊寅，葬臨沂縣莫府山高寧陵。[4]

[1]撫軍司馬：官名。撫軍將軍府高級幕僚，掌參贊軍務，管理府内武職，地位僅次於長史。　蔡那：人名。南陽冠軍（今河南鄧州市西北）人。本書卷八三有附傳。

[2]右衛將軍：丁福林《校議》據本書卷五〇《張興世傳》、卷七四《沈攸之傳》考證，“右衛將軍”乃“左衛將軍”之誤。張興世：人名。字文德，竟陵竟陵人。各本並脱“世”字，中華本據本書《張興世傳》補。

[3]大漸：病危。《尚書·顧命》：“疾大漸。”呂祖謙注曰：“疾

大進而瀕於死也。"

[4]臨沂縣莫府山高寧陵：在今江蘇南京市東北栖霞山。

帝少而和令，風姿端雅。早失所生，養於太后宮內。大明世，諸弟多被猜忌，唯上見親，常侍路太后醫藥。好讀書，愛文義，在藩時，撰《江左以來文章志》，又續衛瓘所注《論語》二卷，[1]行於世。及即大位，四方反叛，以寬仁待物，諸軍帥有父兄子弟同逆者，並授以禁兵，委任不易，故衆爲之用，莫不盡力。平定天下，逆黨多被全，其有才能者，並見授用，有如舊臣。才學之士，多蒙引進，參侍文籍，應對左右。於華林園含芳堂講《周易》，[2]常自臨聽。末年好鬼神，多忌諱，言語文書，有禍敗凶喪及疑似之言應回避者，數百千品，有犯必加罪戮。改"騧"爲馬邊瓜，[3]亦以"騧"字似"禍"字故也。以南苑借張永，云"且給三百年，期訖更啓"。其事類皆如此。宣陽門，民間謂之白門，[4]上以白門之名不祥，甚諱之。尚書右丞江謐嘗誤犯，[5]上變色曰："白汝家門！"謐稽顙謝，久之方釋。太后停屍漆牀先出東宮，上嘗幸宮，見之怒甚，免中庶子官，[6]職局以之坐死者數十人。[7]内外常慮犯觸，人不自保。宮内禁忌尤甚，移牀治壁，必先祭土神，使文士爲文詞祝策，如大祭饗。泰始、泰豫之際，更忍虐好殺，左右失旨忤意，往往有斲剒斷截者。時經略淮、泗，軍旅不息，荒弊積久，府藏空竭。内外百官，普斷禄俸；[8]而上奢費過度，務爲彫侈。每所造制，必爲正御三十副，[9]御次、副又各三十，須一物輒造九十枚，天下騷然，民不堪命。其餘事迹，列見眾篇。[10]親近讒慝，剪落皇枝，宋氏之業，自此衰矣。

[1]衞瓘：人名。字伯玉，河東安邑（今山西夏縣）人，歷仕魏、晋兩朝。在魏官至廷尉卿，持節監鄧艾、鍾會軍事，平蜀後，遷都督徐州諸軍事、鎮東將軍，封菑陽侯，入晋進爵爲公，官至尚書令，加特進。惠帝時，録尚書事輔政，後爲賈后所殺。《晋書》卷三六有傳。

[2]於華林園含芳堂講《周易》：各本並脱“芳”字，中華本據《元龜》卷一九二補。

[3]改“騧”爲馬邊瓜：三朝本、北監本、毛本、殿本均無“馬”字，中華本據局本及《魏書》卷九七《島夷劉彧傳》、《南史》補。

[4]白門：按六朝習俗以白門爲喪門。《通鑑》卷一六五：“堊其城門，著衰絰。”胡三省注：“堊，以白土塗城門，示有喪也。”周一良《札記》：“蓋喪家塗白門之風習，亘六朝未變。”

[5]尚書右丞：官名。尚書省佐官，位在左丞下，與左丞共掌尚書省事務。六品。　江謐：人名。濟陽考城人，江秉之之孫，官至尚書吏部郎。入齊遷侍中，封新縣伯，再遷左民尚書，後以不參加蕭道成喪事賜死。《南齊書》卷三一有傳。

[6]中庶子：官名。太子中庶子的省稱，侍從太子，與中舍人共掌文翰。四品。

[7]職局以之坐死者數十人：各本並無“死”字，據《魏書·島夷劉彧傳》《南史》《建康實録》補。職局，主管某種職務的機構。此處專指主管太后喪事機構的官員。

[8]普斷禄俸：各本原作“並日料禄俸”，誤。此據《魏書·島夷劉彧傳》改正。《通鑑》《南史》作“並斷禄奉”，近似。按“並日”，竪排即爲“普”字，“料”乃“斷”之訛。

[9]正御：供皇帝使用的正式物品，與下文之“御次”（備用品）、“副”（備用副品）相對而言。

[10]列見衆篇：三朝本作“列”，北監本、毛本、殿本、局本作“別”。張元濟《校勘記》云：“所見處不止一篇，故云列見衆篇。”其實“別”字亦通，可解作“分別見於衆篇”。

史臣曰：聖人立法垂制，所以必稱先王，蓋由遺訓餘風，足以貽之來世也。太祖負扆南面，[1]實有君人之懿焉，經國之義雖弘，而隆家之道不足。彭城王照不窺古，[2]本無卓爾之資，[3]徒見昆弟之義，未識君臣之禮，冀以此家情，行之國道，主猜而猶犯，恩薄而未悟，致以呵訓之微行，遂成滅親之大禍。[4]開端樹隙，垂之後人。雖天倫之重，義殊凡戚，而中人以下，情由恩變。至於易衣而出，分苦而食，與夫別宮異門，形疏事隔者，宜有降矣。太宗因易隙之情，據已行之典，剪落洪枝，願不待慮。既而本根無庇，幼主孤立，神器以勢弱傾移，靈命隨樂推回改。[5]斯蓋履霜有漸，堅冰自至，所從來遠也。

[1]負扆南面：背靠屏風南面而坐。指皇帝臨朝聽政。負扆，皇帝坐朝的專用語。扆，户牖之間謂之扆。

[2]照不窺古：不能以古爲鑑。

[3]本無卓爾之資：“資”，各本並作“姿”，中華本據《南史》改。卓爾，超群出衆。《漢書》卷八〇《淮陽憲王欽傳》：“卓爾非世俗之所知。”師古注：“卓爾，高遠貌也。”

[4]致以呵訓之微行，遂成滅親之大禍：此指宋文帝誅彭城王義康事。彭城王本來犯的是應該呵斥訓戒的小過，文帝却當成誅殺

親兄弟的大罪。

　　[5]靈命：天命，借指皇帝之位。　　樂推：樂意擁戴。語出《老子》：“是以聖人處上，而民不重，處前而民不害，是以天下樂推而不厭。”

宋書　卷九

本紀第九

後廢帝

　　廢帝諱昱，字德融，小字慧震，[1]明帝長子也。[2]大明七年正月辛丑，[3]生於衛尉府。[4]太宗諸子在孕，[5]皆以《周易》筮之，即以所得之卦爲小字，故帝字慧震，其餘皇子亦如之。泰始二年，[6]立爲皇太子。三年，始制太子改名昱。安車乘象輅。[7]六年，出東宮。又制太子元正朝賀，[8]服衮冕九章衣。[9]

　　[1]慧震：意爲聰明才智的長子。震，《易》卦名。一陽生於二陰之下。《序卦》說：“乾，天也，故稱乎父。坤，地也，故稱乎母。震一索而得男，故謂之長男。”又說：“主器者莫若長子，故受之以震。”
　　[2]明：宋太宗劉彧的諡號。按《諡法》：“照臨四方謂之明。”“自責以備謂之明。”
　　[3]大明：宋孝武帝劉駿年號（457—464）。
　　[4]衛尉府：官署名。宮禁及京師防衛長官衛尉的衙署。

[5]太宗：宋明帝劉彧廟號。

[6]泰始：宋明帝劉彧年號（465—471）。

[7]安車：古車皆立乘，此爲可以坐乘的小車。《周禮·春官·巾車》："安車，彫面鷖緫，皆有容蓋。"專爲年老高官及貴婦所備之車，有時徵召賢士也用安車。太子用安車，以顯示尊貴。象輅：也作"象路"。用象牙裝飾的車子，爲帝王所乘之車。《周禮·春官·巾車》："象路：朱樊纓，七就，建大赤，以朝，異姓以封。"鄭玄注："象路，以象飾諸末。"

[8]制：制度、法式、命令。皇帝命令文告之一種。　元正：元旦。語出《尚書·舜典》："月正元日，舜格于文祖。"孔傳："月正，正月。元日，上日也。"

[9]袞冕：袞龍袍和大冠。皇帝、太子所穿的禮服和禮冠。九章衣：袞服上的九種圖案。《周禮·春官·司服》："享先王，則袞冕。"鄭玄注："九章：初一曰龍，次二曰山，次三曰華蟲，次四曰火，次五曰宗彝，皆畫以爲繢。次六曰藻，次七曰粉米，次八曰黼，次九曰黻，皆希以爲繡。則袞之衣五章，裳四章，凡九次也。"九章服是最尊貴的服裝。

　　泰豫元年四月己亥，[1]太宗崩。庚子，太子即皇帝位，大赦天下。尚書令袁粲、護軍將軍褚淵共輔朝政。[2]乙巳，以護軍將軍張永爲右光禄大夫，[3]撫軍將軍安成王爲揚州刺史。[4]己酉，特進、右光禄大夫劉遵考改爲左光禄大夫。[5]

[1]泰豫：宋明帝劉彧年號（472）。

[2]尚書令：官名。尚書省長官，綜理全國政務，參議大政，爲最高政務長官。如録尚書事缺，兼有宰相名義。三品。　袁粲：人名。字景倩，陳郡陽夏（今河南太康縣）人。本書卷八九有傳。

護軍將軍：官名。掌督護京師以外諸軍事，也可領兵出征。三品。　褚淵：人名。字彥回，河南陽翟（今河南禹州市）人。在宋歷官中書郎、司徒右長史、吏部尚書，封雩都伯，轉侍中，遷散騎常侍、丹陽尹，授尚書右僕射，受遺詔爲中書令輔政，進爵爲侯。昇明初，改號衛將軍，開府儀同三司、中書監、司空。齊受禪，遷司徒，封南康郡公，尋加尚書令，録尚書事。《南齊書》卷二三有傳。

〔3〕張永：人名。字景雲，吳郡吳（今江蘇蘇州市）人。本書卷五三有附傳。

〔4〕撫軍將軍：官名。將軍名號，權任頗重。三品。　安成王：王爵名。即指順帝劉準。王國在今江西安福縣。本書卷一〇有紀。揚州：治所在今江蘇南京市。

〔5〕劉遵考：人名。劉裕族弟。本書卷五一有傳。

五月丁巳，以吳興太守張岱爲益州刺史。[1]戊辰，緣江戍兵老疾者，悉聽還。班劍依舊入殿。[2]

〔1〕吳興：郡名。治所在今浙江湖州市南下菰城。　張岱：人名。吳郡吳人。張茂度四子，後官至吏部尚書。

〔2〕班劍：有紋飾的劍。一説以虎皮飾劍。漢制朝服帶劍，晋代之以木，用爲儀仗，由武士佩帶。皇帝賜大臣班劍，以示尊崇。

六月壬辰，詔曰：“夫興王經制，實先民隱，方求廣教，刑於四維。[1]朕以煢眇，夙膺寶歷，永言民政，未接聽覽，眷言乃顧，無忘鑒寐。[2]可遣大使分行四方，觀採風謡，問其疾苦。令有咈民，[3]法不便俗者，悉各條奏。若守宰威恩可紀，廉勤允著，依事騰聞。如獄訟誣枉，職事紕繆，惰公存私，害民利己者，無或隱昧。

廣納芻輿之議，[4]博求獻藝之規。巡省之道，務令精洽，
深簡行識，俾若朕親覽焉。”又詔曰：“夫寢夢期賢，[5]
往誥垂美，物色求良，[6]前書稱盛。朕以沖昧，嗣膺寶
業，思仰述聖猷，勉弘政道，興言多士，常想得人。可
普下牧守，廣加搜採。其有孝友聞族，[7]義讓光閭，[8]或
匿名屠釣，[9]隱身耕牧，[10]足以整厲澆風，扶益淳化者，
凡厥一善，咸無遺逸。虛輪佇帛，俟聞嘉薦。”[11]京師
雨水，詔賑恤二縣貧民。乙巳，尊皇后曰皇太后，[12]立
皇后江氏。[13]

[1]四維：四方或四方邊境。

[2]鑒寐：不脫衣冠而睡。

[3]令有咈民：法令有違背人民利益的。

[4]芻輿：地位低下的人。

[5]寢夢期賢：睡在夢中也期待賢人。此指殷王武丁夜夢傅説
而得賢人的典故。事見《史記》卷三《殷本紀》。

[6]物色求良：尋找訪求賢良之士。物色，訪求，尋找。劉向
《列仙傳》：“老子西遊，喜先見其炁，知有真人當過，物色而遮之，
果得老子。”

[7]孝友聞族：以順孝父母、友愛兄弟而聞名於族中。

[8]義讓光閭：大義讓産讓爵爲閭里增光的人。

[9]匿名屠釣：隱姓埋名，或屠牛或垂釣。此指姜尚未遇文王
前，隱居屠牛、釣魚的典故。事見《史記》卷三二《齊太公世
家》。

[10]隱身耕牧：隱居不仕而耕田放牧的人。漢武帝時，卜式以
田牧爲事，不願當官。武帝征匈奴，卜式上家財之半以助官，受到
武帝的表彰。後官至御史大夫。事見《漢書》卷五八《卜式傳》。

[11]虛輪佇帛，俟聞嘉薦：空著蒲輪安車，佇放幣帛，等候好的薦舉。朝廷徵召賢人，都以安車蒲輪，奉幣帛以相迎。此語有虛位以待，敬候人材光臨之意。

[12]皇太后：皇帝母親的封號。此指明帝王皇后，名貞風，琅邪臨沂（今山東臨沂市）人。本書卷四一有傳。

[13]皇后江氏：名簡珪，濟陽考城（今河南民權縣）人。本書卷四一有傳。

秋七月戊辰，崇拜帝所生陳貴妃爲皇太妃。[1]

[1]陳貴妃：名妙登，丹陽建康人。後廢帝生母。本書卷四一有傳。貴妃，在宋嬪妃制中，位比丞相，爲三夫人之首。　皇太妃：在宋嬪妃制中屬特例，位次於皇太后。本書卷四一《后妃傳》中無此名號。

閏月丁亥，罷宋安郡還屬廣興。[1]己丑，割南豫州南汝陰郡屬西豫州，西豫州廬江郡屬豫州。[2]甲辰，以新除征西將軍、開府儀同三司、荊州刺史蔡興宗爲中書監、光禄大夫，[3]安西將軍、郢州刺史沈攸之爲鎮西將軍、荊州刺史，[4]南徐州刺史劉秉爲平西將軍、郢州刺史，[5]新除太常建平王景素爲鎮軍將軍、南徐州刺史。[6]

[1]宋安郡：治所在今廣東連山壯族瑤族自治縣。　廣興：郡名。治所在今廣東韶關市南武水西岸。

[2]割南豫州南汝陰郡屬西豫州，西豫州廬江郡屬豫州：據此文則宋有三個豫州，實際則否。錢大昕《考異》曰：“案：《州郡志》，泰豫元年，以南汝陰度屬豫州，豫州之廬江度屬南豫州，初無西豫之名。”錢大昕又引《南史》卷一三《廬陵孝獻王義真傳》、

《南齊書》卷三二《張岱傳》、《南齊書·州郡志》説明：“當時本有西豫之稱，殆以壽陽故稱西府，因以西豫呼之，而宋、齊二《志》不以西豫標目者，以其未著甲令也。”據錢氏考證可知，“西豫州”乃“豫州”之俗稱，故《南齊書》卷四〇《魚腹侯子響傳》前稱“出爲豫州刺史”，後稱“在西豫時”，證明兩者乃一事二名。據此，本文之“西豫州廬江郡屬豫州”乃“西豫州廬江郡屬南豫州”之誤，如此與本書《州郡志》相吻合，並合乎歷史實際。

[3]新除：官制用語。新任命之意。　征西將軍：官名。四征將軍之一，出鎮方面的軍事長官。三品。爲持節都督者，二品。開府儀同三司：官名。爲大臣加號，意爲與太尉、司徒、司空三公享受相同待遇，許開設府署，自辟僚屬。　荆州：治所在今湖北荆州市荆州區。　蔡興宗：人名。濟陽考城人。本書卷五七有傳。中書監：官名。中書省長官之一，實爲閑職，多用作重臣的加官。三品。　光禄大夫：丁福林《校議》據《南史》卷三《宋本紀下》、《建康實録》卷一四、本書卷五七《蔡興宗傳》考證，“光禄大夫”之前佚“左”字，應爲“左光禄大夫”。

[4]安西將軍：官名。四安將軍之一，出鎮某一地區的軍事長官，或作爲刺史等地方官兼理軍務的加官，權任很重。三品。　郢州：治所在今湖北武漢市武昌區。　沈攸之：人名。字仲達，吳興武康（今浙江德清縣）人。本書卷七四有傳。　鎮西將軍：官名。四鎮將軍之一，多持節都督出鎮方面。二品。如不加持節都督銜，三品。

[5]南徐州：治所在今江蘇鎮江市。　劉秉：人名。字彦節。本書卷五一有傳。　平西將軍：官名。四平將軍之一，多持節都督或監某一地區的軍事，有時也作爲刺史等地方官兼理軍務的加官。三品。

[6]太常：官名。漢爲九卿之首，劉宋時，禮儀郊廟制度由尚書八座及議曹裁定，太常遂成爲職閑位尊的官職。三品。　建平王：王爵名。王國在今重慶巫山縣。　景素：人名。即劉景素。本

書卷七二有附傳。　鎮軍將軍：官名。本爲中央軍職，但也可出任地方軍事長官，並領刺史等地方官，兼理民政。三品。

八月戊午，新除中書監、左光禄大夫、開府儀同三司蔡興宗薨。

冬十月辛卯，[1] 撫軍將軍劉韞有罪免官。[2] 辛未，護軍將軍褚淵母憂去職。[3]

[1]冬十月辛卯：是月庚戌朔，初二辛亥，十二辛酉，二十二辛未，無辛卯。

[2]劉韞：人名。字彦文。本書卷五一有附傳。

[3]母憂去職：因母親去世而辭去官職。遇父母喪，必須辭官回家服喪三年。這是中國古代奉行孝道的一種體現。下文褚淵母喪一月後即攝職，是皇帝允許的特例，叫奪情。

十一月己亥，新除平西將軍、郢州刺史劉秉爲尚書左僕射。辛丑，護軍將軍褚淵還攝本任。[1] 芮芮國、高麗國遣使獻方物。[2]

[1]還攝本任：回來代理護軍將軍職務。攝，官制用語。代理，兼職。因褚淵還在母喪期間，不能官復原職，祇能代理原任職務。

[2]芮芮國：古國名。也稱蠕蠕、茹茹、蹂蠕，自稱柔然，皆一音之轉。公元四世紀興起於北方，游牧於大漠南北，丘豆代可汗時，征服蒙古草原，成爲北方强國。　高麗國：高句麗。原爲中國東北地區的少數民族，後漢時期發展壯大。東晉時，已占有遼寧南部，朝鮮北部之地。後爲唐高宗所滅。　遣使獻方物：派使者貢獻土特産。實際是一種貿易形式，宋政府必須給予相應的回報。

十二月，索虜寇義陽。[1]丁巳，司州刺史王瞻擊破之。[2]

[1]索虜：對北魏的蔑稱。因鮮卑人頭上有髮辮，像繩索，故南人稱其爲索頭虜、索虜。　義陽：郡名。治所在今河南信陽市南。

[2]司州：僑置。治所在今河南信陽市。　王瞻：人名。太原祁（今山西祁縣）人，王玄謨之子。宋明帝時，任黃門郎，因輕視蕭賾結下讎怨。入齊後，官至冠軍將軍、永嘉太守，因上朝跪拜不合禮儀，被蕭賾處死。

元徽元年春正月戊寅朔，改元，大赦天下。壬寅，詔曰：“夫緩法昭恩，裁風茂典，蠲憲貸眚，訓俗彝義。朕臨馭宸樞，[1]寅制岷宇，[2]式存寬簡，思孚矜惠。今開元肆宥，[3]萬品惟新，凡茲流斥，宜均弘洗。[4]自元年以前貼罪徙放者，悉聽還本。”

[1]宸樞：皇帝之位。宸，即紫微垣，北極星所居，借指帝王的居處，引申爲王位或代指帝王。

[2]寅制岷宇：恭敬地管理天下。

[3]開元肆宥：開創伊始，一切從寬。肆宥，肆赦，寬宥。

[4]凡茲流斥，宜均弘洗：凡屬流言或貶斥之辭，應該全部從戶籍檔案（籍注）中清洗掉。

二月乙亥，以晉熙王燮爲郢州刺史。[1]

[1]晉熙王：王爵名。王國在今安徽潛山縣。　燮：人名。即

劉爕。字仲綏，明帝第六子，過繼給劉昶，襲封晉熙王。本書卷七二有附傳。

卷
九

本
紀
第
九

三月丙申，以撫軍長史何恢爲廣州刺史。[1]婆利國遣使獻方物。[2]戊戌，以前淮南太守劉靈遺爲南豫州刺史。[3]

[1]撫軍長史：官名。撫軍將軍府幕僚長，處理府中政務。何恢：人名。盧江灊（今安徽霍山縣）人，出任廣州刺史未到任，坐明帝喪期周年紀念不到會，免官。後起爲都官尚書，未拜，卒。
[2]婆利國：在今印度尼西亞巴厘島。
[3]淮南：郡名。治所在今安徽當塗縣。　劉靈遺：人名。襄陽（今湖北襄陽市襄城區）人。本書卷八四有附傳。

夏五月辛卯，以輔師將軍李安民爲司州刺史。[1]丙申，河南王遣使獻方物。[2]

[1]輔師將軍：官名。將軍名號。明帝改輔國將軍置。三品。李安民：人名。蘭陵承（今江蘇常州市武進區）人，宋水軍將領，曾參與平定晉安王子勛及薛安都、三巴叛亂，官至輔師將軍，後遷征虜將軍、東中郎將，行會稽郡事，晚年倒向蕭道成。入齊任中領軍，封康樂侯，爲蕭齊建國元勳，最後官至散騎常侍、安東將軍、吳興太守。《南齊書》卷二七有傳。
[2]河南王：王爵名。宋文帝封吐谷渾領袖慕容延爲河南王，從此吐谷渾自稱河南國，時國王爲拾寅。本書卷九六有傳。

六月壬子，以越州刺史陳伯紹爲交州刺史。[1]乙卯，特進、左光祿大夫劉遵考卒。壽陽大水。[2]己未，遣殿中將軍賑恤慰勞。[3]丙寅，以左軍將軍孟次陽爲兗州刺史。[4]

[1]以越州刺史陳伯紹爲交州刺史：張森楷《校勘記》云：“按《明帝紀》，泰始五年，伯紹爲交州刺史。七年，置越州。《南齊書·州郡志》云，元徽二年，陳伯紹爲越州刺史，當即指此。此當是以交州刺史陳伯紹爲越州刺史，刻訛互倒。”越州，治所在今廣西合浦縣東北舊州東。陳伯紹，人名。因平廣州“妖賊”暴動有功，任東莞太守，後遷交州刺史、越州刺史，不知所終。交州，治所在今越南北寧省仙遊縣東。

[2]壽陽：縣名。治所在今安徽壽縣。

[3]殿中將軍：官名。侍衛武職，不典兵。六品。此殿中將軍史失其名。

[4]左軍將軍：官名。皇帝侍衛武官。四品。　孟次陽：人名。字崇基，平昌安丘（今山東安丘市）人。因討薛安都功，封攸縣子，歷官右軍、驃騎參軍，輔師將軍、兗州刺史，終於冠軍將軍任上。

秋七月丁丑，散騎常侍顧長康、長水校尉何翌之表上所撰《諫林》，上自虞舜，下及晉武，凡十二卷。[1]

[1]散騎常侍：官名。侍從皇帝左右，主掌圖書文翰，文章撰述，諫諍拾遺，收納轉呈文書奏事等職。三品。　顧長康：人名。本書僅此一見，其事不詳。　長水校尉：官名。侍衛武官，不領兵。四品。　何翌之：人名。廬江灊人，何尚之之弟，後官至都官尚書，餘事不詳。　《諫林》：書名。已失傳。

八月辛亥，詔曰：“分方正俗，著自虞冊，[1]川谷異制，煥於姬典。[2]故井遂有辨，[3]閭伍無雜，用能七教克宣，[4]八政斯序。[5]雖綿代殊軌，沿革異儀，或民懷遷俗，或國尚興徙，漢陽列燕、代之豪，[6]關西熾齊、楚之族，[7]並通籍新邑，即居成舊。洎金行委御，[8]禮樂南移，中州黎庶，襁負揚、越，[9]聖武造運，[10]道一閩區，[11]貽長世之規，申土斷之制。[12]而夷險相因，盈晦遞襲，[13]歲饉洞流，戎役惰散，違鄉寓境，漸至繁積。宜式遵鴻軌，以爲永憲，[14]庶阜俗昌民，反風定保。[15]夷胥山之險，澄瀚海之波，[16]括《河圖》於九服，[17]振玉軑於五都矣。”[18]秘書丞王儉表上所撰《七志》三十卷。[19]京師旱。甲寅，詔曰：“比亢序騫度，留熏燿曇，[20]有傷秋稼，方貽民瘼。朕以眇疢，[21]未弘政道，囹圄尚繁，枉滯猶積，夕屬晨矜，[22]每惻于懷。尚書令可與執法以下，[23]就訊衆獄，使冤訟洗遂，困弊昭蘇。頒下州郡，咸令無壅。”癸亥，鎮軍將軍、南徐州刺史建平王景素進號鎮北將軍。[24]庚午，陳留王曹銑薨。[25]

[1]虞册：即《尚書·舜典》。所謂“分方正俗”，即《舜典》中“帝釐下土，方設居方，別生分類”之意。

[2]姬典：即《周禮》。《周禮·地官·司徒》專講對山川土地的各種管理制度。

[3]井：井田。《周禮·考工記·匠人》：“九夫爲井。”鄭玄注：“此畿内采地之制。九夫爲井，井者，方一里，九夫所治之田也。” 遂：古代的行政區劃單位。《周禮·地官·遂人》：“五家爲鄰，五鄰爲里，四里爲酇，五酇爲鄙，五鄙爲縣，五縣爲遂。”

[4]七教：指父子、兄弟、夫婦、君臣、長幼、朋友、賓客七

種人際關係的倫理規範。見《禮記·王制》。

[5]八政:《尚書·洪範》:"八政,一曰食,二曰貨,三曰祀,四曰司空,五曰司徒,六曰司寇,七曰賓,八曰師。"

[6]漢陽列燕、代之豪:漢水以北有衆多河北、山西的豪傑指東漢末豪傑避難,雲集荆州之事。也代指永嘉之亂後,北人南下之事。

[7]關西熾齊、楚之族:函谷關以西齊、楚之豪族興盛。此指漢初徙山東六國豪强實關中,齊、楚舊貴族在關中得到發展。代指永嘉之亂後北方士族雲集江東,並得到發展之事。

[8]洎金行委御:自晉朝委棄天下。金行,晉政權的代稱。《晉書·輿服志》:"晉氏金行,而服色尚赤。"按五行相生説,曹魏爲土德,土生金,晉代曹魏,則爲金德。

[9]揚、越:揚州與越地。此指江浙地區,或泛指江南。

[10]聖武造運:神聖的武帝(劉裕)遺留下來的國運。

[11]道一閎區:用天道統一國家。閎區,恢宏的區宇,引申爲國家。

[12]申土斷之制:此指劉裕於義熙八年(412)開始推行的義熙土斷。土斷,即以土爲斷,令僑民(中原流亡人口)於僑居地就地入户籍,按正式公民出租納税。

[13]盈晦:月亮的圓缺。

[14]永憲:永遠不變的憲章大法。

[15]反風定保:倒轉風向定國安民。定保,語出《尚書·胤征》:"聖有謨訓,明徵定保。"孔傳:"徵,證、保,安也。聖人所謀之教訓,爲世明證,所以定國安家。"

[16]夷胥山之險,澄瀚海之波:夷平狼居胥山之險阻,澄清瀚海之波濤。此處借指征伐北魏。胥山,即狼居胥山,在今蒙古國境內肯特山(一説在今内蒙古克什克騰旗西北至阿巴嘎旗一帶)。瀚海,也作"翰海",即今俄羅斯境内的貝加爾湖。此處用的是漢武帝時,霍去病征匈奴,出代郡二千里,封狼居胥山,臨瀚海而還的

典故。典出《漢書》卷五五《霍去病傳》。

[17]《河圖》：儒家關於《易》卦形來源的傳説。相傳伏羲時，有龍馬負圖出於河，伏羲遂按圖文以畫八卦，其文一六居下，二七居上，三八居左，四九居右，五十居中。這種神秘組合圖案，反映了中華民族先民的智慧和文化緣起。　九服：王畿以外的九等地區，此處泛指全國各地。

[18]玉軔：車輪墊木的美稱。後常借指尊貴的車子。　五都：有三解：一是漢代以洛陽、邯鄲、臨菑、宛、成都爲五都；二是三國魏以長安、譙、許昌、鄴、洛陽爲五都；三是泛指繁華的五方的都會。

[19]秘書丞：官名。秘書寺（省）次官。掌管圖書典籍的整理和核定。乃清要之官，時稱“天下清官”，多爲僑姓高門士族所擔任。六品。　王儉：人名。字仲寶，琅邪臨沂人，在宋官至尚書右僕射，入齊封南昌縣公，歷官左僕射，加侍中、衛將軍、丹陽尹、本州中正、開府儀同三司，領中書監，卒贈太尉。《南齊書》卷二三有傳。　《七志》：書名。是一部圖書目録分類專書。全書分爲經典志、諸子志、文翰志、軍書志、陰陽志、術藝志、圖譜志等七志，另附佛、道各一類。見於《隋書·經籍志》，今佚。據《南齊書》卷二三《王儉傳》、《南史》卷二二《王儉傳》云：《七志》四十卷，與此不同。

[20]亢序騫度，留熏燿暑：炎熱的天氣，違反了正常時序，殘留的熱氣，熏燿著日暑。

[21]眇疢：微末困惑之身。皇帝自謙之辭。

[22]夕厲晨矜：此句從《易·乾卦》九三“君子終日乾乾夕惕若厲无咎”衍化而來。一般讀爲“君子終日乾乾，夕惕若，厲，无咎”。意爲君子終日戒慎恐懼，自強不息，即使到了晚上，猶心懷憂惕。這樣有咎也可以變爲無咎。若，語辭。厲，危厲。另一種讀法：“君子終日乾乾，夕惕若厲，无咎”。意爲君子終日戒慎恐懼，自強不息，到了晚上還憂惕矜奮，則無咎。若，似。厲，矜

奮。“夕厲晨矜”從後一種讀法衍化而來，故郝懿行《書故》云：“知宋人讀《易》以‘夕惕若厲’爲句。”

[23]尚書令可與執法以下：周一良《札記》云：“執法星名。見《史記·天官書》。《隋書·天文志》，‘南蕃中二星間曰端門。東曰左執法，廷尉之象也；西曰右執法，御史大夫之象也。’此蓋執法最初之徵象。南北朝則用作尚書僕射之別稱……以執法代指僕射，南北朝文獻中屢見。”

[24]鎮北將軍：官名。四鎮將軍之一，多爲持節都督出鎮方面。二品。如無持節都督頭銜，三品。

[25]陳留王：王爵名。王國原在今河南開封縣境内，東晋南遷後，僑置於今安徽境内。　曹銑：人名。曹魏之後。司馬炎篡魏，封魏帝曹奂爲陳留王，宋代晋後仍承認曹氏陳留王封號，曹銑爲第八代陳留王。

九月壬午，詔曰：“國賦㞕稅，蓋有恒品，往屬戎難，務先軍實，徵課之宜，或乖昔准。湘、江二州，糧運偏積，調役既繁，庶徒彌擾。因循權政，容有未革，民單力弊，[1]歲月愈甚。永言矜嘆，情兼宵寐。可遣使到所，明加詳察。其輸違舊令、役非公限者，並即蠲改，具條以聞。”丁亥，立衡陽王嶷子伯玉爲南平王。[2]

[1]民單力弊：人民財盡力疲。單，同“殫”。盡，竭盡。
[2]衡陽王：王爵名。王國在今湖南株洲市。　嶷：人名。即劉嶷。字子岐。事見本書卷六一《衡陽文王義季傳》。　伯玉：人名。即劉伯玉。衡陽王嶷第二子，過繼給南平王鑠，後官至給事中。昇明二年（478），因反對蕭道成，被殺，國除。　南平王：王爵名。王國在今湖北公安縣。

冬十月壬子，以撫軍司馬王玄載爲梁、南秦二州刺史。[1]癸酉，割南兗州之鍾離、豫州之馬頭，又分秦郡、梁郡、歷陽置新昌郡，立徐州。[2]

[1]撫軍司馬：官名。撫軍將軍府高級幕僚，參贊軍務，管理府內武職，位次於長史。　王玄載：人名。字彥休，太原祁人，王玄謨之弟，官至益州刺史，宋末倒向蕭道成。入齊後官至左户（民）尚書、兗州刺史，卒於官。《南史》卷一六有附傳，《南齊書》卷二七有傳。　梁：州名。治所在今陝西漢中市。　南秦：州名。寄治梁州州治。

[2]割南兗州之鍾離、豫州之馬頭，又分秦郡、梁郡、歷陽置新昌郡，立徐州：《輿地表》元徽元年"分秦郡之頓丘，南梁之轂孰，歷陽之酇立新昌郡（今安徽滁州市）。以新昌及南燕之鍾離、豫州之馬頭（今安徽懷遠縣南淮河南岸馬頭城）、北兗之高平（治所不詳），置徐州，治鍾離（今安徽鳳陽縣）"。

十一月丙子，以散騎常侍垣閬爲徐州刺史。[1]丁丑，尚書令袁粲母喪去職。

[1]垣閬：人名。略陽桓道（今甘肅隴西縣）人。事見本書卷五〇《垣護之傳》。

十二月癸卯朔，日有蝕之。乙巳，司空、江州刺史桂陽王休範進位太尉，[1]尚書令袁粲還攝本任，加號衛將軍。[2]癸亥，立前建安王世子伯融爲始安縣王。[3]丙寅，河南王遣使獻方物。

[1]司空：官名。三公之一，名譽宰相，多爲大臣加官。一品。江州：治所在今江西九江市。　桂陽王：王爵名。王國在今湖南郴州市。　休範：人名。即劉休範。本書卷七九有傳。　太尉：官名。東漢時三公之首，宋時爲名譽宰相，無職掌。一品。

[2]加號：官制用語。在本職之外加授其他職銜或虛銜。　衛將軍：官名。位在諸名號大將軍之上，多作軍府名號，以加大臣及州郡長官，無具體職掌，常以中書監、尚書令等權臣兼任。也可統兵出征。二品。開府位從公者，一品。

[3]建安王：王爵名。王國在今福建建甌市南松溪南岸。此建安王是劉休仁。本書卷七二有傳。　世子：王公侯的嫡長子或指定繼承爵位的兒子。　伯融：人名。即劉伯融。本書卷七二有附傳。始安縣王：王爵名。縣級王。王國在今廣西桂林市。

二年春正月庚子，以右光禄大夫張永爲征北將軍、南兖州刺史。[1]

[1]征北將軍：官名。多爲持節都督出鎮方面。二品。不授持節都督者，三品。

二月己巳，加護軍將軍褚淵中軍將軍。[1]

[1]中軍將軍：官名。重號將軍，與鎮軍、撫軍、冠軍合稱四軍將軍，可出任持節都督，鎮守一方。三品。

三月癸酉，以左衛將軍王寬爲南豫州刺史。[1]

[1]王寬：人名。太原祁人，王玄謨子。因討薛安都功，官至散騎常侍、光禄大夫，領前軍將軍。於太常任内，因坐殺牛免官。

後爲光禄大夫，卒於官。《南齊書》卷二七有附傳。

夏四月癸亥，詔曰："頃列爵叙勳，銓榮酬義，條流積廣，又各淹闕。[1]歲往事留，理至逋壅，[2]在所參差，多違甄飭。[3]賞未均洽，每疚厥心，可悉依舊准，並下注職。"[4]

[1]條流積廣，又各淹闕：類別很多，又各有淹留和缺失。條流，流派，類別。
[2]逋壅：拖延積壓。
[3]甄飭：整飾，整頓。
[4]注職：管理銓叙官職的官。

五月壬午，[1]太尉、江州刺史桂陽王休範舉兵反。庚寅，內外戒嚴。加中領軍劉勔鎮軍將軍，[2]加右衛將軍齊王平南將軍，[3]前鋒南討，出屯新亭。[4]征北將軍張永屯白下，[5]前南兗州刺史沈懷明戍石頭，[6]衛將軍袁粲、中軍將軍褚淵入衛殿省。壬辰，賊奄至，攻新亭壘。齊王拒擊，大破之。越騎校尉張敬兒斬休範。[7]賊黨杜黑騾、丁文豪分軍向朱雀航，[8]劉勔拒賊敗績，力戰死之。右軍將軍王道隆奔走遇害。[9]張永潰於白下，沈懷明自石頭奔散。甲午，[10]撫軍典籤茅恬開東府納賊，[11]賊入屯中堂，[12]羽林監陳顯達擊大破之。[13]丙申，張敬兒等破賊於宣陽門、莊嚴寺、小市，[14]進平東府城，梟擒群賊。賞賜封爵各有差。丁酉，詔京邑二縣埋藏所殺賊，并戰亡者，復同京城。[15]是日解嚴，大赦天下，文武賜位一等。戊戌，原除江州通債，其有課非常調、役爲民蠹者，悉皆蠲停。詔曰："頃國賦多騫，公儲罕給。近治戎雖淺，而軍費已多，廩藏虛罄，難用馭遠。宜矯革淫長，[16]務在節儉。其供奉服御，悉就減撤，雕文靡麗，廢而勿修。凡諸游費，一皆禁斷，外可詳爲科格。"[17]荊州刺史沈攸之、南徐州刺史建平王景素、郢州刺史晉熙王燮、湘州刺史王僧虔、雍州刺史張興世並舉義兵赴京師。[18]己亥，以第七皇弟友爲江州刺史。[19]芮芮國遣使獻方物。

[1]五月壬午：各本並作"壬子"。按：是月辛未朔，十三日（實爲十二日）壬午，無壬子。中華本據《南史》《建康實錄》《通鑑》改。

[2]中領軍：官名。京師駐軍及禁軍的最高統帥。三品。　劉勔：人名。字伯猷，彭城（今江蘇徐州市）人。本書卷八六有傳。

[3]右衛將軍：官名。皇帝侍衛武官。四品。　齊王：王爵名。王國在今山東淄博市臨淄區北。此齊王指蕭道成。按此時蕭道成尚未封齊王，稱齊王者，著史人爲示尊崇。蕭道成即後來齊高帝。《南齊書》卷一、二有紀。　平南將軍：官名。四平將軍之一，多持節都督或監某一地區軍事。三品。

[4]新亭：又名中興亭，在今江蘇南京市西南。

[5]白下：亭名。在江蘇南京市西北金川門外，幕府山東麓。

[6]沈懷明：人名。吳興武康（今浙江德清縣）人，曾任建威將軍，因軍功封吳興縣子，歷官黃門侍郎、南兗州刺史。桂陽王休範反，懷明以冠軍將軍守石頭城，戰不利，委城走，憂鬱而卒。本書卷七七有附傳。　石頭：城名。在今江蘇南京市。其城負山面江，控扼江險，南臨秦淮河口，形勢險要，宛如虎踞。

[7]越騎校尉：官名。侍衛武官，不領兵，用以安置勳舊武臣。
四品。　張敬兒：人名。南陽冠軍（今河南鄧州市）人。本名苟
兒。在宋歷任寧朔將軍、南陽太守、越騎校尉，因斬桂陽王休範
功，遷驍騎將軍，後倒向蕭道成。入齊後，官至開府儀同三司。齊
武帝懷疑他有異志，殺之。《南齊書》卷二五有傳。

[8]杜黑蠡：人名。《魏書》作“杜墨騾”，本書卷七九作“杜
墨蠡”，《通鑑》作“杜黑騾”，未知孰是。桂陽王休範戰將，爲陳
顯達所殺。　丁文豪：人名。桂陽王休範戰將，被陳顯達戰敗後，
逃至新蔡，爲村民所殺。　朱雀航：即朱雀橋，在今江蘇南京市城
區南部秦淮河上。

[9]右軍將軍：官名。掌宮廷宿衛。四品。　王道隆：人名。
吳興烏程（今浙江湖州市）人。本書卷九四有傳。

[10]甲午：各本並作“戊午”。是月辛未朔，二十四日甲午，
無戊午。中華本據《南史》《建康實録》改。

[11]撫軍典籤：官名。《南史》作“車騎典籤”，《建康實録》
作“護軍典籤”，未知孰是。典籤，亦稱典籤帥、籤帥。原爲州、
郡的文書佐吏，後成爲皇帝控制諸王及州郡長官的爪牙，品級不
高，實權在長史之上，甚至諸王及州郡長官也要俯首聽命。　茅
恬：人名。其事不詳。《南齊書》作“車騎典籤茅恬”，《南史》作
“撫軍長史褚澄”，《通鑑》從《宋略》也作“撫軍長史褚澄”。
《考異》云：“《宋書》《南齊書》蓋皆爲褚澄諱耳。”據此茅恬是代
褚澄受過，其實是典籤茅恬與長史褚澄共同開門迎賊耳。褚澄，字
彦道，褚淵之弟。《南齊書》卷二三有附傳。　東府：原爲東晉宰
相所居之地，時會稽王司馬昱府第在西，宰相府在東，故稱東府。
《江南通志》卷三〇《古迹門》：“東府城在江寧縣舊皇城西安門
外，青溪橋東，南臨淮水。”

[12]中堂：東府的庭院，不是宣陽門西的中堂（又名儀賢堂、
聽訟堂）。

[13]羽林監：官名。掌宿衛送從，多以文官充任。五品。　陳

顯達：人名。南彭城（僑置治所不詳）人，在宋歷官馬頭義陽二郡太守、羽林監、濮陽太守，後隨蕭道成討桂陽王休範，以軍功封豐城縣侯，轉游擊將軍，又以平沈攸之功，除散騎常侍、左衛將軍，成爲蕭齊的開國元勳。《南齊書》卷二六有傳。

[14]宣陽門：即建康外城的正南門。　小市：貿易集市，在秦淮河北岸。

[15]復同京城：享受與隨同劉裕在京口起兵的人員相同的免除租賦徭役的待遇。復，免除徭役或賦税。京城，又稱京口、北府，在今江蘇鎮江市。

[16]矯革淫長：矯正改革浮華奢侈的風尚。

[17]科格：規章條令。

[18]湘州：治所在今湖南長沙市。　王僧虔：人名。琅邪臨沂人，王曇首少子。在宋起家秘書郎，後官至尚書令，倒向蕭道成，爲蕭齊開國元勳。入齊官至侍中、左光禄大夫、開府儀同三司。《南齊書》卷三三有傳。　雍州：治所在今湖北襄陽市襄城區。張興世：人名。字文德，竟陵竟陵（今湖北潛江市）人。本書卷五〇有傳。

[19]友：人名。即劉友。字仲賢，封邵陵王。本書卷九〇有傳。

　　六月庚子，以平南將軍齊王爲中領軍、鎮軍將軍、南兗州刺史。[1]癸卯，晋熙王燮遣軍尅尋陽，江州平。戊申，以淮南太守任農夫爲豫州刺史，[2]右將軍、南豫州刺史王寬進號平西將軍。壬戌，改輔師將軍還爲輔國。

[1]南兗州：治所在今江蘇揚州市西北蜀崗上。

[2]任農夫：人名。臨淮（今江蘇泗洪縣）人。歷官强弩將

軍、射聲校尉、左軍將軍。以輔師將軍、淮南太守討伐桂陽王休
範，因功封屏陵縣侯，進號冠軍將軍，後任驍騎將軍，加征虜將
軍。卒於散騎常侍任內，追贈左將軍。

秋七月庚辰，立第七皇弟友爲邵陵王，[1]辛巳，以
撫軍司馬孟次陽爲兗州刺史。乙酉，鎮西將軍、荊州刺
史沈攸之進號征西大將軍，[2]鎮北將軍、南徐州刺史建
平王景素進號征北將軍，[3]並開府儀同三司。征虜將軍、
郢州刺史晉熙王燮進號安西將軍，前將軍、湘州刺史王
僧虔進號平南將軍。

[1]邵陵王：王爵名。王國在今湖南邵陽市。
[2]征西大將軍：官名。將軍名號，位在征西將軍上，多授統
兵在外、都督數州諸軍事者。二品。
[3]南徐州刺史：各本並脫“南”字，中華本據本書卷七二
《建平宣簡王宏傳》補。

八月辛酉，以征虜行參軍劉延祖爲寧州刺史。[1]

[1]征虜行參軍：官名。征虜將軍府代理參軍，掌參謀軍務。
劉延祖：人名。本書僅此一見，其事不詳。　寧州：治所在今雲
南曲靖市西。

九月壬辰，以游擊將軍呂安國爲兗州刺史。[1]丁酉，
以尚書令、新除衛將軍袁粲爲中書監，即本號開府儀同
三司，領司徒，加護軍將軍褚淵尚書令，撫國將軍、揚
州刺史安成王進號車騎將軍。[2]

[1]游擊將軍：官名。禁軍將領，掌宿衛之任。四品。　吕安國：人名。廣陵（今江蘇揚州市）人。以征殷琰功，封鍾武縣男。累遷寧朔將軍、義陽太守，後歷任游擊將軍，加散騎常侍，征虜將軍，又以討沈攸之功，進號前將軍，轉右衛將軍，加給事中，是蕭齊建國元勳，入齊官至散騎常侍、金紫光禄大夫、兗州中正。《南齊書》卷二九有傳。

[2]車騎將軍：官名。位在驃騎將軍下，諸名號大將軍上，多作爲軍府名號以加授大臣及重要州郡長官，無職掌。二品。開府位從公者，一品。

冬十月庚申，以新除侍中王藴爲湘州刺史。[1]甲子，以游擊將軍陳顯達爲廣州刺史。

[1]侍中：官名。侍中省長官，侍衛皇帝左右，出行則護駕，管理門下衆事，兼統宮廷内侍諸署，掌顧問應對，拾遺補闕，諫静糾察，平議尚書奏事，有異議得駁奏。或加號宰相、尚書等高官，令其出入殿省，入宮議政。三品。　王藴：人名。字彦深，琅邪臨沂人。本書卷八五有附傳。

十一月丙戌，御加元服，[1]大赦天下。賜民男子爵一級；爲父後及三老、孝悌、力田者爵二級；鰥寡孤獨篤癃不能自存者，穀人五斛；[2]年八十以上，加帛一匹。大酺五日；賜王公以下各有差。

[1]御加元服：皇帝加冠。本書《禮志一》：“賈（逵）、服（虔）説皆以爲人君禮十二而冠也。”孝武帝大明七年（463）生，至元徽二年（474）爲十二歲，故行加冠禮。元服，《漢書》卷七

《昭帝紀》顏師古注："元，首也。冠者，首之所著，故曰元服。"

　　[2]穀人五斛：各本並脱"人"字，中華本據《元龜》卷二〇七補。

　　十二月癸亥，立第八皇弟躋爲江夏王，[1]第九皇弟贊爲武陵王。[2]

　　[1]立第八皇弟躋爲江夏王：按：本書卷八《明帝紀》、卷六一《江夏文獻王義恭傳》均言大明七年劉躋過繼給義恭爲孫，封江夏王，此處又言"立第八皇弟躋爲江夏王"，是爲表示廢帝的恩德。

　　[2]贊：人名。即劉贊。字仲敷。本書卷八〇有傳。　武陵王：王爵名。王國在今湖南常德市。

　　三年春正月辛巳，車駕親祠南郊、明堂。

　　三月丙寅，河南王遣使獻方物。己巳，以車騎將軍張敬兒爲雍州刺史。[1]其日，京師大水，遣尚書郎官長檢行賑賜。[2]

　　[1]以車騎將軍張敬兒爲雍州刺史：丁福林《校議》："考《南齊書》及《南史》之《張敬兒傳》皆云敬兒爲雍州刺史前'除驍騎將軍，加輔國將軍'，不見有任車騎將軍之事。此'車騎'，恐爲'驍騎'之訛。"

　　[2]尚書郎官長：即尚書省諸郎曹長官。宋尚書省設吏部、祠部、度支、左民、都官、五兵等六部尚書，分領二十曹，每曹由尚書郎任長官。六品。

　　閏月戊戌，詔曰："頃民俗滋弊，國度未殷，歲時屢騫，編戶不給。且邊虞尚警，徭費彌繁，永言夕惕，寢興增疚。思弘豐耗之制，[1]以惇約素之風，庶偫蓄拯民，[2]以康治道。太官珍膳，[3]御府麗服，[4]諸所供擬，一皆減撤，可詳爲其格，務從簡衷。"

[1]豐耗之制：豐盈耗損的制度。即根據財政充裕和虧損的不同情況，定出相應政策。

[2]偫（zhì）蓄：儲備蓄積。

[3]太官：官署名。掌管宮廷膳食，由令、丞主管其事。

[4]御府：官署名。掌管宮廷所用器玩及衣服等事，由令、丞主管其事。

夏四月，遣尚書郎到諸州檢括民戶。[1]窮老尤貧者，蠲除課調；丁壯猶有生業，隨宜寬申；貲財足以充限者，督令洗畢。[2]丙戌，車駕幸中堂聽訟。

[1]檢括民戶：簡稱括戶。主要是檢查清理貴族、官僚、地主所隱瞞的傭工、佃客的戶口及農民的隱漏戶口，清理後，即強迫入籍，承擔國家的賦役。

[2]督令洗畢：督促命令交稅充賬。

六月癸未，北國使至。[1]兼司徒袁粲、尚書令褚淵並固讓。[2]

[1]北國使至：《建康實錄》作"魏人來聘"。北國，實指北魏。

[2]兼司徒袁粲、尚書令褚淵並固讓：語義不明。《通鑑》作

“袁粲、褚淵皆固讓新官”，言簡意賅，與下文正符。

秋七月庚戌，以粲爲尚書令。壬戌，以給事黃門侍郎劉懷珍爲豫州刺史。[1]

[1]給事黃門侍郎：官名。侍中省或門下省次官，侍從皇帝，出入禁中，職任顯要，與侍中共掌門下衆事，平省尚書奏事。五品。 劉懷珍：人名。字道玉，平原（今山東平原縣）人。曾參與平定竟陵王誕、沈文秀、桂陽王休範、建平王景素、沈攸之等反叛戰事及抵禦北魏的進攻，因功官至寧朔將軍、竟陵太守，後遷征虜將軍、左將軍，封中宿縣侯。入齊歷官衛將軍，加給事中，改封霄城侯，又加散騎常侍，是蕭齊的開國元勳。《南齊書》卷二七有傳。

八月庚子，[1]加護軍將軍褚淵中書監。

[1]八月庚子：是月癸亥朔，無庚子，初八日（中華本誤爲“初三”）庚午，中華本認爲“庚子”或是“庚午”之訛。

九月丙辰，征西大將軍河南王吐谷渾拾寅進號車騎大將軍。[1]

[1]車騎大將軍：官名。重號將軍，位在諸名號大將軍上，開府置僚屬，不領兵，多加授權臣元老，以示尊崇。一品。

冬十月丙戌，高麗國遺使獻方物。
十二月乙丑，以冠軍將軍姚道和爲司州刺史。[1]

[1]冠軍將軍：官名。將軍名號。三品。　姚道和：人名。字敬邕，姚興之孫，羌族。劉裕北伐，隨父姚萬壽降，在宋歷官安北行佐、游擊將軍，隨蕭道成破桂陽王休範，因功任撫軍司馬，出爲司州刺史，因私通沈攸之部將，被誅。

四年春正月己亥，車駕躬耕籍田，大赦天下。賜力田爵一級，貸貧民糧種。壬子，以梁、南秦二州刺史王玄載爲益州刺史。二月壬戌，以步兵校尉范栢年爲梁、南秦二州刺史。[1]丁卯，加金紫光禄大夫王琨特進。[2]夏五月，以寧朔將軍武都王楊文度爲北秦州刺史。[3]乙未，尚書右丞虞玩之表陳時事曰：[4]

[1]步兵校尉：官名。皇帝侍從武官，不領營兵。四品。　范栢年：人名。在沈攸之反蕭道成戰争中，首鼠兩端，被殺。

[2]金紫光禄大夫：官名。光禄大夫授銀章青綬，加授金章紫綬，則爲金紫光禄大夫，諸所賜予與特進同。二品。以爲加賜者，唯假章綬、禄賜、班位，不别給車服、吏卒。　王琨：人名。琅邪臨沂人，爲官清正，任廣州刺史時，無所納取，深得孝武帝信任。後歷官右衛將軍、度支尚書，加光禄大夫，出爲冠軍將軍、吳郡太守，遷中領軍，加散騎常侍。順帝時，進右光禄大夫。順帝遜位，琨陪位，及辭朝則流泣。入齊領武陵王師，加侍中，卒於官。《南齊書》卷三二有傳。

[3]寧朔將軍：官名。晋時原爲幽州地區軍政長官，兼管烏桓事務。宋沿置。四品。　武都王：王爵名。王國在甘肅西和縣。楊文度：人名。氏族領袖楊僧嗣從弟。僧嗣卒，文度繼立。事見本書卷九八《氏胡傳》。　北秦州：治所在今甘肅西和縣。

[4]尚書右丞：官名。尚書省佐官，位次尚書，與左丞共掌尚書省庶務，又掌本省庫藏廬舍，督録遠道州郡文書章奏。六品。

虞玩之：人名。字茂瑶，會稽餘姚（今浙江餘姚市）人。在宋歷官
東海王行參軍、烏程令、尚書右丞、少府。爲官清廉，深得蕭道成
贊賞。入齊遷驍騎將軍、黃門郎，領本州中正，多次上表申明檢籍
的重要性，但檢籍並未成功。《南齊書》卷三四有傳。

天府虛散，[1]垂三十年。江、荊諸州，稅調本
少，自頃以來，軍募多乏。其穀帛所入，折供文
武。豫、兗、司、徐，開口待哺，西北戎將，裸身
求衣。委輸京都，蓋爲寡薄。天府所資，唯有淮、
海。[2]民荒財單，不及曩日。而國度弘費，[3]四倍元
嘉。[4]二衛、臺坊人力，[5]五不餘一；都水、材官朽
散，[6]十不兩存。備豫都庫，[7]材竹俱盡；東西二
埭，[8]塼瓦雙匱，敕令給賜，悉仰交市。尚書省舍，
日就傾頹，第宅府署，類多穿毀。視不遑救，知不
暇及。尋所入定調，[9]用恆不周，既無儲畜，理至
空盡。[10]積弊累耗，鍾於今日。昔歲奉敕，課以
揚、徐衆逋，凡入米穀六十萬斛，錢五千餘萬，布
絹五萬匹，雜物在外，賴此相贍，故得推移。即今
所懸轉多，興用漸廣，深懼供奉頓闕，軍器輟
功，[11]將士飢怨，百官騫祿。[12]署府謝雕麗之器，
土木停緹紫之容，[13]國戚無以贍，勳求無以給。如
愚管所慮，不月則歲矣。[14]

[1]天府：國家倉庫。
[2]淮、海：泛指古淮水下游近海地區，約當今江蘇中部和北
部地區。

［3］國度：國家用度。　弘：各本並作“引”，中華本據《元龜》卷四七一改。

［4］元嘉：宋文帝劉義隆年號（424—453）。

［5］二衛：即左衛將軍、右衛將軍，負責宮中宿衛的禁軍將軍。臺坊：泛指宮廷大小官署。

［6］都水：官署名。主掌維護水利設施或收取漁業稅的機構。材官：官署名。掌管土木工程及工徒的機構。

［7］備豫都庫：備用總庫。備豫，防備，準備。

［8］西東二垍（yáo）：官署名。即東垍、西垍，燒製、儲存磚瓦的機構。

［9］尋所入定調：不久前制定的收入徵調。

［10］既無儲畜，理至空盡：既没儲蓄，理當空盡。畜，同“蓄”。理至，理當。

［11］輟功：意爲軍需器械供應中斷。

［12］騫祿：貶損、削減俸祿。

［13］緹紫：朱紫，形容華麗的宮室。

［14］不月則歲矣：不是近在數月，就是到年底了。《南齊書》卷三四《虞玩之傳》云“慮不支歲月”，得其真義。

　　經國遠謀，臣所不敢言，朝夕祗勤，心存於匪懈。起伏震遽，事屬冒聞。伏願陛下留須臾之鑒，垂永代之計，發不世之詔，施必行之典，則氓隸齊歡，[1]高卑同泰。

［1］氓隸齊歡：“隸”各本並作“祇”，中華本據《元龜》卷四七一改。

　　帝優詔答之。[1]庚戌，以驍騎將軍曹欣之爲徐州

刺史。^[2]

　　[1]優詔答之：用褒獎贊美的詔書答復虞玩之。是一種既表示贊許又不接受意見的答復方式。

　　[2]驍騎將軍：官名。護衛宮廷的主要將領之一。四品。　曹欣之：人名。新野（今河南新野縣）人。本書卷八三有附傳。

　　六月乙亥，加鎮軍將軍齊王尚書左僕射。^[1]秋七月戊子，征北將軍、南徐州刺史建平王景素據京城反。己丑，內外纂嚴。^[2]遣驍騎將軍任農夫、冠軍將軍黃回北討，^[3]鎮軍將軍齊王總統衆軍。曲赦南徐州。始安王伯融、都鄉侯伯猷賜死。^[4]辛卯，豫州刺史段佛榮統前鋒馬步衆軍。^[5]甲午，軍主、右軍將軍張保戰敗見殺。^[6]黃回等至京城，與景素諸軍戰，連破之。乙未，剋京城，斬景素，同逆皆伏誅。其日解嚴。丙申，大赦天下，封賞各有差。原京邑二縣元年以前逋調。辛丑，以武陵王贊爲南徐州刺史。八月丁卯，立第十皇弟翽爲南陽王，^[7]第十一皇弟嵩爲新興王，^[8]第十二皇弟禧爲始建王。^[9]庚午，以給事黃門侍郎阮佃夫爲南豫州刺史。^[10]乙酉，以行青、冀二州刺史劉善明爲青、冀二州刺史。^[11]九月丁亥，割郢州之隨郡屬司州。戊子，驍騎將軍高道慶有罪，^[12]賜死。己丑，車騎將軍、揚州刺史安成王進號驃騎大將軍、開府儀同三司，安西將軍、郢州刺史晉熙王燮進號鎮西將軍。冬十月辛酉，以吏部尚書王僧虔爲尚書右僕射。^[13]宕昌王梁彌機爲安西將軍、河凉二州刺史。^[14]丙寅，中書監、護軍將軍褚淵母憂去職。十一月庚戌，詔攝本任。

[1]尚書左僕射：官名。尚書省次官，位在右僕射上，與右僕射共同主持尚書省庶務，並聯署審議諸曹奏事，領殿中、主客二郎曹。三品。

[2]纂嚴：軍隊嚴裝戒備，即隨時準備參加戰爭。

[3]黃回：人名。竟陵郡軍人。本書卷八三有傳。

[4]都鄉侯：侯爵名。侯國在今河南新野縣。　伯猷：人名。即劉伯猷。建安王休仁第二子，曾過繼給江夏王伯禽，休仁死後還本。

[5]豫州刺史：丁福林《校議》據《通鑑》卷一三四、本書卷七二《建平宣簡王宏傳》、《州郡志》考證，時任南豫州，而非豫州。“豫州”前佚“南”字。　段佛榮：人名。京兆（今陝西西安市）人。本書卷八四有附傳。

[6]軍主：官名。軍隊主將。所統兵無定數，由數百至一萬以上不等。無固定品級，多以雜號將軍領之，最高者三品。　右軍將軍張保：“右”各本並作“左”。按本書卷七二《建平王景素傳》：時李安民為左軍將軍，張保為右軍將軍。《通鑑》與此同，據改。右軍將軍，官名。侍衛武官，與前軍、後軍、左軍合稱四軍將軍。四品。張保，人名。僅見於討景素戰役，餘事不詳。

[7]翽：人名。即劉翽。字仲儀。本書卷九〇有傳。　南陽王：王爵名。王國在今河南南陽市。

[8]嵩：人名。即劉嵩。本書卷九〇有傳。　新興王：王爵名。王國在今湖北竹溪縣。

[9]禧：人名。即劉禧。本書卷九〇有傳。　始建王：王爵名。王國在今廣西桂林市。

[10]阮佃夫：人名。會稽諸暨（今浙江諸暨市）人。本書卷九四有傳。

[11]青、冀：皆州名。治所均在今江蘇連雲港市東南雲臺山一帶。

[12]高道慶：人名。以平桂陽王休範功，封樂安縣男。建平王景素反，與通謀。蕭道成與袁粲等議，收付廷尉，賜死。

[13]吏部尚書：官名。尚書省吏部曹長官，位居列曹尚書之首，掌文官的任免考選，兼典法制，其職極重。三品。

[14]宕昌王：王爵名。王國在今甘肅宕昌縣。　梁彌機：人名。羌族領袖。占據隴西，成爲地方割據勢力，接受宋的封爵，但與宋交往僅此一次，後與蕭齊交往較多。事見《南齊書》卷五九《羌傳》。　河凉二州刺史：官名。宋勢力管轄不到河凉二州，祗是虛官銜，與實際州治無關。梁氏主要活動地區在甘肅宕昌縣一帶。

五年春二月壬申，以建寧太守柳和爲寧州刺史。[1]四月甲戌，豫州刺史阮佃夫、步兵校尉申伯宗、朱幼謀廢立，[2]佃夫、幼下獄死，伯宗伏誅。五月己亥，以左軍將軍沈景德爲交州刺史，[3]驍騎將軍全景文爲南豫州刺史。[4]丙午，以屯騎校尉孫曇瓘爲越州刺史。[5]六月甲戌，誅司徒左長史沈勃、散騎常侍杜幼文、游擊將軍孫超之、長水校尉杜叔文。[6]大赦天下。七月戊子夜，帝殞於仁壽殿，[7]時年十五。己丑，皇太后令曰：

[1]建寧：郡名。治所在今雲南曲靖市西。　柳和：人名。本書僅此一見，其事不詳。

[2]豫州刺史阮佃夫、步兵校尉申伯宗、朱幼謀廢立：按本書卷九四《阮佃夫傳》：“佃夫密與直閣將軍申伯宗、步兵校尉朱幼、于天寶謀共廢帝。”據此申伯宗應爲直閣將軍，朱幼應爲步兵校尉。《南史》卷七七《阮佃夫傳》與本書《阮佃夫傳》文亦全同，《通

鑑》作“直閤將軍申伯宗”，《建康實錄》與《後廢帝紀》同，應以《阮佃夫傳》爲準。申伯宗，人名。僅見於謀廢帝事，餘事不詳。朱幼，人名。曾隨張永諸軍征討，有濟辦之能，遂官涉三品，爲奉朝請、南平太守，封安浦縣侯。

[3]沈景德：人名。後改任廣州刺史，入齊歷仕高帝、武帝兩朝，官至散騎常侍、徐州刺史。

[4]驍騎將軍：各本並作“驃騎將軍”，中華本據《南齊書》卷二九《全景文傳》改。　全景文：人名。字弘達，吳郡（今江蘇蘇州市）人。後官至征虜將軍，南琅邪、濟陰二郡太守，散騎常侍。入齊遷光禄大夫、征虜將軍，給事中。

[5]屯騎校尉：官名。皇帝侍衛武官，不領兵，以授勳舊大臣。四品。　孫曇瓘：人名。吳郡富陽（今浙江富陽市）人。本書卷八三有附傳。

[6]司徒左長史：官名。位在右長史上，與右長史並爲司徒府幕僚長，總管府内諸曹，管理州郡農桑、户籍及官吏考課。六品。沈勃：人名。吳興武康人，歷官尚書中郎、太子右衛率，加給事中，因募兵時大量受賄，被貶徙梁州，後廢帝時放還，復爲司徒左長史，因謀廢後廢帝，被誅。　杜幼文：人名。京兆杜陵（今陝西西安市長安區）人，杜驥第五子。本書卷六五有附傳。　孫超之：人名。吳郡吳人，歷官尚書比部郎、員外散騎侍郎，因參與平鄧琬功，封羅縣開國侯，後爲後廢帝所殺。　杜叔文：人名。京兆杜陵人。杜驥之子，官至長水校尉，爲後廢帝所殺。

[7]帝殞於仁壽殿：《南史》卷三《後廢帝紀》：“帝遇弒於仁壽殿。”與史實相符。

衛將軍、領軍、中書監、八座：[1]昱以冢嫡，嗣登皇統，庶其體識日弘，社稷有寄。豈意窮凶極悖，自幼而長，善無細而不違，惡有大而必蹈。前後訓誘，常加隱蔽，險戾難移，日月滋甚。棄冠毀冕，長襲戎衣，犬馬是狎，鷹隼是愛，阜歷軒殿之中，[2]韝緤宸扆之側。[3]至乃單騎遠郊，獨宿深野，手揮矛鋋，躬行剞劂，白刃爲弄器，斬害爲恒務。捨交戟之衛，[4]委天畢之儀，[5]趨步闤闠，[6]酣歌壚肆，[7]宵遊忘反，宴寢營舍，奪人子女，掠人財物，方筴所不書，[8]振古所未聞。沈勃儒士，孫超功臣，幼文兄弟，並豫勳效，四人無罪，一朝同戮。飛鏃鼓劍，孩稚無遺，屠裂肝腸，以爲戲謔，投骸江流，以爲歡笑。又淫費無度，帑藏空竭，橫賦關河，[9]專充別蓄，黔庶嗷嗷，厝生無所。[10]吾與其所生每屬以義方，遂謀酖毒，將騁凶忿。沈憂假日，慮不終朝。自昔辛、癸，[11]爰及幽、厲，[12]方之於此，未譬萬分。民怨既深，神怒已積，七廟阽危，[13]四海褫氣。[14]

[1]衛將軍：袁粲時任此職。　領軍：即中領軍，蕭道成時任此職。　中書監：褚淵時攝此職。　八座：尚書令、尚書左右僕射及五曹尚書的合稱。國家大事必經八座討論通過，然後由皇帝批准纔能執行。

[2]阜歷軒殿之中：馬厩設在殿堂裏邊。阜歷，也作"阜櫪"，即馬厩、馬圈。軒殿，殿堂。

[3]韝緤宸扆之側：皮背心和牽牲畜的繩子放在皇帝身邊。韝，同"韝"，革製的背衣，打獵時用以停立獵鷹。緤，牽牲畜用的繩子。宸扆，帝廷，君位。扆，御座後的屏風。

[4]交戟之衛：宮廷中爲保衛皇帝的安全，衛士持戟相交架成甬道，讓朝見者在戟下通過，以示威嚴。

[5]天畢之儀：天網一樣嚴密的儀仗。天畢，星名。即畢星。畢，即長柄網。《詩·小雅·大東》：“有捄天畢，載施之行。”朱熹《集傳》：“天畢，畢星也。狀如掩兔之畢。”

[6]闤闠：街道。《文選》左思《魏都賦》：“班列肆以兼羅，設闤闠以襟帶。”呂向注：“闤闠，市中巷繞市，如衣之襟帶然。”

[7]壚肆：酒店。壚，古時酒店裏放酒瓮的爐形土臺子。

[8]方筴：方冊、簡冊、典籍、史冊。《禮記·中庸》：“文武之道，布在方策。”

[9]橫賦關河：在所轄地區濫徵賦稅。關河，具體指函谷關及黃河。泛指關山河川，引申爲所轄地區。

[10]厝生無所：無處安身。厝生，安身、謀生。

[11]辛、癸：殷紂王和夏桀的合稱。二人均爲暴君。辛，即受辛，又稱帝辛，即殷紂王。癸，即履癸，夏桀之名。

[12]幽、厲：西周兩位昏君周幽王、周厲王的合稱。幽王名宮涅，厲王名胡。

[13]七廟：此處泛指皇帝奉祀祖先的宗廟，實爲王朝的代稱。《禮記·王制》：“天子七廟，三昭三穆，與大祖之廟而七。”

[14]褫氣：奪氣，喪失膽氣。

　　廢昏立明，前代令範，況迺滅義反道，天人所棄，釁深牧野，[1]理絕桐宮。[2]故密令蕭領軍潛運明略，[3]幽顯協規，普天同泰。驃騎大將軍安成王體自太宗，天挺淹叡，風神凝遠，德映在田。[4]地隆親茂，[5]皇曆攸歸，億兆係心，含生屬望。宜光奉祖宗，臨享萬國。便依舊典，以時奉行。未亡人追往傷懷，永言感絕。

[1]釁深牧野：罪惡深重超過牧野。此處借用武王伐紂，殷軍

因不滿紂的罪惡統治而倒戈反擊紂王的典故。

[2]理絕桐宮：不能用伊尹放逐太甲於桐宮的辦法來進行挽救。《史記》卷三《殷本紀》："帝太甲既立三年，不明，暴虐，不遵湯法，亂德，於是伊尹放之於桐宮……帝太甲居桐宮三年，悔過自責，反善，於是伊尹迺迎帝太甲而授之政。"

[3]故密令蕭領軍潛運明略：所謂"密令"，實是替蕭道成解脫弒君之罪，而由皇太后承擔殺死後廢帝的責任。

[4]德映在田：此指安成王劉準有大德，應即皇帝之位。典出《易·乾卦》九二："見龍在田，利見大人。"潛龍言雖未在君位而有君德。大人指德位兼具的人。

[5]地隆親茂：出身隆貴，是先帝的卓越近支。

太后又令曰："昱窮凶極暴，自取灰滅，雖曰罪招，能無傷悼。棄同品庶，顧所不忍。可特追封蒼梧郡王。"[1]葬丹陽秣陵縣郊壇西。[2]

[1]蒼梧郡王：王爵名。王國在今廣西梧州市。此屬虛封，與蒼梧郡沒有實際關係。

[2]丹陽秣陵縣郊壇西：在今江蘇南京市中華門外故報恩寺附近。

初昱在東宮，年五六歲時，始就書學，[1]而惰業好嬉戲，主帥不能禁。[2]好緣漆帳竿，去地丈餘，如此者半食久，乃下。年漸長，喜怒乖節，左右有失旨者，輒手加撲打。徒跣蹲踞，以此為常。主帥以白太宗，上輒敕昱所生，嚴加捶訓。及嗣位，內畏太后，外憚諸大臣，猶未得肆志。自加元服，變態轉興，內外稍無以制。三年秋冬間，便好出遊行，太妃每乘青篾車，[3]隨相檢攝。昱漸自放恣，太妃不復能禁。單將左右，棄部伍，或十里、二十里，或入市里，或往營署，日暮乃歸。四年春夏，此行彌數。自京城剋定，意志轉驕，於是無日不出。與左右人解僧智、張五兒恒相馳逐，[4]夜出，開承明門，[5]夕去晨反，晨出暮歸。從者並執鋋矛，行人男女，及犬馬牛驢，值無免者。民間擾懼，晝日不敢開門，道上行人殆絕。常著小袴褶，未嘗服衣冠。或有忤意，輒加以虐刑。有白棓數十枚，各有名號，鍼、椎、鑿、鋸之徒，[6]不離左右。嘗以鐵椎椎人陰破，左右人見之有斂眉者，昱大怒，令此人袒胛正立，以矛刺胛洞過。於耀靈殿上養驢數十頭，所自乘馬，養於御牀側。先是民間訛言，謂太宗不男，陳太妃本李道兒妾，[7]道路之言，或云道兒子也。昱每出入去來，常自稱劉統，[8]或自號李將軍。與右衛翼輦營女子私通，[9]每從之遊，持數千錢，供酒肉之費。阮佃夫腹心人張羊爲佃夫所委信。[10]佃夫敗，叛走，後捕得，昱自於承明門以車轢殺之。杜延載、沈勃、杜幼文、孫超，[11]皆躬運矛鋋，手自臠割。執幼文兄叔文於玄武湖北，昱騎馬執矟，自往刺之。制露車一乘，[12]其上施篷，乘以出入，從者不過數十人。羽儀追之恒不及，又各慮禍，亦不敢追尋，唯整部伍，別在一處瞻望而已。凡諸鄙事，過目則能，鍛鍊金銀，裁衣作帽，莫不精絕。未嘗吹篪，[13]執管便韻。天性好殺，以此爲歡，一日無事，輒慘慘不樂。內外百司，人不自保，殿省憂遑，夕不及旦。

［1］書學：古有兩解：典籍；學習書法。此處以後一解爲宜。

［2］主帥：官名。即主管太子書房的文史。《通鑑》："謂東宮齋内之主帥也。"

［3］青篾車：《建康實録》《通鑑》作"青犢車"。胡三省注："青蓋犢車也。晋制，諸王青蓋車。時有司奏，皇太妃輿服一同晋孝武李太妃故事。"按："青蓋車"，即用青竹篾作車篷，故又名青篾車。

［4］解僧智、張五兒：皆人名。本書均一見，事皆不詳。又《南齊書》卷一《高帝紀上》作"張互兒"。

［5］承明門：即平昌門，又名冠雀門，臺城的北東門。

［6］鍼、椎、鑿、鋸之徒：《通鑑》無"之徒"二字。《建康實録》作"之類"。

［7］李道兒：人名。臨淮人。本書卷九四有附傳。

［8］劉統：人名。本書卷四一《明帝陳貴妃傳》作"李統"。

［9］右衛翼輦營：右衛將軍屬下的一個營，具體情況不詳。

［10］張羊：人名。本書僅此一見，其事不詳。

［11］杜延載：人名。本書僅此一見，其事不詳。　孫超：人名。即孫超之。見前注。

［12］露車：上無巾蓋，四周無帷裳，民間用的載物車。後廢帝的露車上邊加有車篷，用以乘人。

［13］篪：樂器名。《通鑑》作"箎"。胡三省注："以竹爲之，長八尺四寸、圍三寸。"《周禮》賈疏云："篪，八孔。"

　　齊王順天人之心，潛圖廢立，與直閤將軍王敬則謀之。[1]七月七日，昱乘露車，從二百許人，無復鹵簿羽儀，[2]往青園尼寺，晚至新安寺就曇度道人飲酒。[3]醉，夕扶還於仁壽殿東阿氈幄中卧。時昱出入無恒，省内諸閤，夜皆不閉。且群下畏相逢值，無敢出者。宿衛並逃避，内外無相禁攝。王敬則先結昱左右楊玉夫、楊萬年、吕欣之、湯成之、陳奉伯、張石留、羅僧智、鍾千載、嚴道福、雷道賜、戴昭祖、許啓、戚元寶、盛道泰、鍾千秋、王天寶、公上延孫、俞成、錢道寶、馬敬之、陳寶直、吳璩之、劉印魯、唐天寶、俞孫等二十五人，[4]謀共取昱。其夕，敬則出外，玉夫見昱醉熟，無所知，乃與萬年同入氈幄内，以昱防身刀斬之。奉伯提昱首，依常行法，稱敕開承明門出，以首與敬則，馳至領軍府，以首呈齊王。王乃戎服，率左右數十人，稱行還，[5]開承明門入。昱他夕每開門，門者震懾，不敢視，至是，弗之疑。齊王既入，曉，乃奉太后令，奉迎安成王。

[1]直閤將軍：官名。皇帝侍衛官，地位顯要，在宮中有舉足輕重之勢。　王敬則：人名。晋陵南沙（今江蘇常熟市）人，仕宋歷官龍驤將軍、直閤將軍，因殺後廢帝功，深得蕭道成的信任，入齊封尋陽郡公。齊明帝誅殺大臣，敬則疑懼，起兵反，兵敗被殺。《南齊書》卷二六有傳。

[2]鹵簿：皇帝出行時的扈從儀仗。　羽儀：以羽毛裝飾的旗幟之類的儀仗。

[3]新安寺：《通鑑》胡三省注：“孝武寵姬殷貴妃死，爲之立寺。貴妃子子鸞封新安王，故以新安爲寺名。”　曇度道人：與劉姓諸王頗有聯繫的僧人。

[4]“楊玉夫”至“俞孫等二十五人”：在本書中除個別人出現過兩次外，其他均屬一見，事皆不詳。

[5]稱行還：冒稱皇帝出游歸來。行，出游。

　　史臣曰：喪國亡家之主，雖適末同途，[1]發軫或異也。[2]前廢帝卑遊褻幸，[3]皆龍駕帝飾，傳警清路；蒼梧王則藏璽懷綬，魚服忘反，[4]危冠短服，[5]匹馬孤征。[6]至於殞身覆祚，其理若一。姬、夏之隆，質、文異尚，[7]亡國之道其亦然乎。

　　[1]適末：走向末路。《國語·周語中》：“其適來班貢。”韋昭注：“適，往也。”

　　[2]發軫：車子出發。比喻事物的開端。

　　[3]卑遊褻幸：卑微下賤的游幸。

　　[4]魚服忘反：微服出行而忘歸。典出白龍魚服。劉向《説苑·正諫》：“昔白龍下清冷之淵，化爲魚。漁者豫且射中其目。”潘岳《西征賦》：“彼白龍之魚服，掛豫且之密網。”後遂以白龍魚服比喻貴人微服出行。

　　[5]危冠：高冠。《莊子·盜跖》：“使子路去其危冠。”陸德明《釋文》：“李云：危，高也。子路好勇，冠似雄雞形。”

　　[6]孤征：單身遠行。

　　[7]姬、夏之隆，質、文異尚：周尚質樸，夏尚文華，其崇尚各不相同，同樣可以興盛。按：從句子結構的對應來講，可以這樣分析，但傳統上的看法應是夏尚質，周尚文。

宋書　卷一〇

本紀第十

順帝

　　順皇帝諱準，[1]字仲謀，[2]小字智觀，明帝第三子也。[3]泰始五年七月癸丑生。[4]七年，封安成王，[5]食邑三千戶。仍拜撫軍將軍，[6]置佐史。廢帝即位，[7]爲揚州刺史。[8]元徽二年，[9]進號車騎將軍、都督揚南豫二州諸軍事，[10]給鼓吹一部，[11]刺史如故。四年，又進號驃騎大將軍、開府儀同三司，[12]班劍三十人，[13]都督、刺史如故。元徽五年七月戊子夜，廢帝殞，奉迎王入居朝堂。壬辰，即皇帝位。

　　[1]順：劉準的諡號。按《諡法》：“慈和徧服曰順。”《通鑑》胡三省注：“蕭氏所以諡之曰順者，以其順天命人心而禪代也。”
　　[2]字仲謀：據中華本考證，《元龜》卷一八二同，《南史》、《建康實錄》、《御覽》卷一二八引作“字仲謨”。
　　[3]明：劉彧的諡號。按《諡法》：“照臨四方謂之明。”“自責以備謂之明。”

[4]泰始：宋明帝劉彧年號（465—471）。

[5]安成王：王爵名。王國在今江西安福縣東南。

[6]撫軍將軍：官名。將軍名號，權任頗重。三品。此云"仍拜撫軍將軍"，説明前已"拜"過。

[7]廢帝：即劉昱。本書卷九有紀。

[8]揚州：治所在今江蘇南京市。

[9]元徽：宋後廢帝劉昱年號（473—477）。

[10]車騎將軍：官名。位在驃騎將軍下，諸名號大將軍上，多作爲軍府名號以加授大臣和重要地方軍政長官，無具體職掌。二品。開府位從公者，一品。　都督：官名。分都督中外諸軍事和都督諸州軍事，此爲後者，領駐在州刺史，兼理民政。都督又分使持節、持節、假節三種，無固定品級。

[11]鼓吹：演奏樂曲的樂隊。

[12]驃騎大將軍：官名。重號將軍，位次大將軍，高於諸名號大將軍，多加於權臣元老，以示尊崇。開府置僚屬，不領兵。一品。　開府儀同三司：官名。爲大臣加號，意謂與太尉、司徒、司空三公享受相同的禮遇和待遇，許開設府署，自辟僚屬。

[13]班劍：有紋飾的劍，一説以虎皮飾劍，用作儀仗，由武士佩帶，皇帝賜給大臣以示尊崇。

　　昇明元年，改元，大赦天下，賜文武位二等。甲午，鎮軍將軍齊王出鎮東城，[1]輔政作相。丙申，詔曰："露臺息構，[2]義光漢德；雉裘焚制，[3]事隆晋道。故以檢奢軌化，敦儉馭俗。頃旬服未静，[4]師旅連年，委蓄屢空，勞敝莫偃。而丹臒之飾，[5]糜耗難訾，寶賂之費，徵賦靡計。今車服儀制，[6]實宜約損，使徽章有序，[7]勿得侈溢。可罷省御府二署。[8]凡工麗彫鏤，傷風毀治，一皆禁斷。庶永昭憲則，弘兹始政。"征西大將軍、荆州刺史沈攸之進號車騎大將軍、開府儀同三司，[9]尚書左僕射、中領軍、鎮軍將軍、南兗州刺史齊王爲司空、錄尚書事、驃騎大將軍，刺史如故，[10]中書令、衛將軍、開府儀同三司，撫軍將軍劉秉爲尚書令，加中軍將軍，[11]安西將軍、郢州刺史晋熙王燮爲撫軍將軍、揚州刺史，[12]南陽王翽爲郢州刺史。[13]辛丑，尚書右僕射王僧虔爲尚書僕射，[14]右衛將軍劉韞爲中領軍，[15]金紫光禄大夫王琨爲右光禄大夫。[16]給司空齊王錢五百萬，布五千匹。癸卯，車駕謁太廟。[17]丙午，以安西參軍明慶符爲青、冀二州刺史，[18]武陵王贊爲郢州刺史，[19]新除郢州刺史南陽王翽爲湘州刺史，[20]司空、南兗州刺史齊王改領南徐州刺史，[21]征虜將軍李安民爲南兗州刺史。[22]雍州大水，八月壬子，遣使賑恤，蠲除税調。以驃騎長史劉澄之爲南豫州刺史。[23]山陽太守于天寶、新吳縣子秦立有罪，[24]下獄死。戊午，改平準署。[25]辛酉，以宣城太守李靈謙爲兗州刺史。[26]癸亥，司徒袁粲鎮石頭。[27]丁卯，原除元年以前逋調，復郡縣禄田。[28]戊辰，崇拜帝所生陳昭華爲皇太妃。[29]庚午，司空長史謝朏、衛軍長史江斆、中書侍郎褚炫、武陵王文學劉候入直殿省，[30]參侍文義。齊王固讓司空，庚辰，以爲驃騎大將軍、開府儀同三司。

[1]鎮軍將軍：官名。中央重要將領之一，也可出任地方軍政長官，並可領刺史等地方官，兼理民政。三品。　齊王：王爵名。王國在今山東淄博市臨淄區。齊王指蕭道成，蕭道成此時並未封齊王，此乃史官避諱之辭。　東城：宰相府。東晋時會稽王司馬昱府

第在西，宰相司馬道子府第在東，故名。《江南通志》卷二〇《古迹門》："東府在江寧縣舊皇城西安門外青溪橋東，南臨淮水。"

[2]露臺息構：典出《漢書》卷四《文帝紀》。漢文帝想建露臺，召工匠計價，需百金。文帝説："百金中人十家之産也。吾奉先帝宮室，常恐羞之，何以臺爲！"於是不再修建，此後露臺息構遂傳爲佳話。

[3]雉裘焚制：典出《晋書》卷三《武帝紀》："太醫司馬程據獻雉頭裘，帝以奇技異服典禮所禁，焚之於殿前。"雉裘，雉頭裘的簡稱。

[4]甸服：古代九服中的一服。此處代指京師附近地區。《尚書·禹貢》："五百里甸服。"又《周禮·夏官·職方氏》："方千里曰王畿，其外五百里曰侯服，又其外五百里曰甸服。"

[5]丹臒：青色、紫色裝飾塗料。《尚書·梓材》："其塗丹臒。"孔穎達疏："臒是彩色之名，有青色者，有朱色者。"

[6]車服儀制：輿車服飾的禮儀制度。《尚書·舜典》："車服以庸。"鄭玄注："人以車服爲榮，故天子之賞諸侯，皆以車服賜之。"

[7]徽章：表示尊貴等級的旗幡。

[8]御府二署：官署名。即御府中的錦署和堂署，掌營造禮樂儀服及軍器等物。

[9]征西大將軍：官名。將軍名號，位在征西將軍上，多授統兵在外、都督數州諸軍事者。二品。　荆州：治所在今湖北荆州市荆州區。　沈攸之：人名。字仲達，吳郡武康（今浙江德清縣）人。本書卷七四有傳。　車騎大將軍：官名。重號將軍，位在諸名號大將軍上，開府置僚屬，不領兵，多加權臣元老以示尊崇。二品。

[10]尚書左僕射：官名。位在右僕射上，與右僕射共同主持尚書省日常政務，并聯署諸曹奏事，參議大政，諫静得失。常受命主管官吏選舉，兼領殿中、主客二曹。三品。　中領軍：官名。京師駐軍及禁軍統帥。三品。　南兖州：治所在今江蘇揚州市西北蜀崗

上。 司空：官名。三公之一，名譽宰相，多爲大臣加官。一品。

録尚書事：官名。多以公卿權重者居此職，總領尚書省政務，或以二人並録，位在三公上。

[11]中書令、衛將軍、開府儀同三司，撫軍將軍劉秉爲尚書令，加中軍將軍：這段文字在“撫軍”前有脱文，與《南史》《通鑑》《建康實録》所記不同，中華本據李慈銘《札記》、孫虨《考論》所作的校勘記也没説清問題，李慈銘《越縵堂讀書記》云：“慈銘按：此紀中書令當作尚書令，而開府儀同三司下有脱文，當曰尚書令、衛將軍、開府儀同三司袁粲爲司徒、中書監，中書監、護軍將軍褚淵爲衛將軍、開府儀同三司。傳寫者以上下兩衛將軍、開府儀同三司文相涉，遂致中脱耳。”衛將軍，官名。位在諸名號大將軍上，多作軍府名號，加予大臣及重要州郡長官，無具體職掌，但可統兵出征，常以中書監、尚書令兼任此職。二品。

[12]安西將軍：官名。四安將軍之一，爲出鎮某一地區軍事長官，或作爲刺史等地方官兼理軍務的加官，權任很重。三品。丁福林《校議》據本書卷九《後廢帝紀》、卷七二《晋熙王昶傳》考證，説明此“安西將軍”乃“鎮西將軍”之誤。 郢州：治所在今湖北武漢市武昌區。 晋熙王：王爵名。王國在今四川綿竹市。

燮：人名。即劉燮。字仲綏，文帝第六子，過繼給晋熙王劉昶爲嗣。本書卷七二有附傳。

[13]南陽王：王爵名。王國在今河南南陽市。 翽：人名。即劉翽。字仲儀，明帝第十子。本書卷九〇有傳。

[14]尚書右僕射：官名。位在左僕射下，與左僕射共掌尚書省日常政務，並聯署諸曹奏事，參議大政，諫諍得失，兼領祠部（一般與祠部不並置）、儀曹二曹。三品。 王僧虔：人名。琅邪臨沂（今山東臨沂市）人，王曇首少子，元嘉中除秘書郎，累遷至尚書令，入齊轉侍中、撫軍將軍、丹陽尹，官至左光禄大夫。《南齊書》卷三三有傳。

[15]右衛將軍：官名。皇帝侍衛武官。四品。丁福林《校議》

據本書卷五一《長沙景王道憐傳》考證，此"右衛將軍"乃"左衛將軍"之誤。　劉韞：人名。字彦文，劉道憐孫。本書卷五一有附傳。

[16]金紫光禄大夫：官名。光禄大夫授銀章青綬，加賜金章紫綬則爲金紫光禄大夫，諸所賜給與特進同。二品。以爲加官者，唯假章綬、禄賜、班位，不别給車服、吏卒。　王琨：人名。又名崐崘，琅邪臨沂人。爲官清廉，元嘉初，爲尚書儀曹郎，後歷任寧朔將軍、東陽太守、金紫光禄大夫、本州中正、右光禄大夫，入齊領武陵王師，加侍中。《南齊書》卷三二有傳。　右光禄大夫：官名。作爲在朝顯職或三公等大臣致仕的加官。也用作大臣死後的贈官，以示尊崇。三品。

[17]太廟：皇帝的祖廟。

[18]安西參軍：官名。安西將軍府僚屬，職掌參謀軍務。　明慶符：人名。平原鬲（今山東平原縣）人，明僧紹之弟。明帝時任寧朔將軍，參與過平沈文秀之戰，後任青州刺史。　青、冀二州：僑置。治所均在江蘇連雲港市東南雲臺山一帶。

[19]武陵王：王爵名。王國在今湖南常德市。　贊：人名。即劉贊。字仲敷，明帝第九子。本書卷八〇有傳。

[20]湘州：治所在今湖南長沙市。

[21]南徐州：治所在今江蘇鎮江市。

[22]征虜將軍：官名。武官名號，也可作爲高級文官的加官。三品。　李安民：人名。蘭陵承（今江蘇常州市武進區）人，宋水軍將領，曾參與平定晉安王子勛、薛安都及三巴之亂，官至輔師將軍、征虜將軍、東中郎將，行會稽郡事。晚年倒向蕭道成，入齊任中領軍，封康樂侯，蕭齊建國元勳，歷官散騎常侍、安東將軍、吳興太守。《南齊書》卷二七有傳。

[23]驃騎長史：官名。驃騎大將軍府幕僚長，掌府中庶務。劉澄之：人名。劉遵考之子。本書卷五一《營浦侯遵考傳》："子澄之，順帝昇明末貴達。"　南豫州：治所在今安徽和縣。

[24]山陽：郡名。治所在今江蘇淮安市。　于天寶：人名。其先爲胡人。本書卷九四有傳。　新吳縣子：子爵名。封地在今江西奉新縣西。　秦立：人名。本書僅此一見，其事不詳。

[25]平準署：官署名。掌平抑物價。後避順帝劉準諱，改名染署。

[26]宣城：郡名。治所在今安徽宣城市宣州區。　李靈謙：人名。曾任東莞、東安二郡太守，參與平定晉安王子勛之亂，後任山陽太守，遷兗州刺史。此次是第二次任兗州刺史。　兗州：僑置。治所在今江蘇淮陽市西南甘羅城。

[27]司徒：官名。各本作“司空”，中華本據《南史》《建康實録》改。按：時蕭道成任司空，袁粲任司徒。見本書卷八九《袁粲傳》、《南齊書》卷一《高帝紀上》。　石頭：城名。在今江蘇南京市西秦淮河口，形勢險固，宛如虎踞，故有“石頭虎踞”之稱。

[28]禄田：自晉就有以公田作爲官吏俸禄的制度，即禄田制，具體頃畝數量，因經常變動已難以考定。

[29]陳昭華：名妙登，丹陽建康人，屠家女。本書卷四一有傳。昭華，後宮嬪妃，屬九嬪之一。　皇太妃：位次於皇太后。

[30]司空長史：官名。司空府幕僚長，掌府中日常庶務。　謝朏：人名。字敬沖，陳郡陽夏（今河南太康縣）人，謝莊之子，歷經宋、齊、梁三朝。在宋歷官黃門侍郎、臨川內史，侍中領秘書監，以梗阻禪讓，被廢在家。入齊爲通直散騎常侍，後任都官尚書、中書令。在梁官至中書監、司徒、衛將軍。《梁書》卷一五有傳。　衛軍長史：官名。衛將軍府幕僚長，掌府中日常庶務。　江斅：人名。字叔文，濟陽考城（今河南民權縣）人，起家著作郎，後官至寧朔將軍、司空長史、臨淮太守，轉太尉從事中郎，領國子祭酒、秘書監，入齊爲吏部郎，後官至侍中，領國子祭酒、秘書監。《南齊書》卷四三有傳。　中書侍郎：官名。職閑官清，爲諸王起家官。中書令、監不在，可以主持中書省日常政務。五品。褚炫：人名。字彥緒，河南陽翟（今河南禹州市）人，與劉候、謝

朏、江斆入殿侍文義，號爲“四友”。在宋官至中書侍郎、司徒左長史，曾任蕭道成驃騎長史。齊臺建，三爲侍中，後官至吏部尚書。居身清正，非吊問不雜交游，論者以爲美。《南齊書》卷三二有傳。　武陵王文學：官名。王府屬官。常爲皇帝監視諸王的耳目。六品。　劉候：人名。本書僅此一見，其事不詳。

　　九月己丑，詔曰：“昔聖王既没，淳風已衰，龜書永湮，龍圖長秘，[1]故三代之末，[2]德刑相擾，世淪物競，道陂人諛。[3]然猶正士比轂，[4]奇才接軫。[5]朕襲運金樞，[6]纂靈瑤極，[7]負扆巡政，日晏忘疲，永言興替，望古盈慮。姬、夏典載，猶傳緗帙，[8]漢、魏餘文，布在方冊。故元封興茂才之制，[9]地節翊獨行之品。[10]振維務本，存乎得人。今可宣下州郡，搜揚幽仄，[11]摽采鄉邑，[12]隨名薦上。朕將親覽，甄其茂異。庶野無遺彦，永激遐芬。”己酉，廬陵王晃薨。[13]

　　[1]龜書永湮，龍圖長秘：龜書（洛書）、龍圖（河圖）長久湮没無聞。傳説伏犧氏王天下，有龍獻圖；大禹治水，有龜獻書，是聖王將興的迹象，後世衰微，龜書、龍圖已湮没無聞。

　　[2]三代：夏、商、周三個朝代。

　　[3]道陂人諛：世道不正，人人諂諛。

　　[4]正士比轂：正直之士相當多。比轂，車輪與車輪相並而行。形容人多車多。

　　[5]奇才接軫：罕見的人才一個接著一個。接軫，車輛相銜接而行，形容車輛連續不斷。

　　[6]金樞：星名。指北斗第一星。此處代指君位。

　　[7]纂靈瑤極：繼承神聖而珍貴的帝位。

[8]緗帙：淺黃色書套，泛指書籍。

[9]元封興茂才之制：漢武帝元封年間（前110—前105）建立的薦舉茂才的制度。《漢書》卷六《武帝紀》：元封五年，“其令州郡察吏民有茂材異等，可爲將相及使絶國者”。

[10]地節剏獨行之品：漢宣帝地節年間（前69—前66）創立的選拔超凡品行之人的制度。《漢書》卷八《宣帝紀》：地節三年，“其令郡國舉孝弟、有行義聞于鄉里者各一人”。

[11]搜揚幽仄：訪求薦舉隱居之士。

[12]摽（biāo）采鄉邑：從鄉野中選拔合乎條件的人才。

[13]廬陵王：王爵名。王國在今江西吉水縣。 曷：人名。即劉曷。字淵華，臨津侯劉襲第三子、過繼給廬陵王劉紹。曾任給事中，死後諡元王，無子國除。

　　冬十一月乙酉，[1]倭國遣使獻方物。[2]丙午，員外散騎侍郎胡羨生行越州刺史，[3]以交州刺史沈景德爲廣州刺史。[4]

[1]十一月乙酉：各本並作“己酉”，下有丙午。是月辛巳朔，初五乙酉，二十六日丙午，二十九日己酉，己酉不該在丙午前。中華本據《建康實錄》作“乙酉”，按《建康實錄》卷一四作“丁酉”，乃十一月十七日。

[2]倭國：中國史書對日本國的古稱。 獻方物：貢獻土特產。實際是兩國貿易的一種形式，宋也要給相應的報酬。用“獻”字是大國主義的表現。

[3]員外散騎侍郎：官名。屬散騎省，用以安置閑退官員及衰老之士。 胡羨生：本書僅此一見，其事不詳。 越州：治所在今廣西合浦縣東北舊州東。

[4]交州：治所在今越南北寧省仙遊縣東。 沈景德：人名。

在宋歷任交州、廣州刺史，入齊歷仕高帝、武帝兩朝，官至散騎常侍、徐州刺史。　廣州：治所在今廣東廣州市。

　　十二月丁巳，以驍騎將軍王廣之爲徐州刺史。[1]車騎大將軍、荆州刺史沈攸之舉兵反。丁卯，錄公齊王入守朝堂，[2]侍中蕭嶷鎮東府。[3]戊辰，内外纂嚴。己巳，以郢州刺史武陵王贊爲安西將軍、荆州刺史，[4]征虜將軍、雍州刺史張敬兒進號鎮軍將軍。[5]右衛將軍黄回爲平西將軍、郢州刺史，[6]督諸軍前鋒南討。征虜將軍吕安國爲湘州刺史，[7]都官尚書王寬加平西將軍。[8]庚午，新除左衛將軍齊王世子奉新除撫軍將軍、揚州刺史晉熙王燮鎮尋陽之盆城。[9]壬申，以驍騎將軍周盤龍爲廣州刺史。[10]是日，司徒袁粲據石頭反，尚書令劉秉、黄門侍郎劉述，[11]冠軍王藴率衆赴之。[12]黄回及輔國將軍孫曇瓘、屯騎校尉王宜興、輔國將軍任候伯、左軍將軍彭文之密相響應。[13]中領軍劉韞、直閤將軍卜伯興在殿内同謀。[14]錄公齊王誅韞等於省内。軍主蘇烈、王天生、薛道淵、戴僧静等陷石頭，[15]斬粲於城内。秉、述、藴踰城走，追擒之，並伏誅，其餘無所問。豫州刺史劉懷珍、雍州刺史張敬兒、廣州刺史陳顯達並舉義兵。[16]司州刺史姚道和、梁州刺史范栢年、湘州行事庾佩玉擁衆懷貳。[17]甲戌，大赦天下。乙亥，以尚書僕射王僧虔爲尚書左僕射，新除中書令王延之爲尚書右僕射。[18]吴郡太守劉遐據郡反，[19]輔國將軍張瓌討斬之。[20]

　　[1]驍騎將軍：官名。護衛皇宮主要將領之一。四品。　王廣

之：人名。字林之，沛郡相（今安徽濉溪縣）人，初爲軍隊主，後官至寧朔將軍，曾參與討殷琰、沈文秀之戰，並助蕭道成討平沈攸之、黃回，因功升散騎常侍、左軍將軍。入齊歷任高帝、武帝、鬱林王、海陵王、明帝五朝，官至侍中、鎮軍將軍。《南齊書》卷二九有傳。

[2]錄公：對錄尚書事者的尊稱。

[3]侍中：官名。侍中省長官，管理門下衆事，兼統宮廷內侍諸署，侍衛皇帝左右，出行護駕，掌顧問應對，拾遺補闕，諍諫糾察，平議尚書奏事，有異議得駁奏。此職或加予宰相、尚書等高級官員，可出入殿省，入宮議政。三品。　蕭嶷：人名。字宣儼，蕭道成二子。在宋歷任侍中、中領軍、江州刺史，入齊封爲豫章王。《南齊書》卷二二有傳。

[4]安西將軍：官名。四安將軍之一，爲出鎮某一地區的軍政長官，或作爲刺史等地方官兼理軍政的加官，權任很重。三品。

[5]雍州：治所在今湖北襄陽市襄城區。　張敬兒：人名。本名苟兒，南陽冠軍（今河南鄧州市西北）人，在宋歷任寧朔將軍、南陽太守、越騎校尉，因斬桂陽王休範功，除驍騎將軍，後倒向蕭道成。入齊後，官至開府儀同三司。齊武帝懷疑他有異志而殺之。《南齊書》卷二五有傳。

[6]右衛將軍：官名。禁軍主要統帥之一。權任很重，多由皇帝親信擔任此職，與領軍、護軍、左衛、驍騎、游擊等將軍合稱爲六軍。四品。　黃回：人名。竟陵郡軍人。本書卷八三有傳。　平西將軍：官名。四平將軍之一，多持節都督或監某一地區的軍事，有時也作爲刺史等地方官兼理軍務的加官。三品。

[7]呂安國：人名。廣陵（今江蘇揚州市）人，以征殷琰功封鍾武縣男，累遷寧朔將軍、義陽太守，後歷任游擊將軍，加散騎常侍、征虜將軍，又以討沈攸之功，進號前將軍，轉右衛將軍，加給事中，是蕭齊建國元勳之一，入齊官至金紫光祿大夫、兗州刺史。《南齊書》卷二九有傳。

[8]都官尚書：官名。尚書省都官曹長官，掌軍事刑獄、徒隸獄囚、水利河工、庫藏、官吏考課等職。三品。　王寬：人名。太原祁（今山西祁縣）人，王玄謨之子，因討薛安都功，官至散騎常侍、光祿大夫，領前將軍，後任太常，因坐殺牛免官，後復爲光祿大夫，卒於官。《南齊書》卷二七有附傳。

[9]齊王世子：齊王王位的繼承人，此指蕭道成長子蕭賾，即齊武帝。《南齊書》卷三有紀。　盆城：即湓口城，爲尋陽郡的郡治所在地。在今江西九江市。

[10]周盤龍：人名。北蘭陵蘭陵（今江蘇常州市武進區）人，宋猛將，在討平桂陽王休範及抗擊北魏戰爭中，屢立戰功，官至驍騎將軍、司州刺史、假節。入齊進號衛將軍，是抗魏戰爭中的主將，歷官征虜將軍、濟陽太守，持節，都督兗州緣淮諸軍事、平北將軍、兗州刺史，最後官至散騎常侍、光祿大夫。《南齊書》卷二九有傳。

[11]黄門侍郎：官名。給事黄門侍郎的省稱，侍中省或門下省次官，與侍中共掌門下衆事及平省尚書奏事，侍從皇帝，顧問應對，職任顯要，多以重臣、外戚充任。五品。　劉述：人名。字彦穌，劉義欣之子。事見本書卷五一《長沙景王道憐傳》。

[12]冠軍王蘊率衆赴之：丁福林《校議》據本書卷八五《王景文傳附王蘊傳》、卷八三《黄回傳》、《南齊書》卷二九《吕安國傳》考證，王蘊時任寧朔將軍，“此冠軍王蘊恐有誤”。王蘊，人名。字彦深，琅邪臨沂人。本書卷八五有附傳。

[13]輔國將軍：官名。將軍名號。三品。　孫曇瓘：人名。吳郡富陽（今浙江富陽市）人。本書卷八三有附傳。　屯騎校尉：官名。侍衛武官，不領兵，以授勳舊。四品。　王宜興：人名。吳興人，少年爲盜，郡縣不能擒。明帝時爲將，抗擊北魏，以少勝多，魏軍不能當。後官至寧朔將軍、羽林監，以討建平王景素功，封長壽縣侯。官至屯騎校尉，加輔國將軍。　任候伯：人名。黄回部將，曾任輔國將軍，討袁粲時，心懷二意，蕭道成知而不問，反任

命他爲湘州刺史，等他殺了首鼠兩端的庾珮玉後，又令呂安國將其殺死。　左軍將軍：官名。侍衛武職，四軍將軍之一。四品。　彭文之：人名。泰山（今山東泰安市泰山區）人。本書卷八三有附傳。

[14]直閣將軍：官名。侍衛武官，地位顯要，常在宮廷政變中發揮舉足輕重的作用。　卜伯興：人名。吳興餘杭（今浙江杭州市餘杭區）人。本書卷九一有附傳。

[15]蘇烈：人名。字休文，武邑（今河北武邑縣）人，初爲東莞令，後累遷山陽太守、寧朔將軍、游擊將軍，因平袁粲功，封吉陽縣男。齊永明中，官至平西司馬、陳留太守，卒於官。《南齊書》卷二八有傳。　王天生：人名。太原祁人，因平袁粲功，官至巴西、梓潼二郡太守。封上黃縣男。　薛道淵：人名。河東汾陰（今山西萬榮縣）人，薛安都之侄，曾隨安都降魏，後南歸投靠蕭道成，以軍功封竟陵侯，又以平袁粲功，除淮陵太守，加寧朔將軍，尋爲直閣將軍。入齊官至右將軍、司州刺史，進號平北將軍，未拜而卒。《南齊書》卷三〇有傳。　戴僧靜：人名。會稽永興（今浙江蕭山市）人，曾與青州刺史沈文秀没入北魏，後南歸投靠蕭道成，官至積射將軍、羽林監，以平袁粲、沈攸之功，封興平縣侯，除南濟陰太守。入齊歷官刺史，太守、給事中、征虜將軍。《南齊書》卷三〇有傳。

[16]豫州：治所在今安徽壽縣。　劉懷珍：人名。字道玉，平原（今山東汶上縣）人。宋文帝時，曾率兵平定司馬順則而不居功，受到時人贊譽，後官至豫州刺史。蕭道成當政，征爲都官尚書。入齊官至左衛將軍，封霄城侯。《南齊書》卷二七有傳。　陳顯達：人名。南彭城人，在宋歷官馬頭義陽二郡太守、羽林監、濮陽太守，隨蕭道成討桂陽王休範，以軍功封豐城縣侯，轉游擊將軍，又以平沈攸之功，除散騎常侍、左衛將軍，爲蕭齊建國元勳。《南齊書》卷二六有傳。

[17]司州：治所在今河南信陽市。　姚道和：人名。字敬和，

後秦姚興之孫，羌族。劉裕北伐，隨父姚萬壽降晉，在宋歷官安北行佐、游擊將軍，以隨蕭道成破桂陽王休範功，任撫軍司馬，出爲司州刺史，因私通沈攸之部將被誅。　梁州：治所在今陝西漢中市。　范栢年：人名。在沈攸之反蕭道成戰爭中首鼠兩端，被蕭道成所殺。　湘州行事：即代理湘州刺史。行事，官制用語。也稱某州某郡行事，意爲以他官代行某官職權。　庾珮玉：人名。潁川（今河南許昌市）人，在討伐沈攸之時，庾佩玉殺臨湘令韓幼宗，被任候伯所殺。

[18]中書令：官名。尚書省長官，綜理全國政務，中央政府高級政務長官，實權如宰相，如錄尚書事缺，兼有宰相名義。三品。

王延之：人名。琅邪臨沂人，明帝時任吳郡太守，頗有政聲，宋末升尚書左僕射。時蕭道成當政，延之與王僧虔無所去就，時稱“二王持平，不送不迎”，得到蕭道成的敬重。出爲安南將軍，江州刺史，在州一無所納，入齊遷中書令，左光禄大夫、本州中正，轉特進。《南齊書》卷三二有傳。

[19]吳郡：治所在今江蘇蘇州市。　劉遐：人名。字彥道，劉秉弟。人才凡劣，品行不端，官至黃門侍郎、都官尚書、吳郡太守。本書卷五一有附傳。

[20]張瓌：人名。字祖逸，吳郡吳人。以討沈攸之黨羽劉遐功，授輔國將軍、吳郡太守，封義城縣侯。入齊官至金紫光禄大夫、前將軍，後仕梁爲光禄大夫。《南齊書》卷二四有傳。

閏月辛巳，屯騎校尉王宜興有罪伏誅。癸巳，沈攸之攻圍郢城，前軍長史柳世隆固守。[1]攸之弟登之作亂於吳興，[2]吳興太守沈文季討斬之。[3]己亥，內外戒嚴，假錄公齊王黃鉞。[4]辛丑，寧朔將軍、北秦州刺史武都王楊文度進號征西將軍。[5]乙巳，錄公齊王出頓新亭。[6]

　　[1]前軍長史：官名。前將軍府幕僚長，綜理府中庶務。　柳世隆：人名。字彥緒，河東解（今山西臨猗縣）人。宋明帝時，官至太子洗馬，出爲寧遠將軍、梓潼太守，後以江夏太守行郢州事，以抗擊沈攸之固守郢州功，征爲侍中，遷尚書左僕射，封貞陽縣侯，入齊官至鎮南將軍、湘州刺史，入朝爲尚書令。《南齊書》卷二四有傳。

　　[2]登之：人名。即沈登之。沈攸之起兵反蕭道成，登之已辭去新安太守，在家閑居，被吳興太守沈文季所收殺。此處說登之作亂於吳興，實爲枉加罪名。

　　[3]沈文季：三朝本作“沈文李”，北監本、毛本、殿本、局本均作“沈文秀”。中華本校勘記云：“沈文秀明帝世守青州，已爲北魏所俘。此吳興太守乃沈文季，《南齊書·沈文季傳》可證。”

　　[4]黃鉞：飾以黃金的長柄斧子，帝王用以指揮征伐。武王伐紂，“左杖黃鉞，右秉白旄”（《尚書·牧誓》）。崔豹《古今注》：“得賜黃鉞，則斬持節，諸王公建之。”

　　[5]寧朔將軍：官名。晋時爲幽州地區軍政長官，兼管烏桓事務，宋沿置。四品。　武都王：王爵名。王國在今甘肅西和縣。楊文度：人名。各本並訛爲“楊文慶”，中華本據本書卷九八《氐胡傳》改。楊文度，氐族領袖楊僧嗣之弟，僧嗣卒，文度繼立。事見本書《氐胡傳》。　征西將軍：官名。四征將軍之一，出鎮某一地區的軍政長官，或作爲刺史等地方官兼理軍務的加官，權任很重。三品。若爲持節都督則進二品。

　　[6]新亭：地名。又名中興亭，在今江蘇南京市西南，爲軍事要地。

　　二年春正月，沈攸之遣將公孫方平據西陽，[1]辛酉，建寧太守張謨擊破之。[2]丁卯，沈攸之自郢城奔散。己巳，華容縣民斬送之。[3]左將軍、豫州刺史劉懷珍進號

平南將軍。[4]辛未，鎮軍將軍、雍州刺史張敬兒克江陵，
斬攸之子光琰，[5]荊州平，同逆皆伏誅。丙子，解嚴。
以新除侍中柳世隆爲尚書右僕射。是日，錄公齊王旋鎮
東府。丁丑，以江州刺史邵陵王友爲安南將軍、南豫州
刺史。[6]左衛將軍齊王世子爲江州刺史，侍中蕭嶷爲領
軍，鎮軍將軍、雍州刺史張敬兒進號征西將軍，平西將
軍、郢州刺史黃回進號鎮西將軍。[7]

[1]公孫方平：人名。沈攸之部將。先後任寧朔將軍、外兵參
軍、中兵參軍，兵敗，下落不明。　西陽：郡名。治所在今湖北黃
岡市黃州區。

[2]建寧：郡名。治所在今湖北麻城市。　張謨：人名。劉懷
珍部將，入齊任前軍將軍，永明元年曾出使北魏，餘事不詳。

[3]華容縣民斬送之：《通鑑》：“攸之無所歸，與其子文和走至
華容界，皆縊于櫟林；己巳，村民斬首送江陵。”華容縣，在今湖
北監利縣。

[4]平南將軍：官名。四平將軍之一，多持節都督或監某一地
區的軍事，也可作爲刺史等地方官兼理軍務的加官。三品。

[5]斬攸之子光琰：丁福林《校議》“據本書《沈攸之傳》、
《通鑑》卷一三四、《建康實錄》卷一四、《南史》之《沈攸之傳》、
《張敬兒傳》、《南齊書·高帝紀》、《張敬兒傳》”考證，“光琰”
乃“元琰”之誤。

[6]邵陵王：王爵名。王國在今湖南邵陽市。　友：人名。即
劉友。字仲賢，明帝第七子。本書卷九〇有傳。　安南將軍：官
名。四安將軍之一，爲出鎮某一地區的軍事長官，或作爲刺史等地
方官兼理軍務的加官，權任很重。三品。　南豫州：各本並作“豫
州”。孫彪《考論》云：“豫州上當有‘南’字。”中華本校勘記：
“按《邵陵王友傳》，時爲南豫州刺史。”孫說是，據補。

[7]鎮西將軍：官名。四鎮將軍之一，多持節都督出鎮方面。
二品。不授持節都督衘，三品。

二月庚辰，以尚書左僕射王僧虔爲尚書令，尚書右
僕射王延之爲尚書左僕射。癸未，録公齊王加授太
尉，[1]衛將軍褚淵爲中書監、司空。甲申，曲赦荆州。
丙戌，撫軍將軍、揚州刺史晉熙王爕進號中軍將軍、開
府儀同三司。戊子，蠲雍州緣沔居民前被水災者租布三
年。[2]辛卯，郢州刺史、新除鎮南將軍黃回爲鎮北將軍、
南兗州刺史，[3]南兗州刺史李安民爲郢州刺史。癸巳，
以山陰令傅琰爲益州刺史。[4]丙申，左軍將軍彭文之有
罪，下獄死。行湘州事任候伯殺前湘州行事庾佩玉，傳
首京師。

[1]太尉：官名。東漢爲三公之首，宋時爲名譽宰相。多爲大
臣加官，無實際職掌。一品。東晉末劉裕任太尉則有實權，宋末蕭
道成爲太尉亦有實權。

[2]租布：田租調布。田租按畝徵收，調布按户徵收。宋的田
租户調具體徵收數量不詳。

[3]新除鎮南將軍黃回爲鎮北將軍：丁福林《校議》據本書卷
八三《黃回傳》考證，“鎮南將軍”乃“鎮西將軍”之誤。鎮北將
軍，官名。四鎮將軍之一，多爲持節都督出鎮方面，權任很重。二
品。不授持節都督衘，三品。

[4]山陰：縣名。治所在今浙江紹興市。　傅琰：人名。字季
珪，北地靈州人。兩次爲山陰縣令，政績顯著，入齊兩次任寧朔將
軍，最後官至南郡內史，行荆州事。《南齊書》卷五三有傳。

三月庚戌，以廣州刺史周盤龍爲司州刺史，輔國將軍劉悛爲廣州刺史。[1]丙子，給太尉齊王羽葆、鼓吹。[2]

[1]劉悛：人名。字士操，彭城安上里人，劉勔子。劉悛隨父征竟陵王劉誕、殷琰，屢立戰功，官至安遠護軍、武陵内史，政績顯著，深得蠻、漢族人民的擁戴，後倒向蕭道成，深受重用。出爲廣州刺史，襲爵鄱陽縣侯。入齊歷仕高帝、武帝、鬱林王、海陵王、明帝、東昏侯六朝，官至左民尚書、散騎常侍，領驍騎將軍。《南齊書》卷三七有傳。

[2]羽葆：帝王儀仗中以羽毛爲飾的華蓋。　鼓吹：演奏樂曲的樂隊。

夏四月己卯，以游擊將軍垣崇祖爲兗州刺史。[1]辛卯，新除鎮北將軍、南兗州刺史黃回有罪賜死。甲午，輔國將軍、淮南宣城二郡太守蕭映行南兗州刺史。[2]五月戊午，倭國王武遣使獻方物。[3]以武爲安東大將軍。[4]輔國將軍，行湘州事任候伯有罪伏誅。

[1]游擊將軍：官名。禁軍將領，掌宿衛。四品。　垣崇祖：人名。字敬遠，下邳人。明帝時任朐山戍主，屢破北魏軍，封下邳縣子，深得蕭道成賞識，後累遷冠軍將軍、兗州刺史，入齊官至散騎常侍、左衛將軍。《南齊書》卷二五有傳。

[2]淮南：郡名。治所在今安徽當塗縣。　蕭映：人名。字宣光，蕭道成第三子，起家著作佐郎，沈攸之發難，蕭映以寧朔將軍鎮京口。沈攸之平，封開國縣公，入齊封臨川王。《南齊書》卷三五有傳。

[3]倭國王武：即日本雄略天皇，名大泊瀨幼武。中國史書用其名最後一個"武"字。

［4］安東大將軍：官名。爲出鎮某一地區軍事長官，或爲州刺史兼理軍務的加官。一般由安東將軍資深者升任。二品。以倭王武爲此職，純屬虛賜的榮譽頭銜。

六月己丑，以前新會太守趙超民爲交州刺史。[1]丁酉，以輔國將軍楊文弘爲北秦州刺史、武都王。[2]

［1］新會：郡名。治所在今廣東江門市新會區。　趙超民：人名。本書僅此一見，其事不詳。

［2］楊文弘：人名。氐族領袖楊文度之弟，繼文度襲封武都王。事見本書卷九八《氐胡傳》。

八月辛卯，太尉齊王表斷奇飾麗服，凡十有七條。[1]乙未，以江州刺史齊王世子爲領軍將軍、撫軍將軍。丙申，以領軍蕭嶷爲江州刺史。

［1］凡十有七條：各本並作“十四條”，《南史》卷四《齊本紀》、《南齊書》卷一《高帝紀上》、《通鑑》並作“凡十七條”，有具體條文，文繁不録。條數據改。

九月乙巳朔，日有蝕之。丙午，加太尉齊王黃鉞、都督中外諸軍事、太傅，[1]領揚州牧，[2]劍履上殿，入朝不趨，贊拜不名。[3]置左右長史、司馬，從事中郎、掾、屬各四人。[4]中軍將軍、揚州刺史晉熙王燮爲司徒。戊申，行南兗州刺史蕭映爲南兗州刺史。甲寅，給太傅齊王三望車。[5]己未，芮芮國遣使獻方物。[6]癸酉，武陵内史張澹有罪，[7]下獄死。

〔1〕加太尉齊王黃鉞：《南齊書》《通鑑》均作“假黃鉞”。太傅：官名。三公之一，作爲贈官，用以安置元老勳舊大臣。名義尊顯，無職掌。一品。按蕭道成假此職，則顯示其地位特殊，無以倫比。

〔2〕揚州牧：官名。按：揚州原置刺史，改置牧，以示尊崇，並區別於其他各州刺史。

〔3〕劍履上殿，入朝不趨，贊拜不名：按朝儀，大臣上殿朝見天子，不能帶劍穿鞋，入殿必須急步前進，贊拜時，必須先自報姓名。以上數條，也是爲提高蕭道成的特殊地位。

〔4〕置左右長史、司馬，從事中郎、掾、屬各四人：中華本標點有誤，在“長史、司馬”與“從事中郎、掾、屬”之間用頓號，使人誤認爲長史、司馬也是各四人，其實左右長史和司馬不可能各四人，故“司馬”前用頓號，“司馬”後用逗號，説明衹有從事中郎、掾、屬才各四人。司馬，太尉府高級幕僚，位僅次長史，職掌參贊軍務，管理府內武職。從事中郎，官名。公府屬官，職參謀議。一般公府置二人，特殊者置四人。掾、屬，公府分曹治事，掾爲曹長，屬爲副貳，如戶曹掾、屬，倉曹掾、屬即是。

〔5〕三望車：王公大臣所乘的有窗可望的車，三望車是其中的一種。《晉書·輿服志》：“位至公，或四望、三望、夾望車。”夾望即兩面各有一窗可望，實即兩望車。

〔6〕芮芮國：古國名。也作蝚蠕、茹茹、蹂蠕，自稱柔然，皆一音之轉。公元四世紀興起於北方，游牧於大漠南北，至丘豆代可汗時，征服蒙古草原，成爲北方强國。

〔7〕武陵内史：官名。武陵王國的民政長官，職如郡太守。張澹：人名。吳郡人，曾任巴郡太守。郡民李承民造反，張澹被俘。李承民失敗，張澹得脱，後投靠阮佃夫，被任命爲武陵内史。

　　冬十月丁丑，寧朔將軍、淮南宣城二郡太守蕭晃爲豫州刺史。^[1]孫曇瓘先逃亡，己卯，擒獲，伏誅。壬寅，立皇后謝氏，^[2]減死罪一等，五歲刑以下悉原。

　　[1]蕭晃：人名。字宣明，蕭道成第四子。在宋歷官寧朔將軍、淮南宣城二郡太守、西中郎將、豫州刺史。入齊封長沙王。《南齊書》卷三五有傳。
　　[2]皇后謝氏：即順帝謝皇后，名梵境，陳郡陽夏人。本書卷四一有傳。

　　十一月壬子，立故武昌太守劉琨息頒爲南豐縣王。^[1]癸亥，臨澧侯劉晃謀反，^[2]晃及黨與皆伏誅。甲子，改封南陽王翽爲隨郡王，^[3]改隨陽郡。十二月丙戌，皇后見于太廟。戊子，高麗國遣使獻方物。^[4]

　　[1]武昌：郡名。治所在今湖北鄂州市鄂城區。　劉琨息頒：即劉琨的兒子劉頒。過繼給南豐王。按：第一代南豐王爲劉義恭長子劉朗，出繼少帝封南豐王，爲元凶劉劭所殺。孝武帝時，又以宗室劉祗長子劉歆繼封。劉祗被誅，劉歆還本，更以宗室劉韞二子劉銑繼封。劉韞、劉銑俱因反對蕭道成被殺，昇明二年（478）再以劉頒繼封，三年死。事見本書卷六一《武三王傳》。　南豐縣王：王爵名。王國在今江西廣昌縣。
　　[2]臨澧（ｌｉ）侯：侯爵名。侯國在今湖南桑植縣。　劉晃：人名。劉氏宗室臨澧侯劉襲之子。但本書卷五一《宗室傳》附《劉義融傳》稱：桂陽縣侯劉覬“無子，弟襲以子晃繼封”，是劉晃已過繼劉覬，繼封桂陽縣侯，而劉襲的臨澧侯是由其子劉旻繼封的，繼封後又改封爲東昌縣侯。與此記載不同。疑劉晃過繼劉覬後又還本繼承了臨澧侯之位，故劉旻又改封東昌縣侯。詳情待考。

［3］隨郡王：王爵名。王國在今湖北隨州市。

［4］高麗國：古國名。即高句麗，原爲居住在今遼寧興京的少數民族，後漢時逐漸興起，東晉以後占領遼寧南部、朝鮮北部地區，後爲唐高宗所滅。

　　三年春正月甲辰，以江州刺史蕭嶷爲鎮西將軍、荆州刺史，尚書左僕射王延之爲安南將軍、江州刺史。安西長史蕭順之爲郢州刺史。乙卯，太傅齊王表諸負官物質役者，[1]悉原除。辛亥，以驍騎將軍王玄邈爲梁、南秦二州刺史。[2]領軍將軍、撫軍將軍齊王世子加尚書僕射，[3]進號中軍大將軍、開府儀同三司。[4]丙辰，加太傅齊王前部羽葆、鼓吹。丁巳，詔太傅府依舊辟召。以征西將軍、雍州刺史張敬兒爲護軍將軍，[5]新除給事黄門侍郎蕭長懋爲雍州刺史。[6]

［1］諸負官物質役者：那些欠官家財物而用勞役抵債的人。是宋政府强制人民還債（包括逋欠租調）的一種手段和政策。

［2］王玄邈：人名。字彦遠，太原祁人，王玄謨從弟。明帝時，以反沈文秀之功，得任使持節都督青州諸軍事、青州刺史，蕭道成多次拉攏，不爲所動，但蕭道成繼續加以提拔，引爲驃騎司馬、冠軍將軍、太山太守，後遷散騎常侍、驍騎將軍，出爲梁、秦二州刺史，封河陽縣侯。入齊官至護軍將軍，加散騎常侍。《南齊書》卷二七有傳。

［3］加尚書僕射：丁福林《校議》："《南齊書・武帝紀》、《南史・齊本紀》、《通鑑》卷一三五同，《建康實錄》卷一四作'尚書左僕射'，《南史・宋本紀》作'尚書右僕射'。"

［4］中軍大將軍：官名。地位顯赫，不常置。三品。

[5]護軍將軍：官名。掌督護京師以外諸軍，權任頗重。

[6]蕭長懋：人名。齊武帝蕭賾長子，即文惠太子。《南齊書》卷二一有傳。

二月丙子，安南將軍、南豫州刺史邵陵王友薨。

三月癸卯朔，日有蝕之。甲辰，崇太傅爲相國，[1]總百揆，[2]封十郡，爲齊公，[3]備九錫之禮，[4]加璽紱遠游冠，[5]位在諸王上，加相國綠綟綬，其驃騎大將軍、揚州牧、南徐州刺史如故。丙午，以中軍大將軍蕭賾爲南豫州刺史，齊公世子，副貳相國，綠綟綬。庚戌，臨川王綽謀反，[6]綽及黨與皆伏誅。丁巳，以齊國初建，給錢五百萬，布五千匹，絹千匹。

[1]相國：官名。位尊於丞相。職權品秩略同，非尋常人臣之職。

[2]封十郡：即指青州之齊郡，徐州之梁郡，南徐州之蘭陵郡、魯郡、琅邪、東海、晋陵、義興，揚州之吳郡、會稽十郡。

[3]齊公：公爵名。公，五等爵之首，位在侯爵上，王爵下，但齊公則位在諸王之上，乃是特例。

[4]九錫：皇帝賜王公大臣的九種器物，以示無上尊崇。《公羊傳》莊公元年何休注："禮有九錫，一曰輿馬，二曰衣服，三曰樂則，四曰朱户，五曰納陛，六曰虎賁，七曰弓矢，八曰鈇鉞，九曰秬鬯。"

[5]璽紱：也作"璽韍""璽綬"，印璽上所繫的彩色練帶，是一種特權的象徵。　遠游冠：古冠名。太子諸王的冠服。《晋書·輿服志》："遠游冠，傅玄云秦冠也。似通天而前無山述，有展筩橫于冠前。"

[6]臨川王：王爵名。王國在今江西撫州市臨川區。　綽：人

名。即劉綽。字子流，臨川王義慶之子，官至步兵校尉。事見本書卷五一《臨川烈武王道規》。

夏四月壬申，進齊公爵爲齊王，增封十郡。[1]甲戌，安西將軍武陵王贊薨。[2]丙戌，命齊王冕十有二旒，[3]建天子旌旗，出警入蹕，[4]乘金根車，駕六馬，備五時副車，[5]置旄頭雲罕，[6]樂儛八佾，[7]設鐘簴宮縣，[8]進世子爲太子，王子、王女、王孫爵命之號，壹如舊儀。辛卯，天禄永終，禪位于齊。[9]壬辰，帝遜位于東邸。既而遷居丹陽宮。[10]齊王踐阼，封帝爲汝陰王，[11]待以不臣之禮。行宋正朔，[12]上書不爲表，答表不爲詔。

[1]增封十郡：即增豫州之南梁、陳、潁川、陳留，南兖之盱眙、山陽、秦、南沛、廣陵、海陵十郡。

[2]武陵王贊薨：《通鑑》：“非疾也。”胡三省注：“史言齊殺之。”

[3]冕十有二旒：皇帝的禮冠。冕旒，冠前下垂的綴珠。《周禮·夏官·弁師》：“天子之冕朱緑藻，十有二旒，諸侯九，上大夫七、下大夫五。”

[4]出警入蹕：帝王出入警戒清道，禁止行人的一種制度和措施。崔豹《古今注·輿服》：“警蹕，所以戒行徒也。周禮蹕而不警。秦制出警入蹕，謂出軍者皆警戒、入國者皆蹕止也。”

[5]金根車，駕六馬，備五時副車：以上皆屬於皇帝乘輿。蔡邕《獨斷》：“上所乘曰金根車，駕六馬，有五色安車、五色立車各一，皆駕四馬，是爲五時副車。”金根車，即用黄金爲飾的根車（用自然圓曲的木材做車輪而裝配成的車子）。

[6]旄頭：皇帝儀仗隊中擔任先驅的騎兵。　雲罕：皇帝儀仗

隊中的旌旗。張衡《東京賦》：“雲罕九斿。”薛綜注：“雲罕，旌旗之別名也。”

［7］樂僎八佾：縱橫都是八行，六十四人的樂舞。樂僎八佾是衹有皇帝纔能享受到的特權。僎，同“舞”。《論語·八佾》：“八佾舞于庭。”朱熹集注：“佾，舞列也。天子八，諸侯六，大夫四，士二。”

［8］鐘簴：飾以猛獸形象懸挂編鐘的格架。　宮縣：古代懸挂鐘磬的樂器架。因主人身份地位的不同而有區別，帝王懸挂四方，象徵宮室的四壁，故名宮縣。縣是“懸”的古字。《周禮·春官·小胥》：“正樂縣之位，王宮縣，諸侯軒縣，卿大夫判縣，士特縣。”鄭玄注引鄭司農云：“宮縣四面縣，軒縣去其一面，判縣又去其一面，特縣又去其一面。四面象宮室，四面有墻，故謂之宮縣。”

［9］禪位于齊：《南史》卷三《順帝紀》：“是日，王敬則以兵陳于殿庭，帝猶居内，聞之，逃于佛蓋下。太后懼，自帥閹竪索，扶幸板輿，黃門或促之。”説明所謂禪位於齊，實是逼宮，强迫讓位。

［10］丹陽宮：《南史》作“丹徒宮”，誤。因宮在丹陽縣，故名。

［11］汝陰王：王爵名。王國在今安徽阜陽市。

［12］行宋正朔：施行宋朝的曆法。《南史》作“行宋正朔，車旗、服色，一如晉宋故事”。

建元元年五月己未，[1]殂于丹陽宮，[2]時年十三。謚曰順帝。六月乙酉，葬于遂寧陵。[3]

［1］建元：齊高帝蕭道成年號（479—482）。

［2］殂于丹陽宮：“殂”前應有“帝”字。《南史》卷三《順帝紀》記載了順帝死的情況：“建元元年五月己未，帝聞外有馳馬者，

懼亂作；監人殺王而以疾赴，齊人德之，賞之以邑。"《通鑑》所記大體同於《南史》。

[3]遂寧陵：陵址今地不詳，待考。

史臣曰：聖王膺録，[1]自非接亂承微，則天曆不至也。自三、五以來，[2]受命之主，莫不乘淪亡之極，然後符樂推之運。[3]水德遷謝，[4]其來久矣，豈止於區區汝陰揖禪而已哉！

[1]聖王膺録：聖明的賢王按照圖録的預示而興。

[2]三、五以來：三皇五帝以來。三皇五帝有多種不同的說法，文繁不録。

[3]樂推：樂意擁戴。《老子》："是以聖人處上，而民不重，處前而民不害，是以天下樂推而不厭。"

[4]水德遷謝：宋的國運遷移凋謝。按五行相生說，漢爲火德。火生土，魏代漢，魏爲土德。土生金，晉代魏，晉爲金德。金生水，宋代晉，宋爲水德。故本書《五行志三》："宋水德，將王之符也。"此處之"水德"，指的就是宋的國運。

宋書　卷一一

志第一

志序

　　左史記言，右史記事，事則《春秋》是也，言則《尚書》是也。至於楚《書》、鄭《志》、晋《乘》、楚《杌》之篇，皆所以昭述前史，俾不泯於後。

　　司馬遷制一家之言，始區別名題，至乎禮儀刑政，有所不盡，乃於紀傳之外，創立八書，片文隻事，鴻纖備舉。班氏因之，靡違前式，網羅一代，條流遂廣。《律曆》《禮樂》，其名不變，以《天官》爲《天文》，改《封禪》爲《郊祀》，易《貨殖》《平準》之稱，革《河渠》《溝洫》之名；綴孫卿之辭，[1]以述《刑法》，采孟軻之書，用序《食貨》。劉向《鴻範》，[2]始自《春秋》，劉歆《七略》，儒墨異部，朱贛博采風謠，[3]尤爲詳洽，固並因仍，以爲三志。而《禮樂》疏簡，所漏者多，曲章事數，百不記一。《天文》雖爲該舉，而不言天形，致使三天之説，[4]紛然莫辨。是故蔡邕於朔方上書，[5]謂宜載述者也。

　　[1]孫卿：人名。即荀況。亦稱孫卿，其文集《荀子》今存三十二篇，是先秦重要哲學著作。

　　[2]劉向：人名。西漢經學家、目錄學家、文學家。喜以五行陰陽、自然災害之説以喻時政。"集合上古以來歷春秋六國至秦漢符瑞災異之記，推迹行事，連傳禍福，著其占驗，比類相從，各有條目，凡十一篇，號曰《洪範五行傳論》"。《漢書》卷三六有傳。

　　[3]朱贛：人名。西漢潁川（今河南禹州市）人，曾在漢成帝時任職丞相屬。《漢書》僅一見，餘事不詳。

　　[4]三天之説：指渾天、宣夜、蓋天三家關於天體的學説。

　　[5]蔡邕：人名。因彈劾宦官，被流放朔方郡。《後漢書》卷六〇下有傳。

　　漢興，接秦阬儒之後，典墳殘缺，耆生碩老，常以亡逸爲慮。劉歆《七略》，固之《藝文》，蓋爲此也。河自龍門東注，[1]橫被中國，每漂決所漸，寄重災深，堤築之功，勞役天下。且關、洛高墄，[2]地少川源，是故鎬、酆、潦、潏，[3]咸入禮典。漳、滏、鄭、白之饒，[4]溝渠沾溉之利，皆民命所祖，國以爲天，《溝洫》立志，亦其宜也。世殊事改，於今可得而略。

　　[1]龍門：即龍門山。《漢書·地理志上》有"道河積石，至于龍門"。顏師古注曰："積石山在河關西羌中。龍門山在夏陽北。言治河施功，自積石起，鑿山穿地，以通其流，至龍門山也。"夏陽在今陝西韓城市北，河關在今甘肅蘭州市西。

　　[2]關、洛：地名。即關中與洛陽。

[3]鎬、鄠、潦、潏：皆水名。鎬、鄠，《史記》卷一一七《司馬相如列傳》："鄠鄗潦潏。"《索隱》："張揖云：'豐水出鄠縣南山豐谷，北入渭。鎬在昆明池北。'郭璞云：'鎬水，豐水下流也。'"潦、潏，《索隱》："張揖云：'又有潏水，出南山。'姚氏云：'潦，或作"澇"也。澇水出鄠縣，北注渭。潏水出杜陵，今名沇水，自南山皇子陂西北流注昆明池入渭。'"鎬，在今陝西西安市西南，西周西都在灃水邊。鄠，在今陝西戶縣，本周文王都城，故説"咸入禮典"。

[4]漳、滏、鄭、白：皆水名。漳，有清濁二水，均源於山西東南部，東流匯入衛河。滏，源於滏口，今河北磁縣石鼓山。鄭，即鄭國渠。關中平原人工灌溉渠道。秦王政十年（前237）采納韓國水利家鄭國設計開鑿，故名。引涇水於中山西瓠口（今陝西涇陽縣）入於洛水，流經關中平原。白，即白渠。亦關中平原人工灌溉渠道。漢武帝太始二年（前95）用趙中大夫白公建議在鄭渠南開鑿，故名白公渠。於谷口（今陝西禮泉縣境内）分涇水南流，入渭水。

竊以班氏《律曆》，前事已詳，自楊偉改創《景初》，[1]而《魏書》闕志。及元嘉重造新法，[2]大明博議回改，[3]自魏至宋，宜入今書。

[1]楊偉：人名。字世英，馮翊人。主要活動於後漢末至晋初，歷官後漢待詔太史、魏曹爽征南大將軍參軍、尚書郎。精天文、曆法，與宋待詔太史何承天、霍融等撰《漏刻經》，又有《時務論》、《景初曆》三卷，皆亡佚。其事散見於《三國志》卷九《魏書·曹爽傳》裴松之注、《晋書·律曆志》、本書《律曆志中》、《隋書·經籍志》。《景初》：此曆法於魏景初（237）年始行，人稱《景初曆》，沿用至宋元嘉二十一年（444）。該曆明確給出了計算任一時刻月亮距黄白交點的度距和太陽所在位置的方法。詳見本書《律曆志中》。

[2]元嘉：宋文帝劉義隆年號（424—453）。

[3]大明：宋孝武帝劉駿年號（457—464）。

　　班固《禮樂》《郊祀》，馬彪《祭祀》《禮儀》，蔡邕《朝會》，董巴《輿服》，並各立志。夫禮之所苞，其用非一，郊祭朝饗，匪云別事，旗章服物，非禮而何？今總而裁之，同謂《禮志》。《刑法》《食貨》，前説已該，隨流派別，附之紀傳。《樂經》殘缺，其來已遠，班氏所述，政抄舉《樂記》，馬彪《後書》，又不備續。[1]至於八音衆器，[2]並不見書，雖略見《世本》，[3]所闕猶衆。爰及《雅》《鄭》，謳謡之節，一皆屏落，曾無概見。郊廟樂章，每隨世改，雅聲舊典，咸有遺文。又案今鼓吹鐃歌，[4]雖有章曲，樂人傳習，口相師祖，所務者聲，不先訓以義。今樂府鐃歌，校漢、魏舊曲，曲名時同，文字永異，尋文求義，無一可了。不知今之鐃章，何代曲也。今《志》自郊廟以下，凡諸樂章，非淫哇之辭，並皆詳載。

　　[1]“班固《禮樂》”至“又不備續”：中國古代《書》《詩》《易》《春秋》《禮》在漢武帝時纔合稱儒家五經，漢代的《禮經》又被《周禮》《禮記》《儀禮》代替，合稱三禮。至王莽時，又以《禮記》中的《樂記》來作爲《樂經》。這裏所説之殘缺，可能本來就是没有的。班固《漢書·禮樂志》與《樂記》相同文字並不多，而《史記·樂書》的主要部分全采自《樂記》，沈約此處以爲“班氏所述，政抄舉《樂記》”可能有誤解。馬彪《後書》，又不備續，指《後漢書》志書中無《樂志》。馬彪，人名。即司馬彪。字紹統，河内溫縣（今河南溫縣）人，晉宗室。泰始中任秘書丞。注《莊子》，作《九州春秋》《續漢書》。《續漢書》八志補入范曄

《後漢書》。《晋書》卷八二有傳。

　　[2]八音：古代樂器的分類法，以製作材料爲依據而有金、石、
匏、革、絲、竹、土、木八種。金之屬，如鐘、錞于、鉦、鐃、
鐸。石之屬，如磬。匏之屬，如笙、竽。古代的笙、竽以葫蘆作斗
（氣室），插以竹管，用竹片爲簧片振動發音。革之屬，如鼓、鼗。
絲之屬，如琴、瑟、筝、筑。竹之屬，如籥（排簫）、簫，又有參
差、牂（笛）、箎。土之屬，如塤、缶。木之屬，如柷、敔。

　　[3]《世本》：先秦文獻，約成書於戰國末年，南宋以後亡佚。
清代有幾種輯本。已收入秦嘉謨等輯《世本八種》（商務印書館
1957 年版）中。書中《作篇》叙述各種事物的創始，也講到一些
樂器的創始人。

　　[4]鐃歌：鼓吹樂的一種形式。鼓吹是以打擊樂器與管樂器爲
主的器樂合奏。起源於漢代，源於民間，後傳入宮廷，遂受到重視
和發展，漸成爲儀仗、典禮、軍樂以及娛樂的形式。外族音樂、西
域音樂、民間音樂陸續爲鼓吹所吸收。今存《漢鼓吹鐃歌十八曲》
大部爲民歌。詳見本書《樂志》。

　　《天文》《五行》，自馬彪以後，無復記録。何書自
黄初之始，[1]徐志肇義熙之元。[2]今以魏接漢，式遵何
氏。[3]然則自漢高帝五年之首冬，暨宋順帝昇明二年之
孟夏，[4]二辰六沴，[5]甲子無差。聖帝哲王，咸有瑞命之
紀，蓋所以神明寶位，幽贊禎符，欲使逐鹿弭謀，窺覦
不作，握河括地，綠文赤字之書，[6]言之詳矣。爰逮道
至天而甘露下，德洞地而醴泉出，金芝玄秬之祥，[7]朱
草白烏之瑞，斯固不可誣也。若夫衰世德爽，而嘉應不
息，斯固天道茫昧，難以數推。亦由明主居上，而震蝕
之災不弭；百靈咸順，而懸象之應獨違。[8]今立《符瑞

《志》，以補前史之闕。

[1]何書：即何承天所撰之《宋書》部分内容。　黄初：三國魏文帝曹丕年號（220—226）。

[2]徐：即徐爰。字長玉，南琅邪開陽（今山東臨沂市北）人。歷官游擊將軍、尚書左丞、太中大夫、南康郡守、南濟陰太守、中散大夫。《宋書》原爲徐爰等人之作。本書卷九四有傳。義熙：晋安帝司馬德宗年號（405—418）。

[3]今以魏接漢，式遵何氏：今本《宋書》，梁沈約撰。《宋書》原本，是何承天、裴松之等首起著述，後由蘇寶生、徐爰、山謙之等人相繼完成，其中徐爰一人成書六十五卷，故名爲徐爰《宋書》。沈約作紀傳，多抄襲徐本。對何承天所撰的十五篇志，也加以改寫，故曰"今以魏接漢，式遵何氏"。

[4]昇明：宋順帝劉準年號（477—479）。

[5]二辰六沴：二辰六次受到傷害。此處"二辰"含義不明，可有二解：一謂日月；二謂心宿和北辰，即大火星和北極星。

[6]綠文赤字：即符瑞。天降祥符，以爲君受天命之符。若出現奇異之物，又以綠文赤字著之，則是天降符瑞，可與人事相應。

[7]金芝玄秬（jù）：二者皆喻珍奇而祥瑞。金芝，仙藥名。《抱朴子·仙藥》："金芝生於金石之中……以秋取，陰乾治食，令人身有光，壽萬歲。"玄秬，秬黍，赤黑色之黍。

[8]懸象：即天象。　《易·繫辭上》："懸象著明，莫大乎日月。"

地理參差，事難該辨，魏晋以來，遷徙百計，一郡分爲四五，一縣割成兩三，或昨屬荆、豫，[1]今隸司、兗，[2]朝爲零、桂之士，[3]夕爲廬、九之民，[4]去來紛擾，無暫止息，版籍爲之渾淆，職方所不能記。自戎狄内侮，有晋東遷，中土遺氓，播徙江外，幽、并、冀、雍、兗、豫、青、徐之境，[5]幽淪寇逆。自扶莫而襄足奉首，免身於荆、越者，[6]百郡千城，流寓比室。人佇鴻雁之歌，士蓄懷本之念，莫不各樹邦邑，思復舊井。既而民單户約，不可獨建，故魏邦而有韓邑，齊縣而有趙民。且省置交加，日迴月徙，寄寓遷流，迄無定託，邦名邑號，難或詳書。大宋受命，重啓邊隙，淮北五州，[7]翦爲寇境，其或奔亡播遷，復立郡縣，斯則元嘉、泰始，同名異實。今以班固、馬彪二志，晋、宋《起居》，凡諸記注，悉加推討，隨條辨析，使悉該詳。

[1]荆：州名。漢治武陵漢壽。魏晋治江陵。今湖北荆州市荆州區。 豫：州名。本書《州郡志》有"豫州刺史，後漢治譙，魏治汝南安成，晋平吴後治陳國，晋江左所治，已列於前。《永初郡國》何、徐寄治睢陽，而郡縣在淮西"。荆豫等地，地理參差，確爲遷徙百計，詳見本史《州郡志》。

[2]司：州名。宋武帝治虎牢，在今河南滎陽市。文帝元嘉末，僑立於汝南，在今河南上蔡縣。 兗：州名。宋武帝治滑臺，在今河南滑縣。文帝時治鄒山，在今山東鄒城市。又寄治彭城，在今江蘇徐州市。文帝元嘉三十年治瑕丘，在今山東兗州市。

[3]零：縣名。即零陽。本書《州郡志》："零陽令，漢舊縣，屬武陵。"在今湖南慈利縣。 桂：郡名。即桂陽。本書《州郡志》："桂陽太守，漢高立，屬荆州。"在今湖南郴州市。

[4]廬：郡名。即廬江。本書《州郡志》："廬江太守，漢文帝十六年分淮南國立。" 九：郡名。即九江。本書《州郡志》："淮南太守，秦立爲九江郡，兼得廬江豫章。漢高帝四年更名淮南國，今立豫章郡，文帝又分爲廬江郡。武帝元狩元年復爲九江郡，治壽

春縣。魏復曰淮南，徙治壽春。”

[5]幽：州名。當今河北、遼寧之地。漢武帝置十三州刺史，仍治上述地域。東漢，幽州刺史治薊，在今北京大興區西南。晋治涿，在今河北涿州市。本書《州郡志》無幽州，以其爲北朝地。　并：州名。宋時治所在今山西太原市西南。　冀：州名。宋時治所在今山東濟南市歷城區。　雍：州名。宋時治所在今湖北襄陽市襄城區。青：州名。本書《州郡志》：“青州刺史，治臨淄。江左僑立，治廣陵。安帝義熙五年，平廣固，北青州刺史治東陽城，而僑立南青州如故。後省南青州，而北青州直曰青州。孝武孝建二年，移治歷城，大明八年，還治東陽。明帝失淮北，於鬱洲僑立青州。”　徐：州名。本書《州郡志》：“徐州刺史，後漢治東海郯縣，魏、晋、宋治彭城。明帝世，淮北没寇，僑立徐州，治鍾離。泰豫元年，移治東海胸。後廢帝元徽元年，分南兗州之鍾離、豫州之馬頭，又分秦郡之頓丘、梁郡之穀孰、歷陽之酇，立新昌郡，置徐州，還治鍾離。”

[6]越：州名。本書《州郡志》：“越州刺史，明帝泰始七年（471）立。”又《南齊書·州郡志》：“宋泰始中，西江督護陳伯紹獵北地，見二青牛驚走入草，使人逐之不得，乃誌其處，云‘此地當有奇祥’，啓立爲越州……元徽二年（474），以伯紹爲刺史，始立州鎮。”在今廣西合浦縣。

[7]淮北五州：本書《州郡志》：“太宗初，索虜南侵，青、冀、徐、兗及豫州淮西，並皆不守，自淮以北，化成虜庭。”又本書卷八《明帝紀》：“薛安都要引索虜，張永、沈攸之大敗，於是遂失淮北四州及豫州淮西地。”據此知淮北五州爲青、冀、徐、兗、豫。

　　百官置省，備有前説，尋源討流，於事爲易。

　　元嘉中，東海何承天受詔纂《宋書》，[1]其志十五篇，以續馬彪《漢志》，其證引該博者，即而因之，亦由班固、馬遷共爲一家者也。其有漏闕，及何氏後事，備加搜采，隨就補綴焉。淵流浩漫，非孤學所盡；足蹇途遥，豈短策能運。雖斟酌前史，備覩妍嗤，而愛嗜異情，取捨殊意，每含毫握簡，杼軸忘飡，終亦不足與班、左並馳，董、南齊轡。庶爲後之君子削藁而已焉。

[1]何承天：人名。東海郯（今山東郯城縣）人。以數學的方法初步計算出十二平均律，數據詳見本書《律志》。本書卷六四有傳。

律曆上[1]

黃帝使伶倫自大夏之西，[2]阮隃之陰，[3]取竹之嶰谷生，[4]其竅厚均者，斷兩節間而吹之，以爲黃鍾之宫。[5]制十二管，以聽鳳鳴，以定律吕。[6]夫聲有清濁，故協以宫商；形有長短，故檢以丈尺；器有大小，故定以斛斗；質有輕重，故平以鈞石。故《虞書》曰："乃同律、度、量、衡。"[7]然則律吕，宫商之所由生也。

[1]本書《律曆志》初稿成於何承天之手，後經徐爰、沈約補充修訂。原爲《律志》一卷、《曆志》二卷，中華本將其合爲《律曆志》三卷。《律志》載何承天十二平均律的發明創造。《曆志上》載西漢到曹魏初年的曆法沿革，繼載《景初曆》改曆表文及本文，末載五德相勝、相生説，劉智《正曆》、王朔之《通曆》，何承天

《元嘉曆》上曆表文及其接受檢驗頒行的經過。《曆志下》載何承天《元嘉曆》本文，祖沖之《大明曆》上獻表文、本文及駁議。《景初曆》行於曹魏、兩晉、宋及北魏前期，本志詳載，故與《晉書·律曆志》重複在所難免。《元嘉曆》是何承天在其舅父徐廣《七曜曆》的基礎上，又經四十餘年的考校制定的，經錢樂之等人檢驗，均與天象符合。用姜岌發明的月食衝日法測定冬至日度，用晷表測定冬至時刻，是《元嘉曆》的兩個優勢。何承天繼承了《景初曆》的多元法，增立五星計算的各不相同的起算點，又以雨水正月朔作爲歲首，重新實測了二十四節氣的晷影值。所測木星恒星周朔和冬至時刻，也遠勝於前代。另外，何承天發明了調日法，是爲中國曆法史上的一項重大成就。《大明曆》較前曆有更多的創新。它將歲差引進曆法，雖然所測赤道歲差還較粗疏，但已爲精度的提高開闢了道路。《大明曆》所用回歸年值是古曆中最佳值之一。祖沖之直接進行晷影測量，發明了利用冬至前後數日晷影長度推求冬至時刻的計算方法，從而大大提高了測算冬至時刻的精度。《大明曆》還使用了六百年有二百二十一個閏月的新閏周，爲古曆中最佳閏周值。它使用的月離表、月亮極黃緯表、交點月長度值，都是歷代最佳值之一。五星會合周期的精度也比前代有所提高。所有這些，都奠定了《大明曆》作爲中國古代名曆的歷史地位。《大明曆》還明確使用上元積年法，將日月五星運動的諸多周期納入統一的計算起點，具有統一性、規則化的特點，是一種理想化的模式，爲其後諸多曆家所采用。由於戴法興的阻撓，《大明曆》在宋時未得行用，梁天監九年（510）纔得頒行。

　　[2]伶倫：人名。傳説爲黃帝樂官，始製十二律，並據十二律音高鑄十二鐘。事見《呂氏春秋·仲夏紀·古樂》。《漢書·律曆志上》作“泠綸”。　大夏：此應指今山西太原市一帶。《左傳》昭公元年：“遷實沈于大夏。”杜預注：“大夏，今晉陽縣。”相傳爲夏墟所在，故名。

　　[3]阮隃之陰：即阮、隃之北。阮，古國名。偃姓，在今甘肅

涇川縣。隃，古縣名。即隃麋，在今陝西千陽縣。

[4]嶰谷：又作“解谷”。古有二解：一爲不長竹枝、無竹溝
處之竹，一爲崑崙之北谷名。《漢書》注引晋灼曰：“谷名是也。”
應以谷名爲是。古時涇川縣地温和潮濕，有隃麋澤，利於竹子生
長。且該地距西周都城較近，成爲製竹笛原料産地。

[5]黄鍾之宫：以黄鍾之音高作爲主音所建立的音階。黄鍾，
十二律之一。十二律名：黄鍾、大吕、太簇、夾鍾（圜鍾）、姑洗、
仲吕、蕤賓、林鍾（函鍾）、夷則、南吕、無射、應鍾。宫，主音。

[6]律吕：樂律之統稱。十二律中之陽六曰律、陰六律曰吕。
陽六爲黄鍾、太簇、姑洗、蕤賓、夷則、無射，陰六律爲大吕、夾
鍾、仲吕、林鍾、南吕、應鍾。

[7]同律、度、量、衡：按古代對律的理解，包含有聲、形、
器、質的範圍在内。“同律、度、量、衡”，即以同一的標準量爲基
準，建構音律、長度、容量、重量的量度體系。

夫樂，有器，有文，有情，有官。[1]鍾鼓干戚，[2]樂
之器也；屈伸舒疾，樂之文也；“論倫無患，樂之情也；
欣喜歡愛，樂之官也。”“是以君子反情以和志，廣樂以
成教，故能情深而文明，氣盛而化神，和順積中，而英
華發外。”故曰：“樂者，心之動也；聲者，樂之象
也。”[3]《周禮》曰：“乃奏黄鍾，歌大吕，舞《雲
門》，[4]以祀天神。乃奏太簇，歌應鍾，舞《咸池》，[5]
以祭地祇。”四望山川先祖，各有其樂。又曰：“圜鍾爲
宫，黄鍾爲角，太簇爲徵，姑洗爲羽，雷鼓雷鼗，[6]孤
竹之管，[7]雲和之琴瑟，[8]《雲門》之舞，冬日至，於
地上之圜丘奏之。若樂六變，則天神皆降，可得而禮
矣。”[9]地祇人鬼，禮亦如之。其可以感物興化，若此之

深也。

[1]器：指器物。即金、石、絲、竹等所製樂器。　文：指古時禮和樂的活動行爲。　情：指感情、情操、情調等心理精神活動和素質。　官：指感覺和官能。

[2]干戚：指干戚舞的道具。干，盾牌。戚，斧頭。

[3]"論倫無患"至"樂之象也"：以上引文出自《樂記》。指君子因受到雅樂的熏陶而變得高潔。

[4]《雲門》：傳説黃帝時樂舞。《周禮·春官·大司樂》鄭注："此周所存六代之樂，黃帝曰《雲門》《大卷》，黃帝能成名萬物，以明民共財，言其德如雲之所出，民得以有族類。"

[5]《咸池》：傳説堯時樂舞，六代之樂的一種。《周禮·春官·大司樂》鄭注："《咸池》，堯樂也。堯能禪均刑法以儀民，言其德無所不施。"

[6]雷鼓：大鼓之一種。《周禮·地官·鼓人》有"以雷鼓鼓神祀"。鄭注："雷鼓，八面鼓也。神祀，祀天神也。"　雷鼗：即鼗鼓。《釋名·釋樂器》："鼗如鼓而小，持其柄搖之，旁耳還自擊。"《周禮·春官·大司樂》鄭注引鄭司農云："雷鼓、雷鼗，皆謂六面有革可擊者也。"

[7]孤竹：《周禮·春官·大司樂》鄭注："竹特生者。"

[8]雲和：《周禮》鄭注云山名。在今浙江麗水市内，以出琴材而聞名。

[9]"圜鍾爲宮"至"可得而禮矣"：此段文字引自《周禮》，以説明祭祀天神地祇的各種樂名以及用音律配季節的一系列法則，並用以附會人事。"黃鍾爲角，太蔟爲徵"各本脱"爲角太蔟"四字，據《周禮》補。

道始於一，一生二，二生三，三三而九。故黃鍾之數六，分而爲雌雄十二鍾。鍾以三成，故置一而三之，凡積分十七萬七千一百四十七，爲黃鍾之實。[1]故黃鍾位子，主十一月，下生林鍾。林鍾之數五十四，主六月，上生太蔟。太蔟之數七十二，主正月，下生南呂。南呂之數四十八，主八月，上生姑洗。姑洗之數六十四，主三月，下生應鍾。應鍾之數四十三，主十月，上生蕤賓。蕤賓之數五十七，主五月，上生大呂。大呂之數七十六，主十二月，下生夷則。夷則之數五十一，主七月，上生夾鍾。夾鍾之數六十七，主二月，下生無射。無射之數四十五，主九月，上生中呂。中呂之數六十，主四月，極不生。[2]極不生，鍾律不能復相生。[3]宮生徵，徵生商，商生羽，羽生角，角生姑洗，[4]姑洗生應鍾，比於正音，[5]故爲和。姑洗三月，應鍾十月，與正音比，故爲和。和，從聲也。[6]應鍾生蕤賓，蕤賓不比於正音，故爲繆。繆，音相干也。[7]周律故有繆、和，爲武王伐紂七音也。[8]日冬至，音比林鍾浸以濁；日夏至，音比黃鍾浸以清。以十二月律應二十四時。甲子，中呂之徵也；丙子，夾鍾之羽也；戊子，黃鍾之宮也；庚子，無射之商也；壬子，夷則之角也。

[1]黃鍾之實：即以“一而三之，三三積之，歷十二辰之數”。即 1（3^0）、3、…、3^{11} = 177147。黃鍾之實的數據早見於《史記·律書》《漢書·律曆志》。實，中國古代算學用語，指被乘數或被除數。

[2]“故黃鍾位子”至“極不生”：此段叙述產生音律的方法。按三分損益説的規定，十二音律下生與上生之比例是不同的，下生爲原長的2/3，爲上方五度音，上生爲原長的4/3，爲下方四度音。

前人早已發現，關於十二律的生變順序，《漢書·律曆志》與《淮南子·天文訓》《吕氏春秋·季夏紀·音律》等的説法不同，京房六十律的生變順序則與《漢書·律曆志》一致。《晋書·律曆志》游移其辭，兩説並載。本書《律曆志》與《淮南子·天文訓》相同。由於上生、下生比例不同，班書所得與本書《律曆志》也有不同。陳奇猷《吕氏春秋新校釋·音律》：“《漢書·律曆志》，自黄鐘始，一下生，一上生，依次至仲吕，謬甚。蓋以依次下生上生計算，最短者乃是仲吕而非應鐘，與應鐘爲末律之法則不符。又案：上生者皆是陽律，下生者皆屬陰律。”畢沅注《吕氏春秋》曰：“《宋志》則不誤，可以正之。”林鐘之數五十四，其十二律名管長之數，即由黄鐘“下相生”（三分損一：$81 \times 2/3$）而得出的律管長數。以下太蔟、姑洗、應鐘等之數均爲律管長數，詳見後之《管長數表》。夷則之數“五十一”各本並作“五十”，今據《淮南子·天文訓》改。

[3]極不生，鐘律不能復相生：三分損益律爲不平均律，其各小二度因音差之故有大小之分。依照上述計算，中吕之數六十上生至黄鐘$60 \times 4/3 = 80$。而黄鐘起始爲“一而三之”，即$3^4 = 81$。所以中吕不能復相生。

[4]角生姑洗：丘瓊蓀《歷代樂志律志校釋》（中華書局1964年版）曰：“‘角生姑洗’，疑當作‘角爲姑洗’。案：角即姑洗，何能生姑洗乎？《淮南》原文亦如此……李淳風修《晋志》改之，凡删去‘姑洗姑洗生’五字，文爲‘羽生角，角生應鐘’，如此，亦可通。”

[5]比於正音：各本及下小注“比”字上並有“不”字，今據《淮南子·天文訓》删。

[6]故爲和。和，從聲也：“故”各本作“效”，“從”各本作“徙”，今據《淮南子·天文訓》改。

[7]音相干也：相干是不協和音程。律學實驗中音程間的比數，簡單者爲協和，複雜者爲不協和音程。應鐘下生蕤賓即$43 \times 2/3 =$

28.667。應鍾與蕤賓之比不能相約，是不協和音程。

　　[8]七音：七聲音階。最早見於《國語·周語下》："王將鑄無射，問律於伶州鳩……王曰：'七律者何？'對曰：'昔武王伐紂，歲在鶉火……自鶉及駟，七列也，南北之揆，七同也……故以七同其數，以律和七聲，於是乎有七律。'"韋昭注："周有七音……黃鍾爲宮，太簇爲商，姑洗爲角，林鍾爲徵，南呂爲羽，應鍾爲變宮，蕤賓爲變徵。"變，降低半音。

　　古人爲度量輕重，皆生乎天道。黃鍾之律長九寸，物以三生，三三九，三九二十七，故幅廣二尺七寸，古之制也。音以八相生，[1]故人長八尺，尋自倍，故八尺而爲尋。有形即有聲，音之數五，以五乘八，五八四十尺爲匹。匹者，中人之度也，一匹爲制。秋分而禾穊定，穊，禾穗芒也。穊定而禾孰。律之數十二，故十二穊而當一粟，十二粟而當一寸。[2]律以當辰，音以當日。日之數十，故十寸而爲尺，十尺爲丈。其以爲重，十二粟而當一分，十二分而當一銖，十二銖而當半兩。衡有左右，因而倍之，故二十四銖而當一兩。天有四時，以成一歲，因而四之，四四十六，故十六兩而一斤。三月而一時，三十日一月，故三十斤而爲一鈞。四時而一歲，故四鈞而一石。其爲音也，一律而生五音，十二律而爲六十音；因而六之，六六三十六，故三百六十音以當一歲之日。故律曆之數，天地之道也。下生者倍，以三除之；上生者四，以三除之。[3]

　　[1]音以八相生：三分損益生律的另一敘述法，是以起始律沿

順時針的第八律爲相生之律，爲五度音。如圖一（見卷末圖一隔八相生法）中黃鍾的第八律是林鍾。此法又稱隔八相生法，見於明代律字家朱載堉《樂律全書》。音以八相生之説雖早見於《史記·樂書》《漢書·律曆志》，但三分損益律是不平均律，仲吕不能相生至黃鍾。朱載堉計算出真正的平均律，隔八相生纔有可能。

　　[2]十二粟：各本並作“一粟”，據《淮南子·天文訓》改。

　　[3]“律以當辰”至“以三除之”：此段言律、度、量、衡諸度量單位均有内在的自然聯繫。本篇主要講音律，但據《律志》的傳統，均與度量衡聯繫，故概述之。

　　揚子雲曰：“聲生於日，謂甲己爲角，乙庚爲商，丙辛爲徵，丁壬爲羽，戊癸爲宫。律生於辰，謂子爲黃鍾，丑爲大吕之屬。聲以情質，質，正也。各以其行本情爲正也。律以和聲，當以律管鍾均，和其清濁之聲。聲律相協，而八音生。協，和。宫、商、角、徵、羽，謂之五聲。金、石、匏、革、絲、竹、土、木，謂之八音。聲和音諧，是謂五樂。”[1]

　　[1]“揚子雲曰”至“是謂五樂”：此段文字與《晋書·律曆志上》相同。

　　夫陰陽和則景至，律氣應則灰除。是故天子常以冬夏至御前殿，合八能之士，[1]陳八音，聽樂均，[2]度晷景，候鍾律，權土炭，效陰陽。[3]冬至陽氣應，則樂均清，景長極，黃鍾通，[4]土炭輕而衡仰。[5]夏至陰氣應，則樂均濁，景短極，蕤賓通，土炭重而衡低。進退於先後五日之中，八能各以候狀聞。太史令封上。效則和，否則占。候氣之法，爲室三重，户閉，塗釁周密，布緹幔。^[6]室中以木爲案，每律各一，内庳外高，從其方位，加律其上。以葭莩灰布其内端，^[7]案曆而候之。氣至者灰動，其爲氣動者其灰散，人及風所動者其灰聚。^[8]殿中候，用玉律十二。唯二至乃候靈臺，用竹律六十。^[9]取弘農宜陽縣金門山竹爲管，河内葭莩爲灰。^[10]

[1]八能之士：指會吹奏八種樂器的人。

[2]樂均：即律準。一種定音用的弦樂器。《律學新説》引《考證》曰：“均，本均鍾之器，因以爲名，其形蓋如琴耳。”

[3]權土炭，效陰陽：古時認爲陽氣至而土炭輕，陰氣至而土炭重，故在冬夏至來臨之時，利用稱衡測量土炭重量的變化，來決定冬夏至到來的日期。土炭重量發生變化，陰陽的變易便開始，故稱“權土炭，效陰陽”。

[4]樂均清，景長極，黄鍾通：樂準出現高音，日影極長之日，與黄鍾律相應。古人將黄鍾對應十一月，爲冬至所在，故曰黄鍾通。下對應於夏至的述文理亦同此。

[5]衡仰：“仰”各本作“卬”，據《淮南子·天文訓》改。

[6]塗釁周密，布緹幔：在用於祭祀的室内，用牲血將縫隙塗周密，挂上丹黄色的布幔。

[7]以葭莩灰布其内端：將葦膜燒成灰，放於律管之内，認爲到冬夏至時刻，黄鍾或蕤賓管内的灰便會自行飛出。

[8]氣至者灰動，其爲氣動者其灰散：三朝本、北監本、毛本、局本作“氣至者次去散”。前後文理不通，今據《淮南子·天文訓》改。

[9]唯二至乃候靈臺，用竹律六十：各本並脱“靈臺用竹律六十”，今據《後漢書》補。

[10]取弘農宜陽縣金門山竹爲管，河内葭莩爲灰：各本並脱“爲管河内葭莩”六字，今據《晉書·律曆志上》補。

　　三代陵遲，音律失度。漢興，北平侯張蒼始定律曆。[1]孝武之世，置協律之官。元帝時，郎中京房知五音六十律之數，[2]受學於小黄令焦延壽。[3]其下生、上生，終於中呂，而十二律畢矣。中呂上生執始，執始下生去滅，終於南事，而六十律畢矣。夫十二律之變至於六十，猶八卦之變至於六十四也。宓羲作《易》，紀陽氣之初，以爲律法。建日冬至之聲，以黄鍾爲宮，太蔟爲商，姑洗爲角，林鍾爲徵，南呂爲羽，應鍾爲變宮，蕤賓爲變徵。此聲氣之元，五音之正也。故各統一日。其餘以次運行，當日者各自爲宮，而商角徵羽以類從焉。　《禮運篇》曰：“五聲、六律、十二管還相爲宮。”[4]此之謂也。以六十律分一朞之日，黄鍾自冬至始，及冬至而復，陰陽寒燠風雨之占於是生焉。房又曰：“竹聲不可以度調，[5]故作準以定數。準之狀如瑟，長丈而十三弦，隱間九尺，[6]以應黄鍾之律九寸。中央一弦，下有畫分寸，以爲六十律清濁之節。”房言律詳於歆所奏，[7]其術施行於史官，候部用之。《續漢志》具載其律準度數。

　　[1]張蒼：人名。漢武陽（今河南原陽縣東南）人。秦時爲御史，後降漢。漢高祖六年（前201）封北平侯，遷爲計相。《史記》卷九六《張丞相列傳》：“漢家言律曆者，本之張蒼。蒼本好書，無所不觀，無所不通，而尤善律曆。”《漢書》卷四二有傳。

　　[2]京房：人名。漢東郡頓丘（今河南清豐縣）人。以律學、易學名世。其律學成就是發現了三分損律的不平均性，發現半音之

間尚存有不同音差的律，這些微小音差的積累可以變換爲相鄰的律，給日後平均律的計算以啓示。（見卷末圖二宋陳暘繪京房準）

[3]焦延壽：人名。漢梁（今河南開封市）人。長於易學，著《易林》。

[4]五聲、六律、十二管還相爲宮：此是中國最早關於轉調或變換調式的記載。五聲，音階名或調、調式名。六律十二管，古稱六律、六呂爲十二律。還相爲宮，即在十二律的各音均可爲主音構成各種音階。宮也有主音音高的含義。

[5]竹聲不可以度（duó）調：管樂器發聲時，由於管内空氣柱振動時會延續到管口或音孔之外，這時會出現音高比計算的略低。京房發現管樂器的振動特徵，始提出"竹聲不可以度調"之説，設計了用以定律的律準。度，量度、計算。

[6]隱間：弦的有效振動長度。

[7]房言律詳於歆所奏：各本脱"於歆所奏"四字，據《續漢書·律曆志上》補。歆，人名。即劉歆。字子駿，沛（今江蘇沛縣）人，劉向子。著《七略》《三統曆》《鐘律書》等。《漢書》卷三六有附傳。

漢章帝元和元年，[1]待詔候鍾律殷肜上言："官無曉六十律以準調音者，故待詔嚴嵩具以準法教子男宣，願召宣補學官，主調樂器。"詔曰："嵩子學審曉律，別其族，協其聲者，審試。不得依託父學，以聾爲聰。聲微妙，獨非莫知，獨是莫曉，以律錯吹，能知命十二律不失一，乃爲能傳嵩學耳。"試宣十二律，其二中，其四不中，其六不知何律，宣遂罷。自此律家莫能爲準。靈帝熹平六年，東觀召典律者太子舍人張光等問準意。光等不知。歸閲舊藏，乃得其器，形制如房書，猶不能定其絃緩急。音不可書以曉人,[2]知之者欲教而無從,心達者體知而無師,故史官能辨清濁者遂絕。其可以相傳者,唯候氣而已。[3]

[1]元和:漢章帝劉炟年號(84—87)。

[2]音不可書以曉人:"書以"各本並作"以書",據《後漢書·律曆志》改。

[3]"漢章帝元和元年"至"唯候氣而已":此段除首尾句外全錄自《續漢書·律曆志上》。

舊律度[1]	新律度	舊律分	新律分 新律小分母三十六[2]
黃鍾九寸	九寸	十七萬七千一百四十七	十七萬七千一百四十七
林鍾六寸	六寸一釐	十一萬八千九十八	十一萬八千二百九十六二十五
太蔟八寸	八寸二釐	十五萬七千四百六十四	十五萬七千八百六十一十四
南吕五寸三分三釐少强[3]	五寸三分六釐少强	十萬四千九百七十六	十萬五千五百七十二三
姑洗七寸一分一釐强	七寸一分五釐强[4]	十三萬九千九百六十八	十四萬七百六十二二十八

應鍾 四寸七分四氂[5]强	四寸七分九氂强	九萬三千三百一十二	九萬四千三百五十七
蕤賓 六寸三分二氂强	六寸三分八氂强[6]	十二萬四千四百一十六[7]	十二萬五千六百八六[8]
大呂 八寸四分二氂大强	八寸四分九氂大强	十六萬五千八百八十八	十六萬七千二百七十八三十一
夷則 五寸六分一氂大强	五寸七分弱	十一萬五百九十二	十一萬二千一百八十一二十
夾鍾 七寸四分九氂少弱[9]	七寸五分八氂少弱[10]	十四萬七千四百五十六	十四萬九千二百四十四九
無射 四寸九分九氂半弱[11]	五寸九氂半	九萬八千三百四	十萬二百九十三十四
中呂 六寸六分六氂弱	六寸七分七氂	十三萬一千七十二	十三萬三千二百五十七二十五[12]
黃鍾 八寸八分八氂弱	九寸	十七萬四千七百六十二三分之二，不足二千三百八十四，[13]三分之一	十七萬七千一百四十七

[1]十二音律新舊弦長值，是何承天在律學研究上的重要成果，是中國律學史上由三分損益説向十二平均率發展過程中的重要一環，極具科學價值。《隋書·律曆志上》所列何承天計算值（新率），與本書完全相同。用現代數學形式可列爲：

三分損益率與何承天新率比較

律　名	舊律弦長	何承天律弦長	新舊率差數
黄鍾	9.00	9.00	0
林鍾	6.00	6.01	0.01
太簇	8.00	8.02	0.02
南呂	5.33	5.36	0.03
姑洗	7.11	7.15	0.04
應鍾	4.74	4.79	0.05
蕤賓	6.32	6.38	0.06
大呂	8.42	8.49	0.07
夷則	5.62	5.70	0.08
夾鍾	7.49	7.58	0.09
無射	4.99	5.09	0.10
中呂	6.66	6.77	0.11
黄鍾	8.88	9.00	0.12
古代音差	0.12	0	

何承天的新率，實際是將三分損益率的古代音差平均分爲十二份，然後將平均數（0.1）累加到十二個律上，使十二律在音差部分形成一個等差數列。這樣，他在計算音律長度方面，實現了旋宮的願望，其效果很接近十二平均律。一般人的聽覺，幾乎不能辨別其間的差別。平均累加古代音差的方法，成爲後人創建十二平均律的借鑑。

[2]母：各本並作“十”，據錢寶琮《〈宋書·律志〉校勘記》（以下簡稱《校勘記》）改。

[3]三分：各本並作“二分”，今據推算改。

　　[4]强：各本並作“少强”，今據推算改。

　　[5]四寸七分四釐：各本並作“四寸七”，今據推算補。

　　[6]强：各本並作“少强”，今據推算改。

　　[7]一十六：各本並作“三十六”，今據《續漢書·律曆志上》改。

　　[8]十二萬五千六百八：各本並作“十二萬五千六八”，今據推算改。

　　[9]少弱：各本並作“少强”，今據推算改。

　　[10]少弱：“少”字各本並脱，今據推算補。

　　[11]半弱：各本並作“半强”，今據推算改。

　　[12]二十五：各本並作“二十三”，今據推算改。

　　[13]三分之二，不足二千三百八十四：各本並作“三分之二分二千四百八十四”，今據推算改。

　　論曰：律吕相生，皆三分而損益之。先儒推十二律，從子至亥，每三之，凡十七萬七千一百四十七，而三約之，是爲上生。故《漢志》云：三分損一，下生林鍾，三分益一，上生太蔟。無射既上生中吕，則中吕又當上生黄鍾，然後五聲、六律、十二管還相爲宫。今上生不及黄鍾實二千三百八十四，[1]九約實一千九百六十八爲一分，[2]此則不周九寸之律一分有奇，豈得還爲宫乎？凡三分益一爲上生，三分損一爲下生，此其大略，猶周天斗分四分之一耳。[3]京房不思此意，比十二律微有所增，方引而伸之，中吕上生執始，執始下生去滅，至于南事，爲六十律，竟復不合，彌益其疏。班氏所志，未能通律吕本源，徒訓角爲觸，徵爲祉，陽氣施種於黄鍾，如斯之屬，空煩其文，而爲辭費。又推九六，欲符劉歆三統之數，[4] 假託非類，以飾其説，皆孟堅之妄矣。[5]

[1]今上生不及黃鍾實二千三百八十四：按三分損益法，仲呂還生黃鍾，但所生黃鍾之數 174762 與始生的黃鍾 177147 相差 2385。何承天即是將 2385 這個差數十二等分後分加到每一律，而得出他的新率。

[2]九約實一千九百六十八爲一分：這個數據來自《續漢書·律曆志》京房律術。律術爲“以九三之數萬九千六百八十三爲法。律爲寸，準爲尺”。“以九三之”是三的九次方，$3^9 = 19683$。法即法度，即度、量、衡。以此法之數除實數即是律度，是管或弦的長度。何承天將 19683 縮小十倍而成 1968，所得數爲律準的長度。

[3]猶周天斗分四分之一耳：何承天爲新率作出的解釋，以周天與斗分的關係作比較。

[4]劉歆三統之數：漢有劉歆三統律。三統之説見於《漢書·律曆志上》：“三統者，天施、地化、人事之紀也……黃鍾爲天統，律長九寸……林鍾爲地統，律長六寸……太蔟爲人統，律長八寸。”劉歆的律學學説是以此三律爲生律基礎的三分損益律，與傳統的三分損益無大區別，故在中國律學史上影響甚微。

[5]皆孟堅之妄矣：以上爲何承天批評《漢書·律曆志》所載十二律上下生的順序錯誤是不了解十二律的本源。　孟堅：班固之字。

　　蔡邕從朔方上書，云《前漢志》但載十二律，[1]不及六十。六律尺寸相生，司馬彪皆已志之。漢末，亡失雅樂，黃初中，鑄工柴玉巧有意思，形器之中，多所造作。協律都尉杜夔令玉鑄鍾，[2]其聲清濁，多不如法。數毀改作，玉甚厭之，謂夔清濁任意。更相訴白於魏王。魏王取玉所鑄鍾，雜錯更試，然後知夔爲精，於是罪玉及諸子，皆爲養馬士。[3]

[1]十二律：各本皆脱"二"字，據《漢書·律曆志上》補。

[2]杜夔：人名。字公良，河南（今河南洛陽市）人。漢靈帝時爲雅樂郎，後入魏爲軍謀祭酒。黃初中爲太樂令、協律都尉。《三國志》卷二九有傳。

[3]養馬士：各本皆作"養馬主"，今據《三國志·魏書·杜夔傳》改。

晋泰始十年，中書監荀勗、中書令張華，[1]出御府銅竹律二十五具，部太樂郎劉秀等校試，其三具與杜夔及左延年律法同，[2]其二十二具，視其銘題尺寸，是笛律也。問協律中郎將列和，[3]辭："昔魏明帝時，令和承受笛聲，以作此律，[4]欲使學者別居一坊，歌詠講習，依此律調。至於都合樂時，但識其尺寸之名，則絲竹歌詠，皆得均合。歌聲濁者，用長笛長律；歌聲清者，用短笛短律。凡絃歌調張清濁之制，不依笛尺寸名之，則不可知也。"

[1]荀勗：人名。字公曾，晋穎川穎陰（今河南許昌市）人。於律學卓有貢獻，首次計算出管口校正數據。荀勗笛律，是以三分損益律爲基礎，加入管口校正數據而成的計算方法，初步解决了管樂器的音準。管口校正是一個複雜的計算和實驗的問題。荀勗的律學計算也見於《晋書·律曆志》。《晋書》卷三九有傳。　張華：人名。字茂先，范陽（今河北固安縣）人。《晋書》卷三六有傳。

[2]左延年：人名。魏晋間人。事見《三國志》卷二九《魏

書·杜夔傳》、《晉書·樂志》。

[3]列和：人名。魏晉間人。列和與荀勗關於製笛的對話爲律學研究留下了寶貴的史料。

[4]令和承受笛聲，以作此律：據《晉書·律曆志上》，“笛聲”前應加“一”，方可通。因魏笛律是以一支笛爲標準而作笛。

勗等奏：“昔先王之作樂也，以振風蕩俗，饗神佑賢，[1]必協律呂之和，以節八音之中。[2]是故郊祀朝宴，用之有制，歌奏分叙，清濁有宜。故曰‘五聲十二律，還相爲宮’。此經傳記籍可得而知者也。如和對辭，笛之長短，無所象則，率意而作，不由曲度。考以正律，皆不相應，吹其聲均，多不諧合。又辭：‘先師傳笛，別其清濁，直以長短，工人裁制，舊不依律。’是爲作笛無法。而和寫笛造律，[3]又令琴瑟歌詠，從之爲正，非所以稽古先哲，垂憲于後者也。謹條牒諸律，問和意狀如左。及依典制，用十二律造笛像十二枚，聲均調和，器用便利。講肄彈擊，必合律呂，況乎宴饗萬國，奏之廟堂者哉！雖伶、夔曠遠，至音難精，猶宜儀刑古昔，[4]以求厥衷，合于經禮，於制爲詳。若可施用，請更部笛工，選竹造作，下太樂、樂府施行。[5]平議諸杜夔、左延年律可皆留。其御府笛正聲下徵各一具，皆銘題作者姓名。其餘無所施用，還付御府毀。”奏可。

[1]佑賢：各本並作“佐賢”，據《晉書·律曆志上》改。

[2]八音之中：“中”各本並作“用”，據《晉書·律曆志上》改。

[3]而和寫笛造律：“和”各本並作“知”，據《晉書·律曆志

上》改。和，即列和。

　　[4]儀刑古昔：各本並脱"儀"字，據《晉書·律曆志上》補。

　　[5]下太樂、樂府施行：各本並脱"下"字，據《晉書·律曆志上》補。

　　勗又問和："作笛爲可依十二律作十二笛，令一孔依一律，然後乃以爲樂不？"和辭："太樂東廂長笛正聲已長四尺二寸，今當復取其下徵之聲；於法，聲濁者笛當長，計其尺寸，乃五尺有餘，和昔日作之，不可吹也。又笛諸孔，雖不校試，意謂不能得一孔輒應一律也。"案太樂，四尺二寸笛正聲均應蕤賓，以十二律還相爲宮，推法下徵之孔，當應律大吕。大吕笛長二尺六寸有奇，不得長五尺餘。令太樂郎劉秀、鄧昊等依律作大吕笛以示和。又吹七律，一孔一校，聲皆相應。然後令郝生鼓箏，宋同吹笛，以爲《雜引》《相和》諸曲。[1]和乃辭曰："自和父祖漢世以來，笛家相傳，不知此法，而今調均與律相應，實非所及也。"郝生、魯基、种整、朱夏，皆與和同。

　　[1]《雜引》《相和》諸曲：《雜引》爲晉至南北朝時出現的一種音樂形式，常以調命名，後又成爲相和歌的組成部分。《樂府詩集》卷二六："《古今樂録》曰：'張永《技録》相和有四引：一曰《箜篌》、二曰《商引》、三曰《徵引》、四曰《羽引》……並晉、宋、齊奏之。古有六引，其《宮引》《角引》二曲闕，宋爲《箜篌引》有辭，三引有歌聲，而辭不傳……凡相和，其器有笙、笛、節歌、琴、瑟、琵琶、箏七種。'"相和歌起源於漢代，據本書《樂

志三》："相和，漢舊歌也。絲竹更相和，執節者歌。"知其爲一種絲（弦樂器）竹（管樂器）樂隊伴奏、歌者擊節（拍板）的演唱形式，相和即因此得名。

又問和："笛有六孔，及其體中之空爲七。和爲能盡名其宮商角徵不？孔調與不調，以何檢知？"和辭："先師相傳，吹笛但以作曲相語，爲某曲當舉某指，[1]初不知七孔盡應何聲也。若當作笛，其仰尚方笛工，依案舊像訖，但吹取鳴者，初不復校其諸孔調與不調也。"案《周禮》調樂金石，有一定之聲，是故造鍾磬者，先依律調之，然後施於廂懸。作樂之時，諸音皆受鍾磬之均，即爲悉應律也。至於饗宴殿堂之上，無廂懸鍾磬，以笛有一定調，故諸絃歌皆從笛爲正。是爲笛猶鍾磬，宜必合於律呂。如和所對，直以意造，率短一寸，七孔聲均，不知其皆應何律。調與不調，無以檢正。唯取竹之鳴者，爲無法制。輒令部郎劉秀、鄧昊、王艷、魏邵等與笛工參共作笛，[2]工人造其形，律者定其聲，然後器象有制，音均和協。

[1]舉：各本並作"與"，據《晉書·律曆志上》改。

[2]輒令部郎劉秀、鄧昊、王艷、魏邵等與笛工參共作笛：據《全晉文》，"部"上當有"令"字，"王艷"二字各本皆空白，據《晉書·律曆志上》補。

又問和："若不知律呂之義，作樂音均高下清濁之調，當以何名之？"和辭："每合樂時，隨歌者聲之清濁，用笛有長短。假令聲濁者用三尺二笛，因名曰此三尺二調也。聲清者用二尺九笛，因名曰此二尺九調也。漢、魏相傳，施行皆然。”案《周禮》奏六樂，乃奏黃鍾，歌大呂；乃奏太蔟，歌應鍾。皆以律呂之義，紀歌奏清濁。而和所稱以二尺三尺爲名，雖漢、魏用之，俗而不典。部郎劉秀、鄧昊等以律作笛，三尺二寸者，應無射之律，若宜用長笛，執樂者曰“請奏無射”。《周語》曰：“無射所以宣布哲人之令德，示民軌儀也。”二尺八寸四分四釐應黃鍾之律，若宜用短笛，執樂者曰“請奏黃鍾”。《周語》曰：“黃鍾所以宣養六氣九德也。”是則歌奏之義，當合經禮，考之古典，於制爲雅。

《書》曰：“予欲聞六律五聲八音，在治忽。”[1]《周禮》載六律六同。[2]《禮記》又曰：“五聲十二律，還相爲宮。”劉歆、班固纂《律曆志》，亦紀十二律。唯京房始創六十律，至章帝時，其法已亡；蔡邕雖追紀其言，[3]亦曰“今無能爲者”。依案古典及今音家所用六十律者，無施於樂。謹依典記，以五聲十二律還相爲宮之法，制十二笛象，記注圖側，如別。省圖，不如視笛之了，故復重作蕤賓伏孔笛。[4]其制云：

[1]在治忽：北監本、毛本、殿本、局本“在治忽”下多一“始”字，今據《尚書·益稷》刪。

[2]六律六同：十二律的另一稱謂。十二律名早見於《國語·周語》，後人又將十二律名分爲陽律、陰律，六陽律稱律，六陰律稱呂或同。因古代作律管以定音律，陽律用竹管，陰律用銅管。“同”與“銅”字互通，故有六律六同之稱。《周禮·春官·典

同》："典同掌六律六同之和，以辨天地四方陰陽之聲，以爲樂器。"注："陽聲屬天，陰聲屬地，天地之聲，布於四方。爲，作也。故書'同'作'銅'。鄭司農云：'陽律以竹爲管，陰律以銅爲管。竹陽也，銅陰也，各順其性。'"

[3]追紀其言："紀"下百衲本空一格，今據《晋書·律曆志上》補。

[4]伏孔：隱伏而未開音孔之意。製笛開孔是按照三分損益法依次上生、下生計算出音孔的長度位置，但笛的音孔因音階的需要祇開六孔，未開孔的位置稱伏孔。本書所說之笛，皆是今日竪吹之簫。

　　黄鍾之笛，正聲應黄鍾，下徵應林鍾，長二尺八寸四分四釐有奇。[1]《周語》曰："黄鍾所以宣養六氣九德也。"正聲調法，以黄鍾爲宫，則姑洗爲角。翕笛之聲應姑洗，故以四角之長爲黄鍾之笛也。其宫聲正而不倍，故曰正聲。正聲調法，[2]黄鍾爲宫，第一孔。應鍾爲變宫，第二孔。南吕爲羽，第三孔。林鍾爲徵，第四孔。蕤賓爲變徵，第五附孔。姑洗爲角，笛體中聲。太蔟爲商。笛後出孔也。商聲濁於角，當在角下，而角聲以在體中，故上其商孔，令在宫上，清於宫也。[3]然則宫商正也，餘聲皆倍也。是故從宫以下，孔轉下轉濁也。此章説笛孔上下次第之名也。[4]下章説律吕相生，笛之制也。[5]正聲調法，黄鍾爲宫，作黄鍾之笛，將求宫孔，以姑洗及黄鍾律從笛首下度之，盡二律之長而爲孔，則得宫聲也。[6]宫生徵，黄鍾生林鍾也。[7]以林鍾之律從宫孔下度之，盡律作孔，則得徵聲也。徵生商，林鍾生太蔟也。[8]以太蔟律從徵孔上度之，盡律以爲孔，則得商聲也。商生羽，太蔟生南吕也。以南吕律從商孔下度之，[9]盡律爲孔，則得羽聲也。羽生角，南吕生姑洗也。[10]以姑洗律從羽孔上行度之，盡律而爲孔，則得角聲也。然則出於商孔之上，吹笛者左手所不及也。從羽孔下行度之，盡律而爲孔，亦得角聲，出於變徵附孔之下，[11]則吹者右手所不逮也，故不作角孔。推而下之，復倍其均，是以角聲在笛體中，[12]古之制也。音家舊法，雖一倍再倍，[13]但令均同。適足爲唱和之聲，無害於曲均故也。《周語》曰，匏竹利制，議宜，謂便於事用從宜者也。**角生變宮，姑洗生應鍾也。**[14]上句所謂當爲角孔而出商上者，[15]墨點識之，以應律。從此點下行度之，盡律爲孔，[16]則得變宮之聲也。**變宮生變徵，應鍾生蕤賓也。**以蕤賓律從變宮下度之，盡律爲孔，則得變徵之聲。十二笛之制，各以其宮爲主。[17]相生之法，或倍或半，其便事用，[18]例皆一者也。**下徵調法，林鍾爲宮，第四孔也。**本正聲黃鍾之徵。徵清當在宮上，用笛之宜，倍令濁下，故曰下徵。下徵更爲宮者，記所謂"五聲十二律還相爲宮"也。[19]然則正聲調清，下徵調濁也。**南呂爲商，第三孔也。**[20]本正聲黃鍾之羽，今爲下徵之商。**應鍾爲角，第二孔也。**本正聲黃鍾之變宮，今爲下徵之角也。**黃鍾爲變徵，下徵之調，林鍾爲宮，大呂當變徵。而黃鍾笛本無大呂之聲，故假用黃鍾以爲變徵也。假用之法：當變徵之聲，則俱發黃鍾及太蔟、應鍾三孔。黃鍾濁而太蔟清，[21]大呂律在二律之間，俱發三孔而微磑礴之，[22]則得大呂變徵之聲矣。諸笛下徵調求變徵之法，皆如此。**太蔟爲徵，笛後出孔，本正聲之商，今爲下徵之徵。**姑洗爲羽，笛體中翕聲也。本正聲之角，今爲下徵之羽也。**蕤賓爲變宮，附孔是也。**本正聲之變徵也，今爲下徵之變宮。然則正聲之調，孔轉下轉濁；下徵之調，孔轉上轉清也。**清角之調：以姑洗爲宮，**即是笛體中翕聲也，於正聲爲角，於下徵爲羽。清角之調，乃以爲宮，而哨吹令清，故曰清角。[23]唯得爲宛詩謠俗之曲，不合雅樂也。**蕤賓爲商，正也。林鍾爲角，非正也。南呂爲變徵，非正也。應鍾爲徵，正也。黃鍾爲羽，非正也。太蔟爲變**

宮。非正也。清角之調，唯宮商及徵，與律相應，餘四聲非正者皆濁，一律哨吹令清，假而用之，其例一也。

[1]“黃鍾之笛”至“長二尺八寸四分四釐有奇”：據下文注“翕笛之聲應姑洗，故以四角之長爲黃鍾之笛也”。按照傳統計算方法是設定黃鍾長度爲9，依三分損益法求出姑洗：

$9 \times 2/3 = 6$　林鍾

$6 \times 4/3 = 8$　太蔟

$8 \times 2/3 = 5.333\cdots$　南呂

$5.333\cdots \times 4/3 = 7.1111$　姑洗

$7.1111 \times 4 = 28.4444$（二十八寸四分四釐）

[2]正聲：各本並作“主聲”，今據《晋書·律曆志上》改。

[3]“商聲濁於角”至“清於宮也”：商聲低角音二律，即低二度。角聲已爲全管之音，故商聲孔開在宮上，其聲高八度。濁，低。清，高。

[4]次第：各本並作“大律”，今據《晋書·律曆志上》改。

[5]下章説律呂相生，笛之制也：以三分損益法求得之律長製笛，因“竹聲不可度調”之故，而無法開音準之孔。下章即闡明加入管口校正數據後製出較爲音準的笛。

[6]正聲調法，黃鍾爲宮：依下注，黃鍾宮的長度計算法爲9（黃鍾）＋7.111（姑洗）＝16.111（寸）。　盡二律之長而爲孔：即是黃鍾與姑洗長度之和。　下度：從吹口向下量度，反之爲上度。

[7]宮生徵，黃鍾生林鍾也：16.111（黃鍾宮）＋6（林鍾）＝22.111（寸）。

[8]徵生商，林鍾生太蔟也：22.111（林鍾徵）－8＝14.111（寸）。因太蔟商在林鍾之上，故“盡律以爲孔”爲二律之差。

[9]以南呂律從商孔下度之：“南呂律”下各本並有“度”字，“商孔”各本作“角孔”，今據《晋書·律曆志上》改。

[10] 羽生角，南吕生姑洗也：商生羽音，14.111（太蔟商）+5.333（南吕羽）=19.444（寸）。19.444（南吕羽）-7.111（姑洗角）=12.333（寸）。因角音孔在商音孔之上，故"吹笛者左手所不及也"。若求下方之角音孔，則19.444（南吕羽）+7.111（姑洗角）=26.555（寸，角音孔）。因下方角音孔在變徵音孔之下，故"吹者右手所不逮也"。

[11] 變徵附孔：各本作"附商孔"，今據錢寶琮《校勘記》改。

[12] 復倍其均，是以角聲在笛體中：指角音的兩次倍數之長的音區爲笛體長度，即7.111（姑洗角）×2×2=28.444。這個結果即前述之"以四角之長爲黄鍾之笛"，角音已在黄鍾笛的長度之中。均，有兩解：一爲調律，一爲音區。

[13] 一倍：各本作"一部"，今據《晋書·律曆志上》改。

[14] 角生變宫，姑洗生應鍾也：姑洗角孔爲12.333（寸），在商孔之上。雖不能開孔，但要作一伏孔，以墨點標識。有這個孔位過渡，方能求得應鍾變宫孔位。應鍾，7.111（姑洗角）×2/3=4.740（應鍾變宫）。應鍾變宫的音孔位置爲12.333（姑洗角）+4.740（應鍾變宫）=17.073（寸）。

[15] 商上：各本作"商下"，今據錢寶琮《校勘記》改。

[16] 盡律爲孔：各本並脱"盡律"二字，今據張文虎《舒藝室隨筆》補。

[17] 各：各本並作"名"，今據《晋書·律曆志上》改。

[18] 便：各本並作"使"，今據《晋書·律曆志上》改。

[19] 也：各本作"者"，今據《晋書·律曆志上》改。

[20] 第三孔也：各本脱"也"字，今據《晋書·律曆志上》補。

[21] 黄鍾濁而太蔟清："濁"字上各本有"應"字，今據錢寶琮《校勘記》删。

[22] 俱發三孔而微磋磋之："微"字各本並作"徵"，今據《晋書·律曆志上》舊注改正。

[23] 清角：前述黃鍾宮笛爲正聲，定全笛之長爲姑洗角，也是角調的宮音。但它的上方八度宮音在正聲太蔟商之上，此處已不宜開音孔，祇可 "哨吹令清"。哨吹，今作 "超吹"，吹者控制氣息，使管內氣柱分段震動而提高八度。因其聲淒清冷漠，有似口哨聲，故有此名。這裏的 "清" 字應作高十二律（八度）解。

　　凡笛體用角律，其長者八之，蕤賓、林鍾也。短者四之，[1] 其餘十笛，皆四角也。空中實容，長者十六，短笛竹宜受八律之黍也。[2] 若長短大小不合於此，或器用不便聲均法度之齊等也。然笛竹率上大下小，不能均齊，必不得已，取其聲均合。三宮一曰正聲，二曰下徵，三曰清角。二十一變也。宮有七聲，錯綜用之，故二十一變也。諸笛例皆一也。伏孔四，所以便事用也。一曰正角，出於商上者也。二曰倍角，近笛下者也。三曰變宮，近於宮孔，倍令下者也。四曰變徵，遠於徵孔，倍令高者也。[3] 或倍或半，或四分一，取則於琴徽也。[4] 四者皆不作其孔而取其度，以應進退上下之法，所以協聲均，便事用也。其本孔隱而不見，故曰伏孔。

　　大呂之笛：正聲應大呂，下徵應夷則，長二尺六寸六分三釐有奇。《周語》曰："元間大呂，助宣物也。"

　　[1] "凡笛體用角律" 至 "短者四之"：笛的全長爲該律笛角音長度的倍數，八倍或四倍。如前述黃鍾笛，便是以角音姑洗律的四倍之長爲笛的全長。蕤賓、林鍾笛爲計算方便用了該笛角律的八倍長度。

　　[2] 空中實容，長者十六，短笛竹宜受八律之黍也：此句多解：一是因不能解，故稱疑有脫誤；一是認爲該句爲管徑計算方法，據此可推知笛的管徑。楊蔭瀏《中國音樂史綱》（上海萬葉書店 1952年版）："因笛體 '短者四之' 實容 '受八律之黍'，據此，知笛之

面積爲律之二倍，從面積計算直徑。”按傳統作法，設管徑爲三分，推算出荀勖黃鍾笛的管徑爲 9. 7956 釐，並據此製笛驗證，認爲接近準確。又吳南薰《律學會通》（科學出版社 1964 年版）認爲笛的管口校正與管徑有關，並提出異徑説，即不同律的笛，管徑有差別。綜合律志中已有數據，吳推算出十二律各笛不同的管徑。他們的推算結果大致相同，應該認爲荀勖在計算管口校正的同時，也注意了管徑對音準的影響。黍，累黍，古代計量方法，以黍粒爲標準。

[3]四曰變徵，遠於徵孔，倍令高者也：錢寶琮《校勘記》云：“當云四曰變徵，近於徵孔，半令高者也。”

[4]或倍或半，或四分一，取則於琴徽也：琴（今稱古琴或七弦琴）上有十三徽，徽是琴外側的十三個圓點，用以標識泛音的位置。（見卷末圖三）由圖可以看出，泛音均在空弦的倍音處，故曰“或倍或半，或四分一”。泛音列説明琴已使用了純律，因爲在三、六、八、十一、十二徽處可以發出純律的大小三度音。純律與三分損益律的主要區別在於三度的協合。純律大三度的主音與其大三度的弦長比爲 5∶4，三分損益律則爲 81∶64。純律小三度爲 6∶5，三分損益爲 32∶27。取於琴徽的律稱琴律。琴律的記載早見於嵇康《琴賦》，中有“弦長故徽鳴”，説明當時已有徽的應用。又今見唐人寫本的《碣石調幽蘭》譜係抄自南朝齊梁至隋的琴人丘明。《幽蘭》譜中也有十三徽的使用。荀勖除計算三管口校正數，也用琴律調整他的笛律。荀勖的笛律是按傳統的三分損益法，以律準的計算數據爲基礎，而後加入管口校正。以荀勖所得笛律的數據分析之，其中每個音孔間都包含了一個固定的管口校正數據。用今天的計算方法，可以提煉出荀勖笛律的管口校正數，即某律管的長度與另一較高四律的管長度之差，也就是一個黃鍾長度與一個姑洗（大三度）之差。如前述黃鍾笛，設定黃鍾律長爲 9，姑洗律長則是 7. 111，9 − 7. 111 ≈ 1. 89，這個數即是管口校正數。若以荀勖笛長度驗之，他的黃鍾笛宮音孔是從吹口向下度之爲 16. 11（寸），是

"作黃鍾之笛,將求宮孔,以姑洗及黃鍾律從笛首下度之,盡二律之長而爲孔,則得宮聲也"。即是 9（黃鍾）＋7. 111（姑洗）＝16. 111,其中已包含了管口校正數。若以律準的數據,則是 9＋9＝18。18－16. 111＝1. 89,完全符合管口校正的數據。再以大吕笛驗之,8. 42798（大吕）－6. 65914（仲吕）≈1. 8（寸）,仲吕是大吕的高四律。餘類推。再以今法計算黃鍾笛的徵音孔,9×2＝18（黃鍾倍律）,18×2/3×2＝24（三分損益下生徵之倍律）,24－1. 89＝22. 11。是已將管口校正數據計算在內的徵音孔。餘類推。荀勗笛是一種經反復實驗,又參照了"或倍或半,或四分一,取則於琴徽也"的琴律而計算出的製笛方法,同時也注意了管徑對音準的影響。經今人依法實驗,荀勗的笛已接近音準。

太蔟之笛: 正聲應太蔟,下徵應南吕,長二尺五寸二分八釐有奇。[1]《周語》曰:"太蔟所以金奏,贊陽出滯也。"

[1]長二尺五寸二分八釐有奇:各本並作"長二尺五寸三分一釐有奇",今據張文虎《舒藝室隨筆》改。

夾鍾之笛: 正聲應夾鍾,下徵應無射,長二尺四寸。《周語》曰:"二間夾鍾,出四隙之細也。"

姑洗之笛: 正聲應姑洗,下徵應應鍾,長二尺二〔寸四分七釐有奇。《周語》曰:"姑洗所以修潔百物,考神納賓也。"

中吕之笛: 正聲應中吕,下徵應黃鍾,長二尺一〕寸三分三釐有奇。[1]《周語》曰:"三間中吕,宣中氣也。"[2]

[1]"長二尺二寸四分七釐有奇"至"長二尺一寸三分三釐有

奇”：各本均脱“寸四分”至“二尺一”，中華本據張文虎《舒藝室隨筆》補。

　　[2]宣：各本作“宫”，今據《晋書·律曆志上》改。

　　蕤賓之笛：正聲應蕤賓，下徵應大吕，長三尺九寸九分五釐有奇。《周語》曰：“蕤賓所以安静神人，獻酬交酢。”變宫近宫孔，故倍半令下，[1]便於用也。林鍾亦如之。

　　[1]變宫近宫孔，故倍半令下：各本並脱“近宫孔”之“宫”字。倍，各本作“陪”。今據《晋書·律曆志上》改。

　　林鍾之笛：正聲應林鍾，下徵應太蔟，長三尺七寸九分二釐有奇。[1]《周語》曰：“四間林鍾，和展百事，俾莫不任肅純恪。”

　　[1]二釐：各本並作“七釐”，今據錢寶琮《校勘記》改。

　　夷則之笛：正聲應夷則，下徵應夾鍾，長三尺六寸。《周語》曰：“夷則所以詠歌九則，[1]平民無貳也。”變宫之法，亦如蕤賓，體用四角，故四分益一也。

　　[1]九則：各本並作“九州”，今據《國語·周語》改。

　　南吕之笛：正聲應南吕，下徵應姑洗，長三尺三寸七分一釐有奇。[1]《周語》曰：“五間南吕，贊陽秀也。”

　　[1]一釐有奇：各本並脱，今據錢寶琮《校勘記》補。

　　無射之笛：正聲應無射，下徵應中呂，長三尺二寸。《周語》曰：“無射所以宣布哲人之令德，示民軌儀也。”

　　應鍾之笛：正聲應應鍾，下徵應蕤賓，長二尺九寸九分六釐有奇。[1]《周語》曰：“六間應鍾，均利器用，俾應復也。”

　　[1]二尺：各本作“三尺”，殿本作“玦”，今據張文虎、錢寶琮説改。

　　勗又以魏杜夔所制律呂，檢校太樂、總章、鼓吹八音，與律乖錯。始知後漢至魏，尺度漸長於古四分有餘。夔依爲律呂，故致失韵。乃部佐著作郎劉恭依《周禮》更積黍起度，以鑄新律。[1]既成，募求古器，得周時玉律，比之不差毫釐。又漢世故鍾，以律命之，不叩而自應。初勗行道，逢趙郡商人縣鐸於牛，其聲甚韻。至是搜得此鐸，以調律呂焉。

　　[1]“勗又以魏杜夔所制律呂”至“以鑄新律”：杜夔以魏尺製作律準，不合周尺，故八音失調。荀勗、劉恭發現古今尺的長度不等之後，便據史書記載恢復古尺，並用以鑄律，所得結果良好。乃，各本並作“及”，今據《晉書·律曆志上》改。

　　晋武帝以勗律與周、漢器合，乃施用之。散騎侍郎阮咸譏其聲高，[1]非興國之音。咸亡後，掘地得古銅尺，果長勗尺四分，時人咸服其妙。

　　[1]阮咸：人名。字仲容，晋陳留尉氏（今河南尉氏縣）人。其祖父阮瑀爲建安七子之一，與叔父阮籍同爲竹林七賢。歷仕散騎

侍郎、始平太守。

元康中，裴頠以爲醫方民命之急，[1]而稱兩不與古同，爲害特重，宜因此改治權衡。不見省。

[1]裴頠：人名。字逸民，晋河東聞喜（今山西聞喜縣）人。《晋書》卷三五有傳。

黃鍾箱笛，[1]晋時三尺八寸，元嘉九年，太樂令鍾宗之減爲三尺七寸。[2]十四年，治書令史奚縱又減五分，[3]爲三尺六寸五分。列和云：“東箱長笛四尺二寸也。”太蔟箱笛，晋時三尺七寸，宗之減爲三尺三寸七分，縱又減一寸一分，爲三尺二寸六分。姑洗箱笛，晋時三尺五寸，宗之減爲二尺九寸七分，縱又減五分，爲二尺九寸二分。蕤賓箱笛，晋時二尺九寸，宗之減爲二尺六寸，縱又減二分，爲二尺五寸八分。

[1]箱笛：應是與普通之笛長度不同的笛。下文列和稱“東箱長笛”，此類箱笛比普通竹笛長。吉聯抗《魏晋南北朝音樂史料》（上海文藝出版社1982年版）注“太樂東厢長笛”說：“厢常和懸連用。懸是樂懸，指金石鍾磬等編懸樂器。厢當是樂厢，是絲竹樂器演奏的集中處。懸有宮懸、軒懸等等級區別，厢一般有東厢、西厢等。”
[2]鍾宗之：人名。其事不詳。
[3]奚縱：人名。其事不詳。

圖一　隔八相生法

圖二　宋陳暘繪京房準

徽位序數	空弦	13	12	11	10	9	8	7	6	5	4	3	2	1
弦振動部分的長度	1（全弦）	$\frac{7}{8}$	$\frac{5}{6}$	$\frac{4}{5}$	$\frac{3}{4}$	$\frac{2}{3}$	$\frac{3}{5}$	$\frac{1}{2}$	$\frac{2}{5}$	$\frac{1}{3}$	$\frac{1}{4}$	$\frac{1}{5}$	$\frac{1}{6}$	$\frac{1}{8}$
可發律之音	純音	自然的轉位七度	小三度	大三度	純四度	純五度	八度	大六度	八度加大三度	八度加五度	兩個八度	兩個八度加大三度	兩個八度加純五度	三個八度

圖三

宋書　卷一二

志第二

律曆中

　　夫天地之所貴者生也，萬物之所尊者人也，役智窮
神，無幽不察，是以動作云爲，皆應天地之象。古先聖
哲，擬辰極，制渾儀。夫陰陽二氣，陶育群品，精象所
寄，是爲日月。群生之性，章爲五才，五才之靈，五星
是也。曆所以擬天行而序七耀，紀萬國而授人時。[1]黃
帝使大撓造六甲，容成制曆象，羲和占日，常儀占月。
少昊氏有鳳鳥之瑞，以鳥名官，而鳳鳥氏司曆。顓頊之
代，南正重司天，北正黎司地。堯復育重黎之後，使治
舊職，分命羲、和，欽若昊天。故《虞書》曰："朞三
百有六旬六日，以閏月定四時成歲。"其後授舜，曰：
"天之曆數在爾躬。"舜亦以命禹。爰及殷、周二代，皆
創業革制，而服色從之。順其時氣，以應天道，萬物群
生，蒙其利澤。三王既謝，史職廢官，故孔子正《春
秋》以明司曆之過。"秦兼天下，自以爲水德，以十月

爲正，服色上黑。[2]

[1]"古先聖哲"至"紀萬國而授人時"：以上講先哲以辰極爲中心，創制渾儀，確定陰陽二氣的巡行變化，以五才確立五行。測定七曜的行度用以制曆以授人時。

[2]"黃帝"至"服色上黑"：言黃帝、顓頊、帝堯、殷、周的曆法制造和革新，下及秦代曆法。

漢興，襲秦正朔，北平侯張蒼首言律曆之事，以《顓頊曆》比於六曆，所失差近。施用至武帝元封七年，太中大夫公孫卿、壺遂、太史令司馬遷等，言曆紀廢壞，宜改正朔，易服色，所以明受之於天也。乃詔遂等造漢曆。選鄧平、長樂司馬可及人間治曆者二十餘人。方士唐都分天部，落下閎運算轉曆。其法積八十一寸，則一日之分也。閎與鄧平所治同。於是皆觀星度，日月行，更以算推，如閎、平法，一月之日二十九日八十一分日之四十三。詔遷用鄧平所造八十一分律曆，以平爲太史丞。至元鳳三年，太史令張壽王上書，以爲元年用黃帝《調曆》，"今陰陽不調，更曆之過"。詔下主曆使者鮮于妄人與治曆大司農中丞麻光等二十餘人雜候晦、朔、弦、望二十四氣。又詔丞相、御史、大將軍、右將軍史各一人雜候上林清臺，課諸疏密，凡十一家。起三年盡五年。壽王課疏遠。又漢元年不用黃帝《調曆》，劾壽王逆天地，[1]大不敬。詔勿劾。復候，盡六年，《太初曆》第一。壽王曆乃太史官《殷曆》也。壽王再劾不服，竟下吏。至孝成時，劉向總六曆，列是非，作

《五紀論》。向子歆作《三統曆》以説《春秋》，[2]屬辭比事，雖盡精巧，非其實也。班固謂之密要，故漢《曆志》述之。[3]校之何承天等六家之曆，[4]雖六元不同，分章或異，至今所差，或三日，或二日數時，考其遠近，率皆六國及秦時人所造。其術斗分多，上不可檢於《春秋》，下不驗於漢、魏，雖復假稱帝王，祇足以惑時人耳。

[1]劾壽王逆天地："劾"各本並作"效"，據《漢書·律曆志上》改。天地，《漢書·律曆志上》作"天道"。

[2]向子歆作《三統曆》以説《春秋》：以上綜述上古人們認識曆法精密的發展過程。

[3]故漢《曆志》述之：自本書《律曆志》開始，曆家已對《三統曆》持批判態度。"屬辭比事，雖盡精巧，非其實也"，是切中要害的評判。班固竭力爲其鼓吹，正是不明曆法的學者受到迷惑所致。

[4]何承天等六家之曆：中間似有脱文。按"下不驗於漢、魏"來理解，當屬古六曆，非劉洪、楊偉、何承天等曆法。

光武建武八年，太僕朱浮上言曆紀不正，宜當改治。時所差尚微，未遑考正。明帝永平中，待詔楊岑、張盛、景防等典治曆，但改易加時弦望，未能綜校曆元也。至元和二年，《太初》失天益遠，宿度相覺浸多，候者皆知日宿差五度，冬至之日在斗二十一度，晦、朔、弦、望先天一日。[1]章帝召治曆編訢、李梵等綜校其狀。[2]遂下詔書稱："《春秋保乾圖》曰：'三百年斗曆改憲。'史官用《太初鄧平術》，有餘分一，在三百年之域，行度轉差，浸以繆錯，璇璣不正，文象不稽。冬至之日，日在斗二十一度，[3]先立春一日，則《四分》之立春日也。而以折獄斷大刑，於氣已逆；用望平和，蓋亦遠矣。今改行《四分》，以遵堯順孔，奉天之文，同心敬授，儻獲咸熙。”於是《四分法》施行。黃帝以來諸曆以爲冬至在牽牛初者皆黜焉。

　　[1]“候者皆知”至“先天一日”：《太初曆》《四分曆》所用回歸年、朔望月均較實際大，故行用一百多年之後氣朔均已後天。據當時實測，冬至日的太陽位置，已後天五度，即《太初曆》冬至日度在牽牛初度，如今實測已在斗二十一度。因斗宿距度爲二十六，故曰日宿差五度。晦朔弦望先天一日，即所推朔日也後天一日。此處未說節氣是否後天，實際上，當時節氣也已後天一天多。
　　[2]綜校其狀：各本並作“綜核意狀”，據《續漢書·律曆志中》改。
　　[3]二十一度：各本並作“二十二度”，今據《後漢書集解》引盧文弨説改。

　　和帝永元十四年，待詔太史霍融上言：“官漏刻率九日增減一刻，不與天相應，或時差至二刻半，不如夏曆密。”其年十一月甲寅，詔曰：“漏所以節時分，定昏明。昏明長短，起於日去極遠近，日道周圜，不可以計率分。官漏九日增減一刻，違失其實，以晷景爲刻，密近有驗。今下晷景漏刻四十八箭。”[1]其二十四氣日所在，并黃道去極、晷景、漏刻、昏明中星，並列載于《續漢·律曆志》。

[1]"和帝永元十四年"至"四十八箭"：以往官漏以晝夜四十一箭爲定制，自冬至起至夏至，每隔九日換一箭，自冬至到夏至又回到冬至，計四十一箭。實踐證明，晝夜時差達二刻半，不與天相應。這是由於昏明長短，決定於日去極遠近，而九日增減一箭制與實際有誤差。考日循黃道去赤道南北共四十八度，改以每升降二度換一箭爲制，自冬至到夏至再回到冬至，計四十八箭。所定晝夜漏刻昏明長短較爲密近。

安帝延光三年，[1]中謁者亶誦上書言當用甲寅元，河南梁豐云當復用《太初》。尚書郎張衡、周興皆審曆，數難誦、豐，或不能對，或云失誤。衡等參案儀注，考往校今，以爲《九道法》最密。詔下公卿詳議。太尉愷等參議："《太初》過天一度，月以晦見西方。元和改從《四分》，《四分》雖密於《太初》，復不正。皆不可用。甲寅元與天相應，合圖讖，可施行。"議者不同。尚書令忠上奏："天之曆數，不可任疑從虛，以非易是。"亶等遂寢。

[1]延光：漢安帝劉祜年號（122—125）。　三年：《續漢書·律曆志中》作"二年"。

靈帝熹平四年，五官郎中馮光、沛相上計掾陳晃等言："曆元不正，故盜賊爲害。曆當以甲寅爲元，不用庚申，乞本庚申元經緯明文。"詔下三府，與儒林明道術者詳議。群臣會司徒府集議。議郎蔡邕曰："曆數精微，術無常是。漢興承秦，曆用《顓頊》，元用乙卯。百有二歲，孝武皇帝始改《太初》，元用丁丑。行之百八十九歲，孝章帝改從《四分》，元用庚申。今光等以庚申爲非，甲寅爲是。按曆法，黄帝、顓頊、夏、殷、周、魯，各自有元。光、晃所援，則殷曆元也。昔始用《太初》丁丑之後，六家紛錯，爭訟是非。張壽王挾甲寅元以非漢曆，雜候清臺，課在下第。《太初》效驗，無所漏失。是則雖非圖讖之元，而有效於前者也。及用《四分》以來，考之行度，密於《太初》，是又新元有效於今者也。故延光中，宣誦亦非《四分》，言當用甲寅元，公卿參議，竟不施行。且三光之行，遲速進退，不必若一。故有古今之術。今術之不能上通於古，亦猶古術不能下通於今也。又光、晃以《考靈耀》爲本，二十八宿度數至日所在，錯異不可參校。元和二年用至今九十二歲，而光、晃言陰陽不和，姦臣盜賊，皆元之咎。元和詔書，文備義著，非群臣議者所能變易。”三公從邕議，以光、晃不敬，正鬼薪法。詔書勿治罪。[1]

[1]以上各段文辭，引自《續漢書·律曆志中》。

何承天曰：[1]夫曆數之術，若心所不達，雖復通人前識，無救其爲敝也。是以多歷年歲，未能有定。《四分》於天，出三百年而盈一日。[2]積代不悟，徒云建曆之本，必先立元，假言讖緯，遂關治亂，此之爲蔽，亦已甚矣。劉歆《三統法》尤復疏闊，方於《四分》，六千餘年又益一日。[3]揚雄心惑其説，采爲《太玄》，班固謂之最密，著于《漢志》；司彪因曰“自太初元年始用《三統曆》，施行百有餘年”。曾不憶劉歆之生，不逮太初，二三君子言曆，幾乎不知而妄言歟。

［1］何承天：人名。東海郯人。本書卷六四有傳。

［2］《四分》於天，出三百年而盈一日：語出《續漢書·律曆志中》引《保乾圖》“三百年斗曆改憲”之意。原本此說可能祇是對一種政權變革的周期預言，與曆法疏密不一定有密切的關係。東漢以後，隨著人們觀測精度的提高，已發現《四分曆》斗分太大，故《乾象曆》減小歲實。魏晉時的曆法家以爲《乾象》減斗分太過，故以後《景初》《元嘉》諸曆斗分又略有增加。所用歲實小分大多介於 0.246 到 0.247 之間。《四分曆》歲餘爲 0.25。因爲三百年差一日，可得一年差 0.0033 日，以 0.25 減去 0.0033 得 0.2467 日。此正是何承天《元嘉曆》所用歲實餘分。

［3］六千餘年又益一日：《四分》歲餘 0.25，《三統》歲餘 0.25016，每年多 0.00016 日，正合約六千二百年左右益一日。

光和中，轂城門候劉洪始悟《四分》於天疏闊，更以五百八十九爲紀法，百四十五爲斗分，造《乾象法》，又制遲疾曆以步月行。方於《太初》《四分》，轉精微矣。魏文帝黃初中，太史丞韓翊以爲《乾象》減斗分太過，後當先天，造《黃初曆》，以四千八百八十三爲紀法，一千二百五爲斗分。其後尚書令陳群奏，以爲“曆數難明，前代通儒多共紛爭。《黃初》之元，以《四分曆》久遠疏闊，大魏受命，宜正曆明時。韓翊首建《黃初》，猶恐不審，故以《乾象》互相參校。歷三年，更相是非，舍本即末，爭長短而疑尺丈，竟無時而決。按三公議，皆綜盡曲理，殊塗同歸，欲使效之璿璣，各盡其法，一年之間，得失足定，合於事宜”。奏可。明帝時，尚書郎楊偉制《景初曆》，施用至于晉、宋。古之爲曆者，鄧平能修舊制新，劉洪始減《四分》，又定月行遲疾，楊偉斟酌兩端，以立多少之衷，因朔積分設差，以推合朔月蝕。此三人，漢、魏之善曆者。然而洪之遲疾，不可以檢《春秋》，偉之五星，大乖於後代，斯則洪用心尚疏，偉拘於同出上元壬辰故也。[1]

[1]“光和中”至“偉拘於同出上元壬辰故也”：對漢魏三名曆法大家之優缺點分別評述。鄧平能修舊制新，指將《四分曆》改造成《三統曆》，具有創新精神。劉洪減斗分、定月行遲疾，成就卓著，但用心尚疏。楊偉《景初曆》推五星法精密，但又拘泥於五星必會合在上元，即所謂“五星連珠”。其餘諸家，皆不足論。

魏明帝景初元年，改定曆數，以建丑之月爲正，改其年三月爲孟夏四月。其孟仲季月，雖與正歲不同，至於郊祀、迎氣，祭祠、烝嘗，巡狩、蒐田，[1]分至啓閉，班宣時令，皆以建寅爲正。[2]三年正月，帝崩，復用夏正。

[1]蒐（sōu）田：春日田獵。此處泛指田獵。
[2]以建寅爲正：魏明帝頒布《景初曆》時，曾以建丑之月即農曆十二月爲正月，但祭祀、班宣時令等又以建寅爲正。這種方法較爲麻煩，故丑正祇行用了兩年。

楊偉表曰：“臣攬載籍，斷考曆數，時以紀農，月以紀事，其所由來，遐而尚矣。乃自少昊，則玄鳥司分，顓頊帝嚳，則重、黎司天，唐帝、虞舜則羲、和掌日。三代因之，則世有日官。日官司曆，則頒之諸侯，諸侯受之，則頒于境内。夏后之代，羲、和湎淫，廢時亂日，則《書》載《胤征》。由此觀之，審農時而重人事者，歷代然也。逮至周室既衰，戰國橫騖，告朔之羊，廢而不紹，登臺之禮，滅而不遵。閏分乖次而不識，孟陬失紀而莫悟，大火猶西流，而怪蟄蟲之不藏也。是時也，天子不協時，司曆不書日，諸侯不受職，日御不分朔，人事不恤，廢棄農時。仲尼之撥亂於《春秋》，託褒貶紏正，司曆失閏，則譏而書之，登臺頒朔，則謂之有禮。自此以降，暨于秦、漢，乃復以孟冬爲歲首，閏爲後九月，中節乖錯，時月紕繆，加時後天，蝕不在朔，累載相襲，[1]久而不革也。至武帝元封七年，始乃寤其繆焉。於是改正朔，更曆數，使大才通人，造《太初曆》，校中朔所差，以正閏分，課中星得度，以考疏密，以建寅之月爲正朔，以黃鍾之月爲曆初。其曆斗分太多，後遂疏闊。[2]至元和二年，復用《四分曆》，施而行之。至于今日，考察日蝕，率常在晦，是則斗分太多，故先密後疏而不可用也。是以臣前以制典餘日，推考天路，稽之前典，驗之食朔，詳而精之，更建密曆，則不先不後，古今中天。以昔在唐帝，協日正時，允釐百工，咸熙庶績也。欲使當今國之典禮，凡百制度，皆韜合往古，郁然備足，乃改正朔，更曆數，以大吕之月爲歲首，以建子之月爲曆初。[3]臣以爲昔在帝代，則法曰《顓頊》，曩自軒轅，則曆曰《黃帝》。[4]暨至漢之孝武，革正朔，更曆數，改元曰太初，因名《太初曆》。

今改元爲景初，宜曰《景初曆》。[5]臣之所建《景初曆》，法數則約要，施用則近密，治之則省功，學之則易知。[6]雖復使研、桑心算，[7]隸首運籌，重、黎司晷，羲、和察景，以考天路，步驗日月，究極精微，盡術數之極者，皆未如臣如此之妙也。是以累代曆數，皆疏而不密，自黃帝以來，改革不已。"

[1]累載相襲：各本並脱"襲"字，據《晋書·律曆志下》補。

[2]其曆斗分太多，後遂疏闊：斗分爲曆家言回歸年值大小的通用語。古曆以日行一度計，一歲分三百六十五又四分之一日，而日行一周爲三百六十五度又四分之一度。因以冬至爲曆元的起算點，依據歸餘於終的傳統觀念，將黃道或赤道一周的分數值置於歲末，冬至日在斗宿，故一周的餘分置於斗宿，稱爲斗分。《四分曆》的斗分爲1/4，《三統曆》的斗分爲385/1539，大於四分之一，故曰"斗分太多"。《乾象曆》減至145/589，小於1/4，故韓翊曰"減斗分太過"。

[3]以大吕之月爲歲首，以建子之月爲曆初：按十二律曆的對應關係，子月爲黃鍾，丑月爲大吕。曆初即曆元。故曰《景初曆》"以大吕之月爲歲首，以建子之月爲曆初"。

[4]"臣以爲昔在帝代"至"則曆曰《黃帝》"：在顓頊時代用《顓頊曆》，在黃帝時代用《黃帝曆》。這兩部曆法均屬於古六曆。楊偉仍相信《黃帝曆》和《顓頊曆》分別是黃帝和顓頊時代的曆法，這一説法其後受到祖沖之的批駁。

[5]今改元爲景初，宜曰《景初曆》：《三國志》卷三《魏書·明帝紀》曰："景初元年春正月壬辰，山茌縣言黃龍見。於是有司奏，以爲魏得地統，宜以建丑之月爲正。三月，定曆改年爲孟夏四月。服色尚黃，犧牲用白，戎事乘黑首白馬，建大赤之旂，朝會建

大白之旗。改《太和曆》曰《景初曆》。"陳遵嬀《中國天文學史》
認爲，《太和曆》與《景初曆》"二曆似係一曆，但《太和曆》係
太史某所上，楊偉參加校議而已"，"楊偉顯然以《景初曆》係其
自作，而且誇大其優點"。從其上曆表文中言《顓頊曆》即帝顓頊
時曆等説法來看，楊偉可能確實不是《景初曆》的直接制作人。從
其原名《太和曆》來看，它可能完成於太和年間。

　　[6]"臣之所建"至"學之則易知"：《疇人傳》："論曰：乾
象術推合朔用日法，推遲疾用周法，推陰陽用月周，各異其法，而
不相通。偉術通數、會通、通周，并以滿日法而一爲日。用算省
約，此李淳風總法之所祖。壬辰元首有交會遲疾差數，此又楊忠輔
諸差、郭守敬諸應之所自出。至其推交會月蝕以去交度十五爲法，
論虧之多少以先會後交先交後會論虧起角之東西南北，皆密于前
術，足以爲後世法者也。"

　　[7]研、桑：皆人名。均以心算著稱。研，即計研。一名計然，
越王勾踐、范蠡曾師事於他。桑，即桑弘羊。漢武帝理財大臣。

　　壬辰元以來，至景初元年丁巳，歲積四千四十六，
算上。此元以天正建子黄鍾之月爲曆初，元首之歲夜半
甲子朔旦冬至。

　　元法，萬一千五十八。
　　紀法，千八百四十三。
　　紀月，二萬二千七百九十五。
　　章歲，十九。
　　章月，二百三十五。
　　章閏，七。
　　通數，十三萬四千六百三十。
　　日法，四千五百五十九。

餘數，九千六百七十。

周天，六十七萬三千一百五十。[1]

[1]元法、紀法、紀月、章歲、章月、章閏、通數、日法、餘數、周天：魏晉時曆法家均師法《乾象》，對於氣朔閏的關係，一致認爲《四分曆》所用回歸年長和朔望月長均過大，需要減小。而對於十九年七閏的閏周，人們則認爲是很確當的。劉洪在《乾象曆》中首次作了嘗試，減小了回歸年長度，即所謂減小斗分。計算時發現，減小斗分之後，應用十九年七閏的規律，反推朔望月長度，所得朔望月的精度也提高了。故魏晉時曆法家對劉洪減小斗分的作法一致認爲是重大的革新，但同時又認爲劉洪減斗分太過，需適當增加一些。《景初曆》氣朔閏的基本思想就是建立在這一基礎之上。楊偉首先設 455/1843 爲歲餘。其分母稱爲紀法，分子爲斗分。爲了與十九年七閏的閏周相配合，紀法選取爲九十七章。這樣計算起來可以方便一些。《景初曆》以六紀爲元，一元爲一萬一千零五十八。由此可推得上元壬辰至景初元年（237）丁巳積四千四十元算上，西漢元朔五年（前124）丁巳爲第二紀首。按十九年七閏法，十九年中有二百三十五月，一紀的月數 = 1843 × 12 + 7 × 97 = 22795，這便是紀月數的來歷。周天 = 365 日 × 紀法 + 斗分 = 673150 = 一紀中的日數。以一紀的日數除以一紀的月數，便爲一個朔望月的長度：$\frac{67315}{22795} = \frac{134630 \times 5}{4559 \times 5} = 29 \frac{2419}{4559}$，其中 134630 稱爲通數，4559 稱爲日法，2419 稱爲朔餘。以一紀日數（周天）除以一紀歲數，便得回歸年長度：$\frac{673150}{1843} = 360 \frac{9670}{1843} = 365 \frac{455}{1843}$，其中 9670 稱爲餘數，455 稱爲斗分。

歲中，十二。[1]

氣法，十二。^[2]

沒分，六萬七千三百一十五。

沒法，九百六十七。^[3]

月周，二萬四千六百三十八。^[4]

通法，四十七。^[5]

[1]歲中：即十二中氣。"歲中"前各本並衍"紀日"二字，據《晉書·律曆志下》刪。

[2]氣法：十二節氣。

[3]沒分，六萬七千三百一十五。沒法，九百六十七：以周天/

餘數 $= \dfrac{673150}{9670} = \dfrac{67315}{967} = 69\dfrac{592}{967}$。中間項的分子即爲沒分，分母即爲

沒法。古代曆法設有沒日的概念，是將每個月定爲三十日，一歲三

百六十日，餘下五日有餘稱爲沒日。若將沒日平均分配在 360 內，

則每隔 $69\dfrac{592}{967}$ 日設一個沒日。

[4]月周，二萬四千六百三十八：《三統曆》稱一章十九年中

有二百五十四個月周，這個月周就是經天月的周期，經天月即恒星

月。《景初曆》一紀的經天月 $= 254 \times 97 = 24638$。這便是《景初曆》

月周的來歷。

[5]通法，四十七：日法/紀法 $= \dfrac{97 \times 47}{97 \times 19} = \dfrac{47}{19}$。故四七爲通法。

會通，七十九萬一百一十。^[1]

朔望合數，六萬七千三百一十五。^[2]

入交限數，七十二萬二千七百九十五。^[3]

[1]會通，七十九萬一百一十：諸本"一十"並作"二十"，

今據《晉書·律曆志下》改正。由會通 790110/通數 134630 = 5 $\frac{11696}{13463}$，按《三統曆》，求日食率，每一百三十五個月有二十三個日食，即 $\frac{135}{23}$ = 5 $\frac{20}{23}$ 月得一食。這兩式極爲相似，即通數和日法組合。則通數係表示月法，通數和會通組合，又同時表示會率。經過 790110 個月，而得日食 134630 次。此即所謂交會之率。再由月數和一月的日數相乘，即 $\frac{790110}{134630} \times \frac{134630}{4559} = \frac{會通}{日法} = 173 \frac{1403}{4559}$，此式又表示經過 173 日餘而得一次日食。

[2]朔望合數，六萬七千三百一十五：將會通之數析爲兩部分：790110 = 67315 + 722795。其中 67315 等於通數的二分之一，稱爲"朔望之會"。由朔望之會/日法 = 14 $\frac{3489}{4559}$ = 半月的日數，故日食在朔望之會以下，朔則日食，望則月食；若在以上，望則月食，後朔則日食。又日食和望日相距，等於朔望之會，則日食既；食日等於朔望之會，則月食既。此即朔望之會命名的由來。

[3]入交限數，七十二萬二千七百九十五：會通之數的第二部分 722795 稱爲入交限數，由入交限數/日法 = 158 $\frac{2473}{4559}$ 日，食日若小於此數，則不發生食象，即這個專名的由來。

　　通周，十二萬五千六百二十一。
　　周日日餘，二千五百二十八。
　　周虛，二千三十一。[1]
　　斗分，四百五十五。

[1]"通周"至"二千三十一"：通周/日法 = $\frac{125621}{4559}$ = 27

$\dfrac{2528}{4559}$，爲近點月日數，125621 稱爲通周，分子 2528 稱爲周日日餘，

又 $1-\dfrac{2528}{4559}=\dfrac{2031}{4559}$，其分子 2031 稱爲周虛。

甲子紀第一：

　　紀首合朔，月在日道裏。

　　交會差率，四十一萬二千九百一十九。

　　遲疾差率，十萬三千九百四十七。

甲戌紀第二：

　　紀首合朔，月在日道裏。

　　交會差率，五十一萬六千五百二十九。

　　遲疾差率，七萬三千七百六十七。

甲申紀第三：

　　紀首合朔，月在日道裏。

　　交會差率，六十二萬一百三十九。

　　遲疾差率，四萬三千五百八十七。

甲午紀第四：

　　紀首合朔，月在日道裏。

　　交會差率，七十二萬三千七百四十九。

　　遲疾差率，一萬三千四百七。

甲辰紀第五：

　　紀首合朔，月在日道裏。

　　交會差率，三萬七千二百四十九。

　　遲疾差率，一十萬八千八百四十八。

甲寅紀第六：

紀首合朔，月在日道裏。

交會差率，十四萬八百五十九。

遲疾差率，七萬八千六百六十八。[1]

[1]“甲子紀第一”至“七萬八千六百六十八”：以上是《景初曆》一元六紀紀首日干支表。此表不但給出了每一紀紀首日的干支，從而確定了各紀內氣朔閏的關係，而且包含了爲推算交食建立起的交點月和近點月的關係。今分別加以説明。自“甲子紀”至“甲寅紀”，共歷 6×1843 年 = 11058 年，等於一元的歲數。現由逆推法予以説明。設第一紀的第一日爲甲子日，由餘數 9670 減去 60 的倍數，最後餘下 10，所以第二紀紀首爲甲戌月。以下仿此計算，直推致甲寅紀後，可復得甲子，周而復始。每紀中都有“紀首合朔，月在日道裏”一語，中華本《晉書·律曆志下》校勘記云“紀首合朔俱應作月在日道裏”，“依曆理‘裏’當作‘表’。王應偉《中國古曆通解·景初曆注解》（遼寧教育出版社 1998 年版）僅甲辰、甲寅作“表”解，不知中華本校勘記所説“曆理”的依據是什麼。“月在日道裏”，即月在黃道以北的半圓內。今由交會差率 412919/通數化爲月數，復由通數/日法乘，化爲日數，得 $90\frac{2609}{4559} = 90.5723$ 日，即説明曆元開始時，日月合朔，在過交點後第 90 日半有餘，與《授時曆》的“交應”相當。且由後條的計算，知經過一紀月數，太陽自此交點行至彼交點，其回數爲偶數，故第一紀首月在日道裏出發，第二紀首月仍在日道裏。故需將交會紀差 103610 加入於第一紀交率，得 516529，爲第二甲戌紀交會差率。同理，由遲疾差率 103947/通數，化爲月數，再用通數/日法乘，化爲日數，得 $22\frac{3649}{4559} = 22.8004$ 日，説明從曆元開始時，月在入轉後第 22 日半有餘，與《授時曆》的“轉應”相當。由通周/通數 = 太陽入轉遲疾一周的月數。由後“求遲疾紀差”條的計算，求得入

轉遲疾爲 $24429\frac{95441}{125621}$ 周，仍由 $1-\frac{95441}{125621}=\frac{30180}{125621}$，右項的分子 30180，特稱爲遲疾紀差。例如，由甲子紀遲疾差率一紀差 30180 = 甲戌紀遲疾差率 73767。此處交會紀差以會通爲分母，遲疾紀差以通周爲分母。楊偉首創了多曆元法。所謂多曆元法，是對有關天文量的推算。設置多個起算點，而不是祇設置一個共同的起算點。《乾象曆》所設曆元是十一月朔旦冬至甲子、五星會合周期、月亮過近地點和太陽過黃白交點時間的共同起算點，而《景初曆》則將後二者獨立出來，所設曆元僅作爲其前幾個天文量的共同起算點，並分別求算出與該曆元最臨近的那一次月亮過近地點和太陽過黃白交點的時間同該曆元的時距，以此分別作爲計算月亮過近地點和太陽過黃白交點時間的起算點。這便是多元曆法中的一種。"壬辰元以來，至景初元年丁巳，歲積四千四十六，算上"，這就是《景初曆》的曆元。即從景初元年，前推 4046 年作爲曆元。這一年十一月甲子日夜半，正好是日月合朔，又是冬至，五星也正好聚集於此。《景初曆》又設交會差率和遲疾差率兩個數值，對於曆元年而言，它們分別等於 412919 和 103947，其分母均爲日法 4559。即由曆元再前進 412919/4559 = 90.572 日，便是計算太陽過黃白升交點時間的起算點；由曆元再前進 103947/4559 = 22.800 日，便是計算月亮過近地點時間的起算點。這樣的處理方法，既可使曆元年到景初元年的積年數大大減少（若同時考慮太陽過黃白升交點和月亮過近地點，勢必使積年數急劇增加，增大計算的繁雜程度），又可保持太陽過升交點和月亮過近地點時間的原測精度（若同時考慮上述兩周期的回歸，又不致使積年數過於龐大，可能會對原測量值作人爲調整）。這兩點，正是多曆元法的長處，也是上元法的弊病。

交會紀差，十萬三千六百一十。求其數之所生者，置一紀積月以通數乘之，會通去之，所去之餘，紀差之數也。以之轉加前紀，則得後紀。加之未滿會通者，則紀首之歲天正合朔，月在日道裏。滿去之，則月在日道表。加表滿在裏，加裏滿在表。[1]

[1]"交會紀差"至"加裏滿在表"：經過 $5\frac{116960}{134630}$ 月，日食一次，而日經過半個交點年，且因日月合朔同度，月的位置亦和日對應，乃作比例式：會通/通數：日食一次＝紀月：x 次，故 x＝$\frac{紀月}{會通/通數}=\frac{3068890850}{790110}=3884\frac{103610}{790110}$。此式即表示，日行經過一紀的月數，進行半個周3884 又 790110 分之 103610 次。唯日每進行半交周，共運行狀況皆同。故需將其運行次數 3884，整數棄去。不使有重複，即術文中所謂"會通去之。"乘下棄餘的分數式的分子，特稱爲交會紀差。由上面計算，如此交會紀差必和前紀的交會差率相加，而後始得後紀的交會差率。以上算式的整數部分，爲偶數 3884，故甲子紀首月在日道裏，則甲戌紀首月亦在日道裏，直到將交會紀差遞加入前紀交會差率內，例如甲辰紀交會差率，得 827359，由此數減去 790110，得 37249，於是月纏由日道裏而至日道表。此即述文所謂"加表滿在裏，加裏滿在表"。術文甲辰、甲寅兩紀下皆載"月在日道裏"，"裏"爲"表"之誤。

遲疾紀差，三萬一百八十。求其數之所生者，置一紀積月，以通數乘之，通周去之，餘以減通周，所減之餘，紀差之數也。以之轉減前紀，則得後紀。不足減者，加通周。[1]

[1]"遲疾紀差"至"加通周"：通數爲一個朔望月的日法分，通周爲一個近點月的日法分，故通數/通周＝$1+\frac{9009}{125621}$，此式即表

示一月等於一個近點月又 125621 分之 9009 分月。故要求經過紀月，應得近點月幾何，當由比例式：1：$\left(1+\dfrac{9009}{125621}\right)=22795$：x 近點月。故 $x=22795\times\left(1+\dfrac{9009}{125621}\right)=24429\dfrac{95441}{125621}$，即在某一紀内，月由原位置出發，須行 24429 個近點月周又 125621 分月之 95441，其和原出發點相距爲 $1-\dfrac{95441}{125621}=\dfrac{30180}{125621}$，此數特稱爲遲疾紀差。所以，必由前紀遲疾差率，減去此紀差，始得後紀遲疾差率。若減數大於被減數而不足減，則加入通周後再減。

　　求次元紀差率，轉減前元甲寅紀差率，餘則次元甲子紀差率也。求次紀，如上法也。[1]

　　[1]"求次元紀差率"至"求次紀，如上法也"：王應偉指出，此條文首即有脫文，應改爲"用交會、遲疾紀差，轉加減前元甲寅紀差率"。

　　推朔積月術曰：置壬辰元以來，盡所求年，外所求，以紀法除之，所得算外，所入紀第也，餘則入紀年數。年以章月乘之，如章歲而一爲積月，不盡爲閏餘。閏餘十二以上，其年有閏。閏月以無中氣爲正。

　　推朔術曰：以通數乘積月，爲朔積分，如日法而一爲積日，不盡爲小餘。以六十去積日，餘爲大餘。大餘命以紀，算外，所求年天正十一月朔日也。

　　求次月，加大餘二十九，小餘二千四百一十九，小餘滿日法從大餘，命如前，次月朔日也。小餘二千一百四十以上，其月大也。

　　推弦望，加朔大餘七，小餘千七百四十四，小分一，小分滿二從小餘，小餘滿日法從大餘，大餘滿六十去之，餘命以紀，算外，上弦日也。又加得望、下弦、後月朔。其月蝕望者，定小餘，如所近中節間限，限數以下者，算上爲日。望在中節前後各四日以還者，視限數；望在中節前後各五日以上者，視間限。

　　推二十四氣術曰：置所入紀年，外所求，以餘數乘之，滿紀法爲大餘，不盡爲小餘。大餘滿六十去之，餘命以紀，算外，天正十一月冬至日也。

　　求次氣，加大餘十五，小餘四百二，小分十一，小分滿氣法從小餘，小餘滿紀法從大餘，[1]命如前，次氣日也。

　　推閏月術曰：以閏餘減章歲，餘以歲中乘之，滿章閏得一月，餘滿半法以上亦得一月。數從天正十一月起，算外，閏月也。閏有進退，以無中氣御之。[2]

　　[1]小餘滿紀法從大餘：各本並脱“小餘”二字，據《晉書·律曆志下》補。

　　[2]“推朔積月”至“以無中氣御之”：以上諸條爲自《三統曆》以來的傳統算法，沒有什麼變化。

大雪，十一月節。限數千二百四十二。間限千二百四十八。

冬至，十一月中。限數千二百五十四。間限千二百四十五。

小寒，十二月節。限數千二百三十五。間限千二百二十四。

大寒，十二月中。限數千二百一十三。間限千一百九十二。

立春，正月節。限數千一百七十二。間限千一百四十七。[1]

雨水，正月中。限數千一百二十二。[2]間限千九十三。

驚蟄，二月節。限數千六十五。間限千三十六。[3]

春分，二月中。限數千八。間限九百七十九。

清明，三月節。限數九百五十一。間限九百二十五。

穀雨，三月中。限數九百。間限八百七十九。

立夏，四月節。限數八百五十七。間限八百四十。

小滿，四月中。限數八百二十三。[4]間限八百一十二。[5]

芒種，五月節。限數八百。間限七百九十九。

夏至，五月中。限數七百九十八。間限八百一。[6]

小暑，六月節。限數八百五。間限八百一十五。

大暑，六月中。限數八百二十五。間限八百四十二。

立秋，七月節。限數八百五十九。間限八百八十三。

處暑，七月中。限數九百七。間限九百三十五。

白露，八月節。限數九百六十二。間限九百九十二。

秋分，八月中。限數千二十一。間限千五十一。

寒露，九月節。限數千八十。間限千一百七。

霜降，九月中。限數千一百三十三。間限千一百五十七。[7]

立冬，十月節。限數千一百八十一。[8]間限千一百九十八。

小雪，十月中。限數千二百一十五。間限千二百二十九。[9]

[1]四十七：各本並作"三十七"，據局本、《晋書·律曆志下》改。

[2]二十二：各本並作"一十二"，今從局本。

[3]三十六：各本並作"二十五"，今從局本。

[4]二十三：各本並作"二十二"，據局本、《晋書·律曆志下》改。

[5]一十二：各本並作“一十三”，據局本改。

[6]八百一：各本並脱“一”字，據局本、《晉書·律曆志下》改。

[7]千一百五十七：各本並脱“千”字，據局本、《晉書·律曆志下》改。

[8]八十一：各本並作“八十”，據局本、《晉書·律曆志下》改。

[9]限數、間限：以上二十四節氣限數、間限表，是專門用於推算月食在該日或下一日的判斷表。因爲曆法每日記時起自夜半，而民間夜間記時終於五更。爲了合於民用，特創此月食時間的表示法。月食的定小餘差在間限、限數以下，那麽月食將發生在前一日之終。至於限數和間限數字的含義和來歷，當與日法和百刻有關。

冬至夜漏 55 刻，設冬至限數爲 x，則由比例式：$100：\dfrac{55}{2}=4559：$

x，$x=55\times\dfrac{4559}{200}=1254$。此爲是冬至限數的含義和來歷，兩節氣間限數的平均值稱爲間限。其他仿此。

推没滅術曰：因冬至積日有小餘者，加積一，以没分乘之，以没法除之，所得爲大餘，不盡爲小餘。大餘滿六十去之，餘命以紀，算外，即去年冬至後没日也。

求次没，加大餘六十九，小餘五百九十二，小餘滿没法得一，從大餘，命如前。小餘盡，爲滅也。

推五行用事日：立春、立夏、立秋、立冬者，即木、火、金、水始用事日也。各減其大餘十八，小餘四百八十三，小分六，餘命以紀，算外，各四立之前土用事日也。大餘不足減者，加六十；小餘不足減者，減大餘一，加紀法；小分不足減者，減小餘一，加氣法。

推卦用事日：因冬至大餘，六其小餘，《坎卦》用事日也。加小餘萬九十一，滿元法從大餘，即《中孚》用事日也。

求次卦，各加大餘六，小餘九百六十七。其四正各因其中日，六其小餘。

推日度術曰：以紀法乘朔積日，滿周天去之，餘以紀法除之，所得爲度，不盡爲分。命度從牛前五起，宿次除之，不滿宿，則天正十一月朔夜半日所在度及分也。

求次日，日加一度，分不加，經斗除斗分，分少退一度。

推月度術曰：以月周乘朔積日，滿周天去之，餘以紀法除之，所得爲度，不盡爲分，命如上法，是天正十一月朔夜半月所在度及分也。

求次月，小月加度二十二，分八百六；大月又加一日，度十三，分六百七十九；分滿紀法得一度，則次月朔夜半月所在度及分也。其冬下旬，月在張心署之。[1]

[1]月在張心署之："月"各本作"夕"，"之"各本作"也"，據《續漢書・律曆志下》改。

推合朔度術曰：以章歲乘朔小餘，滿通法爲大分，不盡爲小分。以大分從朔夜半日度分，[1]分滿紀法從度，命如前，則天正十一月合朔日月所共合度也。

[1]以大分從朔夜半日度分，分滿紀法從度：各本"度分"下

脱“分”字，據文義補。

求次月，加度二十九，大分九百七十七，小分四十二，小分滿通法從大分，大分滿紀法從度。經斗除其分，則次月合朔日月所共合度也。

推弦望日所在度：加合朔度七，大分七百五，小分十，微分一，微分滿二從小分，小分滿通法從大分，大分滿紀法從度，命如前，則上弦日所在度也。又加得望、下弦、後月合也。

推弦望月所在度：加合朔度九十八，大分千二百七十九，小分三十四，數滿命如前，即上弦月所在度也。又加得望下弦後月合也。

推日月昏明度術曰：日以紀法，月以月周，乘所近節氣夜漏，二百而一，爲明分。日以減紀法，月以減月周，餘爲昏分。各以加夜半，如法爲度。[1]

[1]“求次月”至“如法爲度”：以上推二十四節氣術、推合朔弦望平均時刻和日月的平均行度，均在兩漢時已經掌握，這裏不作詳細注解。

推合朔交會月蝕術曰：置所入紀朔積分，以所入紀交會差率之數加之，以會通去之，餘則所求年天正十一月合朔去交度分也。以通數加之，滿會通去之，餘則次月合朔去交度分也。以朔望合數各加其月合朔去交度分，滿會通去之，餘則各其月望去交度分也。朔望去交分如朔望合數以下，[1] 入交限數以上者，朔則交會，望則月蝕。[2]

[1]朔望去交分如朔望合數以下："如"各本作"加"，據《晋書‧律曆志下》改。

[2]"推合朔交會月蝕"至"望則月蝕"：由所入紀朔積分＋所入紀交會差率－會通的若干倍＝小於會通的剩餘數。這剩餘數，即自月道和日道兩交點中任一點至合朔的去交度分，故稱它爲"天正十一月合朔去交度分"。且因通數爲一月日數的積日分，故去交度分＋通數（加滿會通即棄去）＝次月合朔去交度分。如以朔望合數＋其月合朔去度分（加滿會通即棄去）＝其月望去交度分。若朔望去交分小於朔望合數，而大於入交限數，朔則日食，望則月食。

推合朔交會月蝕月在日道表裏術曰：置所入紀朔積分，以所入紀下交會差率之數加之，倍會通去之，餘不滿會通者，紀首表，天正合朔月在表，紀首裏，天正合朔月在裏。滿會通去之，表在裏，裏在表。[1]

[1]"推合朔交會"至"裏在表"：以通數除會通得 $5\frac{11696}{13463}$，這個數和日行自日月兩道一交點至彼交點相應。今由前條的計算，在入紀朔積分內，加入交會差率後，必須加滿 $2 \times$ 會通的若干倍即棄去，因爲日由出發點進行至 $2 \times$ 會通而至原出發點，所以減餘小於會通而出發點爲表而還至表，出發點爲裏而還至裏，故言"紀首表，天正合朔月在表"。若減去 $2 \times$ 會通若干倍，其減餘數尚大於會通，則仍棄去會通，則紀首合朔月所在表裏，天正合朔月所在當反其表裏。

求次月，以通數加之，滿會通去之，加裏滿在表，加表滿在裏。先交會後月蝕者，朔在表則望在表，朔在裏則望在裏。先月蝕後交會者，看食月，朔在裏則望在表，朔在表則望在裏。交會月蝕如朔望合數以下，[1] 則前交後會；如入交限數以上，則前會後交。其前交後會近於限數者，則豫伺之前月；前會後交近於限數者，則後伺之後月。[2]

[1]交會月蝕如朔望合數以下："合"各本作"會"，據《晋書·律曆志》改。

[2]"求次月"至"則後伺之後月"："以通數加之，滿會通去之，加裏滿在表，加表滿在裏"的解釋，前注已作説明。其先交後會月食的場合，如圖一（見卷末圖一日月食交替出現示意圖）所示。日道和月道兩個交點爲 K 和 K′，假定圖中接近 K，日在 S，月在 M 相互交會，後經過十四日餘，日進行至 S′，月行至 M′，與日相對而生月食。在通常情況下，不可不朔在表，則望在表，或朔在裏則望在裏。其在先月食後交會的場合，從一般來説，亦是如此。但也可看出有特例，因本曆規定去交度以十五爲界限，設月食時的位置在交點前，微小於十五度，這時月與日相距半周天，等到經過十四日餘，月越過交點，追及日而再生日食，這時仍未越過半周天，即得"朔在裏則望在表，或朔在表則望在裏"，故言"看食月"，即看食時月在特別位置的意義。凡交會月食時去交分，如小於朔望會數，則無疑是交點在前，而食在後，即所謂"前交後會"；如去交分大於入交限數，則交點在後而食在前，即所謂"前會後交"。其前交後會，去交分近於所近中節的限數，如在本月朔，則退後十四日餘，而前月之望得月食；前會後交去交分近於所近中節的限數，而在本望，則前行十四日餘，而後月朔有日食。

求去交度術曰：其前交後會者，今去交度分如日法而一，^[1]所得則却去交度分也。^[2]其前會後交者，以去交度分減會通，餘如日法而一，所得則前去交度，餘皆度分也。去交度十五以上，雖交不蝕也。十以下是蝕，十以上虧蝕微少，光暈相及而已。虧之多少，以十五爲法。^[3]

[1]今去交度分如日法而一："今"，依文義當作"令"。

[2]所得則却去交度分也：各本脱"分"字，據《晋書·律曆志下》補。

[3]"求去交度"至"以十五爲法"：在前交後會的場合，稱爲"今去交度分"，亦即"今去交度"的日法分。故由今去交度分/日法＝去交度＋剩餘/日法；其前交後會的場合，則由（會通－去交度分）/日法＝前去交度＋剩餘/日法。這兩個剩餘，俱是度分。本曆規定去交度以十五爲限，如大於十五度，則雖交不食。如在十度以下，則一定發生交食，即所謂"是蝕"；如在十度以上，則虧食微小。至於虧分多少，亦以十五爲法。陳美東《中國科學技術史·天文學卷》曰：《景初曆》"虧之多少，以十五爲法"，失之簡略，《正光曆》"推蝕分多少術曰：置入交限十五度，以朔望去交日數減之，餘則蝕分"。即最大食分爲十五分，將日面或月面直徑分爲十五等分，遮掩若干分，就是食若干分。暈，此處當"影"解。

求日蝕虧起角術曰：其月在外道，先交後會者，虧蝕西南角起；先會後交者，虧蝕東南角起。其月在内道，先交後會者，虧食西北角起；先會後交者，虧食東北角起。虧食分多少，如上以十五爲法。會交中者，蝕盡。月蝕在日之衝，虧角與上反也。^[1]

[1]"求日蝕虧起角術曰"至"虧角與上反也":日食虧食方向,以日而爲主,月在外道,是月居下,如在交點前發生日食,則人目見日月由相離遠處漸趨於近,虧在西南角;如在交點後發生,則人目見日月由相離近處而漸趨於遠,虧食在東南角。月在内道,是月居日上,故在交點前發生日食,虧在西北。先會後交,虧在東北。若日食在交點時發生,當然是全食。由於月食在日的對衝方向,故虧角正與以上相反。

月行遲疾度	損益率	盈縮積分	月行分
一日 十四度十四分	益二十六	盈初[1]	二百八十
二日 十四度十一分	益二十三	盈積分一十一萬八千五百三十四	二百七十七
三日 十四度八分	益二十	盈積分二十二萬三千三百九十一	二百七十四
四日 十四度五分	益十七	盈積分三十一萬四千五百七十一	二百七十一[2]
五日 十四度一分	益十三	盈積分三十九萬二千七十四	二百六十七
六日 十三度十四分	益七	盈積分四十五萬一千三百四十一	二百六十一
七日 十三度七分	損	盈積分四十八萬三千二百五十四	二百五十四
八日 十三度一分	損六	盈積分四十八萬三千二百五十四	二百四十八
九日 十二度十六分	損十	盈積分四十五萬五千九百	二百四十四

月行遲疾度	損益率	盈縮積分	月行分
十日 十二度十三分	損十三	盈積分四十一萬三百一十	二百四十一
十一日 十二度十一分	損十五	盈積分三十五萬一千四十三	二百三十九
十二日 十二度八分	損十八	盈積分二十八萬二千六百五十八	二百三十六
十三日 十二度五分	損二十一	盈積分二十萬五百九十六	二百三十三
十四日 十二度三分	損二十三	盈積分十萬四千八百五十七	二百三十一
十五日 十二度五分	益二十一	縮初	二百三十三
十六日 十二度七分	益十九	縮積分九萬五千七百三十九	二百三十五
十七日 十二度九分	益十七	縮積分十八萬二千三百六十	二百三十七
十八日 十二度十二分	益十四	縮積分二十五萬九千八百六十三	二百四十
十九日 十二度十五分	益十一	縮積分三十二萬三千六百八十九	二百四十三
二十日 十二度十八分	益八	縮積分三十七萬三千八百三十八	二百四十六
二十一日 十三度三分	益四	縮積分四十一萬三百一十	二百五十
二十二日 十三度七分	損	縮積分四十二萬八千五百四十六	二百五十四
二十三日 十三度十二分	損五	縮積分四十二萬八千五百四十六	二百五十九

月行遲疾度	損益率	盈縮積分	月行分
二十四日 十三度十八分	損十一	縮積分四十萬五千七百五十一	二百六十五
二十五日 十四度五分	損十七	縮積分三十五萬五千六百二十一	二百七十一
二十六日 十四度十一分	損二十三	縮積分二十七萬八千九十九[3]	二百七十七
二十七日 十四度十一分	損二十四	縮積分十七萬三千二百四十二	二百七十八
周日 十四度十三分有小分六百二十六	損二十五有小分六百二十六	縮積分六萬三千八百二十六	二百七十九有小分二百二十六[4]

[1]盈初：各本作“盈一初”，據局本、《晋書·律曆志下》改。

[2]二百七十一：各本脱“一”字，據局本、《晋書·律曆志下》補。

[3]縮積分二十七萬八千九十九：各本並作“九十六”，據局本、《晋書·律曆志下》改。

[4]有小分二百二十六：《晋書·律曆志下》曰：“又創制日行遲速，兼考月行陰陽交錯於黄道表裏……洪術爲後代推步之師表。”即《乾象曆》始創月行遲疾曆，即月近點運動表，又創月行三道術，即月亮交點運動表。《景初曆》爲緊步其後沿用這兩種創法的第一部曆法。今就遲疾曆表作一解説。表中第一縱欄，是每日月行遲疾度。例如，一日下十四度十四分，十四分是以章歳 19 爲分母。以下各日，均以此算，直至周日（周日日餘＋周虚），則爲十四分，又小分六百二十六，其小分以周日日餘 2526 爲分母。第二縱目是

損益率。例如一日下益率爲 26。月每日平行 $13\frac{7}{19}$ 度，今由 $\frac{26}{19}+13$

$\frac{7}{19}=14\frac{14}{19}$（度），即爲本日月行的度分；又例如七日下爲 $13\frac{7}{19}$ 度，

這個數剛好爲月的日平行，故表僅書損字；又如八日下損率爲 6，

即由月平行 $13\frac{7}{19}-\frac{6}{19}=13\frac{1}{19}$ 度，與本表相合。其他各日均依此計

算，直至周日損率爲 $25\frac{626}{2526}$。第三縱目是盈縮積分。是逐日損益

率遞加數的日法分。例如第二目的盈積分 118534＝一日益率 26 ×

日法 4559；三日盈積分 223391＝一、二日益遞加數 49 × 日法。其

他各日，均依此計算直至周日的縮積分 63856＝周日日餘的損率

14 × 日法。此處以縮積分視爲周日日餘的損率，正如以二日盈積分

視 爲 一 日 益 率 相 同。今 由 比 例 式：$\dfrac{14}{\text{周日日餘}}=\dfrac{x}{\text{日法}}$，故

$x=14\times\dfrac{4559}{2528}=25\dfrac{626}{2528}$，即爲周日損率。第四縱目是月行分。滿章

歲 19 得 1 度。例如一日下的月行分爲 280，若用章歲 19 去除它，

即得一日的月行度。其他均依此計算。又七日爲申益而損的交替

期，亦即盈積分最多時期，二十二日爲申益而損的交替期，亦爲縮

積分的最多期。

　　推合朔交會月蝕入遲疾曆術曰：置所入紀朔積分，
以所入紀下遲疾差率之數加之，以通周去之，餘滿日法
得一日，不盡爲日餘，命日算外，則所求年天正十一月
合朔入曆日也。
　　求次月，加一日，日餘四千四百五十。[1]求望，加
十四日，日餘三千四百八十九。日餘滿日法成日，日滿
二十七去之。又除餘如周日餘，日餘不足除者，減一

日，加周虛。

[1]日餘四千四百五十：各本並脱“日”字，今從局本補。

推合朔交會月蝕定大小餘：以入曆日餘，[1]乘所入曆損益率，以損益盈縮積分爲定積分。以章歲減所入曆月行分，餘以除之，所得以盈減縮加本小餘。加之滿日法者，交會加時在後日；減之，不足者，交會加時在前日。月蝕者，隨定大小餘爲日加時。入曆在周日者，以周日日餘乘縮積分，爲定積分。以損率乘入曆日餘，[2]又以周日日餘乘之，以周日日度小分并之，以損定積分，餘爲後定積分。以章歲減周日月行分，餘以周日日餘乘之，以周日度小分并之，以除後定積分，所得以加本小餘，如上法。

[1]以入曆日餘：各本並脱“餘”字，據《晋書·律曆志下》補。

[2]以損率乘入曆日餘：“損率”各本作“率損”，據局本、《晋書·律曆志下》改。

推加時：以十二乘定小餘，滿日法得一辰，數從子起，算外，則朔望加時所在辰也。有餘不盡者四之，如日法而一爲少，二爲半，三爲太。又有餘者三之，如日法而一爲强，半法以上排成之，不滿半法廢棄之。以强并少爲少强，并半爲半强，并太爲太强。得二强者爲少弱，以之并少爲半弱，以之并半爲太弱，以之并太爲一辰弱。以所在辰命之，則各得其少、太、半及强、弱也。其月蝕望在中節前後四日以還者，視限數；五日以上者，視間限。定小餘如間限、限數以下者，以算上爲日。

斗二十六分四百五十五　牛八　女十二　虛十　危十七　室十六　壁九

北方九十八度分四百五十五

奎十六　婁十二　胃十四　昴十一　畢十六　觜二　參九

西方八十度

井三十三　鬼四　柳十五　星七　張十八　翼十八　軫十七

南方百一十二度

角十二　亢九　氐十五　房五　心五　尾十八　箕十一[1]

東方七十五度

[1]"斗二十六"至"箕十一"：以上是二十八宿距度表。二十八宿距度，實際是中國黃赤道系統度量系統的一部分，常用以表示天體相對的經度值。二十八宿距度有古度和今度之別。西漢太初年間測定的距度值，即所謂今度。故二十八宿距度，自西漢太初年間測定以後就没有大的變動。不過因所用日法不同，其小分表示略有差異。

中節	日所在度	日行黃道去極度	日中晷景	晝漏刻	夜漏刻	昏中星	明中星
冬至 十一月中	斗二十一少	百一十五度	丈三尺	四十五	五十五	奎六弱	亢二少強
小寒 十二月節	女二少	百一十三強	丈二尺三寸	四十五八分	五十四二分	婁六半強[1]	氐七強
大寒 十二月中	虛五半弱[2]	百十一太弱	丈一尺	四十六八分	五十三二分	胃十一太強[3]	心半
立春 正月節	危十太弱	百六少弱	九尺六寸六分	四十八六分	五十一四分	畢五少弱	尾七半弱
雨水 正月中	室八太強	百一強	七尺九寸五分	五十八分	四十九二分	參六半弱	箕半弱[4]
驚蟄 二月節	壁八強	九十五強	六尺五寸三分	五十三三分	四十六七分	井十七少弱	斗初少
春分 二月中	奎十四少強	八十九少強	五尺二寸五分	五十五八分	四十四二分	鬼四	斗十一弱
清明 三月節	胃一半	八十三少弱	四尺一寸五分	五十八三分	四十一七分	星四太	斗二十一半
穀雨 三月中	昴二太	七十七太強	三尺二寸五分	六十五分	三十九五分	張十七	牛六半
立夏 四月節	畢六太[5]	七十三少弱	二尺五寸二分	六十二四分	三十七六分	翼十七太	女十少弱

中節	日所在度	日行黃道去極度	日中晷景	晝漏刻	夜漏刻	昏中星	明中星
小滿 四月中	參四少弱	六十九太	尺九寸八分	六十三九分	三十六一分	角太弱	危太弱
芒種 五月節	井十半弱	六十七少弱	尺六寸八分	六十四九分	三十五一分	亢五太	危十四強
夏至 五月中	井二十五半強	六十七強	尺五寸	六十五	三十五	氐十二少弱	室十二強
小暑 六月節	柳三太強	六十七太強	尺七寸	六十四七分	三十五三分	尾一太強	奎二太強
大暑 六月中	星四強	七十	二尺	六十三八分	三十六二分	尾十五半強[6]	婁三太
立秋 七月節	張十二少	七十三半強	二尺五寸五分	六十二三分	三十七七分	箕九太強	胃九太弱
處暑 七月中	翼九半	七十八半強	三尺三寸三分	六十二分	三十九八分	斗十少	畢三太
白露 八月節	軫六太少弱	八十四少強	四尺三寸五分	五十七八分	四十二二分	斗二十一強	參五少強
秋分 八月中	角五弱	九十半強	五尺五寸[7]	五十五二分	四十四八分	牛五少	井十六少強
寒露 九月節	亢八半弱[8]	九十六太強	六尺八寸五分	五十二六分	四十七四分	女七太	鬼三少強

中節	日所在度	日行黄道去極度	日中晷景	畫漏刻	夜漏刻	昏中星	明中星
霜降 九月中	氐十四少强	百二少强	八尺四寸	五十三分	四十九七分	虚六太	星三太
立冬 十月節	尾四半强	百七少强	丈[9]	四十八二分	五十一八分	危八强	張十五太强
小雪 十月中	箕一太强	百一十一弱	丈一尺四寸	四十六七分	五十三三分	室三半强[10]	翼十五太[11]
大雪 十一月節	斗六太强	百一十三太强	丈二尺五寸六分	四十五五分[12]	五十四五分	壁半强	軫十五少强[13]

[1]婁六：各本作“婁五”，今據《續漢書·律曆志下》改。本表數字，均據李鋭《四分術注》所述方法，加以推算，考慮兩曆斗分不同而有微差。

[2]虚五半弱：各本並作“虚女半强”，今改正。

[3]太强：當作“半强”。

[4]半弱：當作“半强”。

[5]畢六：當作“畢七”。

[6]半强：當作“半弱”。

[7]五尺五寸：各本並作“五尺五寸二分”，今删。

[8]亢八半弱：“半弱”當作“少弱”。

[9]丈：各本並作“丈八寸三分”，今删。

[10]半强：當作“太强”。

[11]太：當作“太弱”。

[12]五分：各本並作“三分”，三朝本作“五分”爲是。

[13]少强：當作“少”。以上二十四節氣日度、去極度、日中

晷影、晝夜刻、昏明中星，計七項，今分別加以説明。表中第一縱目爲二十四節氣中的節氣和中氣，不必細述。第二縱目是對應的日行所在度。這個日所在度，以牛前五度，即冬至日在斗 21 度又 $\frac{455}{1843}$ 處爲起算點。這個 $\frac{455}{1843}$ 近於 $\frac{1}{4}$，故稱爲少。即表示冬至日所在度爲斗 21 度少。又因爲太陽每天行一度，故自冬至後的中節距爲：

$$(360\frac{9760}{1843}) \div 24 = 15\frac{402\frac{11}{12}}{1843} = 15\frac{2.623}{12} \approx 15 \text{ 度}$$

即於冬至日所在度，遞次加入 $15\frac{2.623}{12}$ 度，而得冬至以後各中節日太陽所在度。如以上"求加時"條所述，用四捨五入法並以少、半、太及强弱表示。第三縱目爲日行黃道去極度。本曆未載有赤道度變黃道度的求法，但《四分曆》則載進退二十八宿赤道度以爲黃道度。例如斗退二，即赤道度爲 26.25 度，變爲黃道度則得 24.25 度。又如危進二，即赤道度爲 17 度，變成黃道度則爲 19 度。其他仿此。若將二十八宿赤道度作於渾象上，以求二十四氣黃道去極度，可由渾象量得，故《四分曆》説"黃道去極，日景之生，據儀、表也"。這就是説，黃道去極是根據渾象而得，日中晷影是根據晷表而得。第四縱目是日中晷影。是由晷表實測而得。實際是沿用《四分曆》所測數據。《元嘉曆》和《大明曆》均指出，春秋間對應節氣晷影從理論上講應該對稱，此處長短不等，正是曆面節氣後天的反映。第五、第六縱目是晝漏刻和夜漏刻。是根據黃道去極度數算出來的。即由比例式：冬夏至黃道去極差 48 度：冬夏至刻差 20 刻 = 前後氣黃道去極度的差：前後氣漏刻差。故前後氣漏刻差 = 20 × 前後氣去極度差 ÷ 48 = K，故冬至後晝、夏至後夜，由 K + 前氣漏刻 = 本氣漏刻；夏至後晝、冬至後夜，由前氣漏刻 − K = 本氣漏刻。第七、第八縱目是昏中星和明中星。也是根據日所在度算出來的。例如，周天度 $365\frac{455}{1843} \doteq 365.25$ 度。冬至晝漏 45 ×

1 度 = 45 度。（周天度 × 45 − 55）÷ 200 ≒ 81.91 = 定度。由周天度 − 定度 = $283\frac{34}{100} \doteqdot 283\frac{4}{12}$ = 明中星積度。再加入冬至日所在度斗 21$\frac{3}{12}$度，共得從斗起算 304$\frac{7}{12}$度。用各宿次去之，至不滿亢宿尚餘 2$\frac{4}{12}$度，得冬至明中星亢二度少強。由定度十一 = 82.91 = $82\frac{11}{12}$ = 昏中星積度。再加入冬至日所在度斗 21$\frac{3}{12}$度，得 104$\frac{2}{12}$度，從斗起算，遞去各宿次，至奎宿餘 5$\frac{11}{12}$度，即得冬至昏中星奎六度弱。其他各節氣昏明中星均仿此法。

右中節二十四氣，如術求之，得冬至十一月中也。加之得次月節，加節得其月中。中星以日所在爲正。置所求年二十四氣小餘四之，如法得一爲少，不盡少三之，如法爲強。所得以減其節氣昏明中星各定。[1]

[1]所得以減其節氣昏明中星各定：各本並脱“得”字，據《晉書·律曆志下》補。

推五星術：

五星者，木曰歲星，火曰熒惑，土曰填星，金曰太白，水曰辰星。凡五星之行，有遲有疾，有留有逆。曩自開闢，清濁始分，則日月五星聚于星紀。發自星紀，並而行天，遲疾留逆，互相逮及。星與日會，同宿共度，則謂之合。從合至合之日，則謂之終。各以一終之日與一歲之日，通分相約，終而率之，歲數歲則謂之合終歲數，歲終則謂之合終合數。[1] 二率既定，則法數生焉。以章歲乘合數爲合月法，以紀法乘合數爲日度法，以章月乘歲數爲合月分，如合月法爲合月數，合月之餘爲月餘。以通數乘合月數，如日法而一爲大餘，以六十去大餘，餘爲星合朔大餘。大餘之餘爲朔小餘。[2] 以通數乘月餘，以合月法乘朔小餘，并之，以日法乘合月法除之，所得星合入月日數也。餘以通法約之，[3] 爲入月日餘。[4] 以朔小餘減日法，餘爲朔虛分。以曆斗分乘合數，爲星度斗分。木、火、土各以合數減歲數，餘以周天乘之，如日度法而一，所得則行星度數也，餘則度餘。金、水以周天乘歲數，如日度法而一，所得則行星度數也，餘則度餘。

[1]歲數歲則謂之合終歲數，歲終則謂之合終合數：依文義，當作：“歲則謂之合終歲數，終則謂之合終合數。”

[2]大餘之餘爲朔小餘：各本並脱“大餘”二字，據《晉書·律曆志下》補。

[3]餘以通法約之：“以”下各本並衍“朔”字，據《晉書·律曆志下》删。

[4]爲入月日餘：各本並脱“餘”字，從局本補。

　木：合終歲數，千二百五十五。

　　　合終合數，千一百四十九。

　　　合月法，二萬一千八百三十一。

　　　日度法，二百一十一萬七千六百七。

　　　合月數，十三。

月餘，萬一千一百二十二。

朔大餘，二十三。

朔小餘，四千九十三。

入月日，十五。

日餘，百九十九萬五千六百六十四。

朔虛分，四百六十六。

斗分，五十二萬二千七百九十五。

行星度，三十三。

度餘，百四十七萬二千八百六十九。[1]

火：合終歲數，五千一百五。

合終合數，二千三百八十八。

合月法，四萬五千三百七十二。

日度法，四百四十萬一千八十四。

合月數，二十六。

月餘，二萬三。

朔大餘，四十七。

朔小餘，三千六百二十七。

入月日，十三。

日餘，三百五十八萬五千二百三十。

朔虛分，九百三十二。

斗分，百八萬六千五百四十。

行星度，五十。

度餘，百四十一萬二千一百五十。

土：合終歲數，三千九百四十三。

合終合數，三千八百九。

合月法，七萬二千三百七十一。

日度法，七百一萬九千九百八十七。

合月數，十二。

月餘，五萬八千一百五十三。

朔大餘，五十四。

朔小餘，千六百七十四。

入月日，二十四。

日餘，六十七萬五千三百六十四。

朔虛分，二千八百八十五。

斗分，百七十三萬三千九十五。

行星度，十二。

度餘，五百九十六萬二千二百五十六。

金：合終歲數，千九百七。

合終合數，二千三百八十五。

合月法，四萬五千三百一十五。

日度法，四百三十九萬五千五百五十五。

合月數，九。

月餘，四萬三百一十。

朔大餘，二十五。

朔小餘，三千五百三十五。

入月日，二十七。

日餘，十九萬四千九百九十。

朔虛分，千二十四。

斗分，百八萬五千一百七十五。

行星度，二百九十二。

度餘，十九萬四千九百九十。

水：合終歲數，一千八百七十。

合終合數，萬一千七百八十九。

合月法，二十二萬三千九百九十一。

日度法，二千一百七十二萬七千一百二十七。

合月數，一。

月餘，二十一萬五千四百五十九。

朔大餘，二十九。

朔小餘，二千四百一十九。

入月日，二十八。

日餘，二千三十四萬四千二百六十一。[2]

朔虛分，二千一百四十。

斗分，五百三十六萬三千九百九十五。

行星度，五十七。

度餘，二千三十四萬四千二百六十一。

[1]百四十七萬二千八百六十九：各本脱“六十九”三字，據局本、《晉書·律曆志下》補。

[2]二千三十四萬四千二百六十一：各本脱“十四萬四”四字，今補。

推五星術曰：置壬辰元以來盡所求年，以合終合數乘之，滿合終歲數得一，名積合，不盡名合餘。以合終合數減合餘，得一者星合往年，得二者合前往年，無所得，合其年。餘以減合終合數，爲度分。金、水積合，偶爲晨，奇爲夕。

推五月合月：以月數月餘各乘積合，餘滿合月法從月，爲積月，不盡爲月餘。以紀月除積月，所得算外，所入紀也，餘爲入紀月。副以章閏乘之，[1]滿章月得一爲閏，以減入紀月，餘以歲中去之，餘爲入歲月，命以天正起，算外，星合月也。其在閏交際，以朔御之。

[1]副以章閏乘之：依文義，“副”字疑衍。

推合月朔：以通數乘入紀月，滿日法得一爲積日，不盡爲小餘。以六十去積日，餘爲大餘，命以所入紀，算外，星合朔日也。

推入月日：以通數乘月餘，合月法乘朔小餘，并之，通法約之，所得滿日度法得一，則星合入月日也，不滿爲日餘。命日以朔，算外，入月日也。

推星合度：以周天乘度分，滿日度法得一爲度，不盡爲餘，命以牛前五度起，算外，星所合度也。

求後合月，以月數加入歲月，以餘加月餘，餘滿合月法得一月，月不滿歲中，即在其年；滿去之，有閏計焉，餘爲後年；再滿，在後二年。金、水加晨得夕，加夕得晨也。

求後合朔，以朔大小餘數加合朔月大小餘，其月餘上成月者，又加大餘二十九，小餘二千四百一十九。[1]小餘滿日法從大餘，命如前法。

[1]小餘二千四百一十九：“二千”各本並作“一千”，據局本、《晉書·律曆志下》改。

求後合入月日，[1]以入月日、日餘加合入月日及餘，[2]餘滿日度法得一。其前合朔小餘滿其虛分者，去一日；後小餘滿二千四百一十九以上，去二十九日；不滿，去三十日，其餘則後合入月日，命以朔。求後合度，以度數及分，如前合宿次命之。

[1]求後合入月日：“後”下當有“合”字，今補。
[2]日餘加合入月日及餘：“加”下當有“合”字，今補。

木：晨與日合，伏，順，十六日九十九萬七千八百三十二分，行星二度百七十九萬五千二百三十八分，而晨見東方，在日後。順，疾，日行五十七分之十一，五十七日行十一度。順，遲，日行九分，五十七日行九度而留。不行，二十七日而旋。逆，日行七分之一，八十四日退十二度，而復留二十七日。復遲，日行九分，五十七日行九度而復順。疾，日行十一分，五十七日行十一度，在日前，夕伏西方。順，十六日九十九萬七千八百三十二分，行星二度百七十九萬五千二百三十八分，而與日合。凡一終，三百九十八日百九十九萬五千六百六十四分，行星三十三度百四十七萬二千八百六十九分。

火：晨與日合，伏，七十二日百七十九萬二千六百一十五分，行星五十六度百二十四萬九千三百四十五分，而晨見東方，在日後。順，日行二十三分之十四，百八十四日行百一十二度。更順，遲，日行十二分，九十二日行四十八度而留。不行，十一日而旋。逆，日行六十二分之十七，六十二日退十七度，而復留十一日。復順，遲，日行十二分，九十二日，行四十八度而復疾。日行十四分，百八十四日行百一十二度，在日前，夕伏西方。順，七十二日百七十九萬二千六百一十五分，行星五十六度百二十四萬九千三百四十五分，而與日合。凡一終，七百八十日三百五十八萬五千二百三十分，行星四百一十五度二百四十九萬八千六百九十分。

土：晨與日合，伏，十九日三百八十四萬七千六百七十五分半，行星二度六百四十九萬一千一百二十一分半，而晨見東方，在日後。順，行百七十二分之十三，八十六日行六度半而留。不行，三十二日半而旋。逆，日行十七分之一，百二日退六度而復留。不行，三十二日半復順，日行十三分，八十六日行六度半，在日前，夕伏西方。順，十九日三百八十四萬七千六百七十五分半，行星二度六百四十九萬一千一百二十一分半，而與日合。凡一終，三百七十八日六十七萬五千三百六十四分，行星十二度五百九十六萬二千二百五十六分。

金：晨與日合，伏，六日退四度，而晨見東方，在日後而逆。遲，日行五分之三，十日退六度。留，不行，七日而旋。順，遲，日行四十五分之三十三，四十五日行三十三度而順。疾，日行一度九十一分之十四，九十一日行百五度而順。益疾，日行一度九十一分之二十一，九十一日行百一十二度，在日後，而晨伏東方。順，四十二日十九萬四千九百九十分，行星五十二度十九萬四千九百九十分，而與日合。一合，二百九十二日十九萬四千九百九十分，行星如之。

　　金：夕與日合，伏，順，四十二日十九萬四千九百
九十分，行星五十二度十九萬四千九百九十分，而夕見
西方，在日前。順，疾，日行一度九十一分之二十一，
九十一日行百一十二度而更順。遲，日行一度十四分，
九十一日行百五度而順。益遲，日行四十五分之三十
三，四十五日行三十三度而留。不行，七日而旋。逆，
日行五分之三，十日退六度，在日前，夕伏西方。逆，
六日，退四度，而與日合。凡再合一終，五百八十四日
三十八萬九千九百八十分，行星如之。

　　水：晨與日合，伏，十一日退七度，而晨見東方，
在日後。逆，疾，一日退一度而留。不行，一日而旋。
順，遲，日行八分之七，八日行七度而順。疾，日行一
度十八分之四，十八日行二十二度，在日後，晨伏東
方。順，十八日二千三十四萬四千二百六十一分，行星
三十六度二千三十四萬四千二百六十一分，而與日合。
凡一合，五十七日二千三十四萬四千二百六十一分，行
星如之。

　　水：夕與日合，伏，十八日二千三十四萬四千二百
六十一分，行星三十六度二千三十四萬四千二百六十一
分，而夕見西方，在日前。順，疾，日行一度十八分之
四，十八日行二十二度而更順。遲，日行八分之七，八
日行七度而留。不行，一日而旋。逆，一日退一度，在
日前，夕伏西方。逆，十一日退七度，而與日合。凡再
合一終，百一十五日千八百九十六萬一千三百九十五

分，行星如之。[1]

[1]行星如之：《三統曆》首次較準確地給出了一個會合周期裏行星的動態，分爲內行星和外行星兩類，其動態如下：對內行星，可分爲以下十二步：晨始見，去日半次——逆行（水星1日，金星6日）——留（水2日，金8日）——慢順行（水7日，金46日）——快順行（水16日，金184日）——伏（水37日，金83日）——夕始見，去日半次——疾順行（水16日餘，金181日餘）——慢順行（水7日，金46日）——留（水1日餘，金7日餘）——逆行（水1日，金6日）——伏逆行（水24日，金16日餘）——一復（水115日餘，金584日餘）。對外行星，可分爲以下七步：晨始見，去日半次——順行（火星276日，木星121日，土星87日）——留（火10日，木25日，土34日）——逆行（火62日，木84日，土101日）——留（火10日，木24日餘，土33日餘）——順行（火276日，木111日餘，土85日）——伏行（火146日，木33日餘，土37日餘）——一見（火78日餘，木398日餘，土377日餘）。內行星與外行星動態不同之處是內行星有晨始見和夕始見，外行星祇有晨始見。這是因爲外行星在一個會合周期內，祇有一次上合。由於它的綫速度比太陽小，合日以後出現在太陽的西邊，成爲晨始見。內行星在一個會合周期內，兩次與日相會，一次叫上合，一次叫下合。由於內行星的綫速度比太陽大，所以在上合後出現在太陽的東方，成爲夕始見；在下合以後出現在太陽的西邊，成爲晨始見。《三統曆》並把外行星會合叫作“見”（一次始見），內行星叫作“復”（兩次始見）。所以漢人已經注意到內外行星的區別了。漢以後至南北朝時代各個曆法的五星動態，都無大的變動，其推算方法也相一致。祇是自後漢《四分曆》以後，將行星運動的度數改以黃道度數計算。《景初曆》統一以日度法計算日度下小分。《元嘉曆》對行星取近距，各立上元，叫作後

元。除此之外，各個曆法中所不同的，祇是行星曆元、會合周期的變動以及動態表細節在數據上的某些變動。

五星曆步術：以法伏日度餘，加星合日度餘，餘滿日度法得一從全，命之如前，得星見日及度餘也。以星行分母乘見度分，如日度法得一，分不盡，半法以上，亦得一，而日加所行分，分滿其母得一度。逆順母不同，以當行之母乘故分，如故母而一，當行分也。留者承前，逆則減之，伏不書度，除斗分，以行母爲率。分有損益，前後相御。[1]

[1]除斗分，以行母爲率。分有損益，前後相御：自楊偉上"治曆表文"，附《景初曆》，至此，與《晉書·律曆志下》全同。
除斗分：當作"經斗除斗分"。

凡五星行天，遲疾留逆，雖大率有常，至犯守逆順，難以術推。月之行天，猶有遲疾，況五星乎。唯日之行天有常，進退有率，不遲不疾，不外不內，人君德也。[1]

[1]"凡五星行天"至"人君德也"：《景初曆》的五星法比《乾象曆》要遜色一些，就會合周期而言，僅土星更精一些，其餘都比《乾象曆》差。按照陳美東先生的說法，大約由《景初曆》改用統一的日度法推步，使得曆法精度降低了。

求木合終歲數法，以木日度法乘一木終之日，內分，周天除之，即得也。

求木合終合數法，以木日度法乘周天，滿紀法，所得復以周天除之，即得。五星皆放此也。

魏黃初元年十一月小，己卯蔀首，己亥歲，十一月己卯朔旦冬至，臣偉上。"[1]

[1]"凡五星行天"至"臣偉上"：應屬楊偉《景初曆》表文的一部分。由於其內也有推"合終數法"，這是一部曆法中不可缺的一部分，故我們認爲這是漏録，而不是有意刪除。由最後的署名，可見其上表時間爲魏黃初元年十一月己卯朔。即公元 220 年 12 月 19 日己卯冬至。

劉氏在蜀，不見改曆，當是仍用漢《四分法》。[1]吳中書令闞澤受劉洪《乾象法》於東萊徐岳字公河。故孫氏用《乾象曆》，至于吳亡。

[1]當是仍用漢《四分法》：蜀不改曆，仍用《四分》，以示蜀承漢統。

晋武帝泰始元年，有司奏："王者祖氣而奉其丑終，晋於五行之次應尚金，金生於巳，事於酉，終於丑，宜祖以酉日，臘以丑日。[1]改《景初曆》爲《泰始曆》。"奏可。

[1]奉其丑終："丑"字原缺，今以晋金德丑終補。　臘以丑日：《淮南子·天文訓》載有一幅五行生壯老分布於四方十二地支圖（見卷末圖二《天文訓》五行生壯老分布圖），本文所言與《天文訓》一致。即按五行相克理論，晋爲金德。金生於巳，王於酉，

老於丑。故祭祀時，祖以酉日，臘以丑日。臘祭之日稱之爲臘日，魏晉以前，人們在臘祭時，是要選擇日期的，故晉用丑日爲臘。南北朝以後，人們不再信奉五行終始之説，固定以臘月初八爲臘日。

史臣按鄒衍五德，[1]周爲火行。衍生在周時，不容不知周氏行運。且周之爲曆年八百，秦氏即有周之建國也。周之火木，其事易詳。且五德更王，唯有二家之説。[2]鄒衍以相勝立體，劉向以相生爲義。據以爲言，不得出此二家者。假使即劉向之説，周爲木行，秦氏代周，改其行運。若不相勝，則克木者金；相生則木實生火。秦氏乃稱水德，理非謬然。斯則劉氏所證爲不值矣。臣以爲張蒼雖是漢臣，生與周接，司秦柱下，備覩圖書。且秦雖滅學，不廢術數，則有周遺文雖不畢在，據漢水行，事非虛作。賈誼《取秦》云：“漢土德。”蓋以是漢代秦。詳論二説，各有其義。張蒼則以漢水勝周火，廢秦不班五德。賈誼則以漢土勝秦水，以秦爲一代。論秦、漢雖殊，而周爲火一也。然則相勝之義，於事爲長。若同蒼黜秦，則漢水、魏土、晉木、宋金；若同賈誼《取秦》，則漢土、魏木、晉金、宋火也。[3]難者云：“漢高斷蛇而神母夜哭，云赤帝子殺白帝子，然則漢非火而何？”斯又不然矣。漢若爲火，則當云赤帝，不宜云赤帝子也。白帝子又何義況乎？蓋由漢是土德，土生乎火，秦是水德，水生乎金，斯則漢以土爲赤帝子，秦以水德爲白帝子也。難者又曰：“向云五德相勝，今復云土爲赤帝子，何也？”答曰：“五行自有相勝之義，自有相生之義。不得以相勝廢相生，相生廢相勝也。相勝者，以土勝水耳；相生者，土自火子，義豈相關。"

[1]鄒衍：人名。齊國臨淄人。戰國時陰陽學説的代表人物，創立五德終始説，用五德與五行附會時代的變遷和王朝的更替。著有《鄒子》和《鄒子終始》，均佚。

[2]五德更王，唯有二家之説：鄒衍五德相勝説：水勝火、火勝金、金勝木、木勝土、土勝水。劉向之五行相生説：木生火、火生土、土生金、金生水、水生木。

[3]"假使即劉向之説"至"則漢土、魏木、晋金、宋火也"：此處用三條歷史證據否定劉向相生説，即劉向的相生説與史實不合。其一秦以水德，史載分明；張蒼論漢爲水德，也非虛作；又賈誼《取秦》曰漢爲土德，那麼，漢不是水德就是土德。周爲火行，是確定的。秦獲水德，是水能勝火。漢又取代秦統一天下，勝水者土也，此正合於相勝説。若取漢爲水德論，是由於秦統一至滅亡之日短少，不能作爲一代計，故以漢德代周德計，勝周火者漢水也。兩者均合於相勝説，而劉向之説謬然矣。由此，若以漢爲水德計，魏勝漢，獲土，晋勝魏，獲木，宋勝晋，獲金。若以漢爲土德計，魏勝漢，獲木，晋勝魏，獲金，宋勝晋，獲火。所以，晋有司奏晋尚金，是合於相勝説的。

崔寔《四民月令》曰：祖者，道神。黃帝之子曰累祖，好遠遊，死道路，故祀以爲道神。[1]嵇含《祖道賦序》曰：漢用丙午，魏用丁未，晋用孟月之酉。[2]曰莫識祖之所由。説者云祈請道神，謂之祖有事於道者，君子行役，則列之於中路，喪者將遷，則稱名於階庭。或云，百代遠祖，名謚彫滅，墳塋不復存於銘表，游魂不得託於廟祧，故以初歲良辰，建華蓋，揚綵旌，將以招靈爽，庶衆祖之來憑云爾。[3]

　　[1]道神：道路之神。

　　[2]"稽含《祖道賦序》曰"至"晋用孟月之酉"：漢人的祖先來自東南方，魏人的祖先來自西南方，晋人的祖先來自西方。"稽含《祖道賦序》曰"，各本並作"合祖賦序曰"，今據《初學記》卷一三禮部稽含《祖道賦》文改補。

　　[3]"崔寔《四民月令》"至"庶衆祖之來憑云爾"：各本作"四人月令"，今改正。又孫彪《考論》曰："此節論祖道，不當入之《曆志》。"

　　晋武帝時，[1]侍中平原劉智，推三百年斗曆改憲，以爲《四分法》三百年而減一日，以百五十爲度法，三十七爲斗分。飾以浮説，以扶其理。江左中領軍琅邪王朔之以其上元歲在甲子，善其術，欲以九萬七千歲之甲子爲開闢之始，何承天云"悼於立意"者也。《景初》日中晷景，即用漢《四分法》，是以漸就乖差。其推五星，則甚疏闊。晋江左以來，更用《乾象五星法》以代之，猶有前却。[2]

　　[1]晋武帝時：各本並作"晋江左時"，據《晋書·律曆志下》改。

　　[2]"《景初》日中晷景"至"猶有前却"：此處指《景初曆》所用二十四氣日中影長，本沒有自行測定，祇是沿用後漢《四分曆》之數。由於《四分曆》測量數原本就不精密，乖差日顯。其推五星法原本就不如《乾象曆》，故晋南遷後，便用《乾象》五星

法代替。

宋太祖頗好曆數，太子率更令何承天私撰新法。元嘉二十年，上表曰：

臣授性頑惰，少所關解。自昔幼年，頗好曆數，耽情注意，迄于白首。臣亡舅故秘書監徐廣，素善其事，有既往《七曜曆》，每記其得失。自太和至太元之末，四十許年。臣因比歲考校，至今又四十載。故其疏密差會，皆可知也。

夫圓極常動，[1]七曜運行，離合去來，雖有定勢，以新故相涉，自然有毫末之差，連日累歲，積微成著。是以《虞書》著欽若之典，《周易》明治曆之訓，言當順天以求合，非爲合以驗天也。漢代雜候清臺，以昏明中星，課日所在，雖不可見，月盈則蝕，必當其衝，以月推日，則躔次可知焉。捨易而不爲，役心於難事，此臣所不解也。

[1]圓極常動：天球一刻不停地轉動。圓指天球，極指天極、天軸。

《堯典》云"日永星火，以正仲夏"。今季夏則火中。又"宵中星虛，以殷仲秋"。今季秋則虛中。爾來二千七百餘年，以中星檢之，所差二十七八度。[1]則堯令冬至，日在須女十度左右也。[2]漢之《太初曆》，冬至在牽牛初，後漢《四分》及魏《景初法》，同在斗二十一。臣以月蝕檢之，則《景初》今之冬至，應在斗十七。又史官受詔，以土圭測景，考校二至，差三日有餘。從來積歲及交州所上，檢其增減，亦相符驗。然則今之二至，非天之二至也。天之南至，日在斗十三四矣。[3]此則十九年七閏，數微多差。[4]復改法易章，則用算滋繁，宜當隨時遷革，以取其合。案《後漢志》，春分日長，秋分日短，差過半刻。尋二分在二至之間，而有長短，因識春分近夏至，故長；秋分近冬至，故短也。楊偉不悟，即用之，上曆表云：“自古及今，凡諸曆數，皆未能並己之妙。”何此不曉，亦何以云。[5]是故臣更建《元嘉曆》，以六百八爲一紀，半之爲度法，七十五爲室分，以建寅之月爲歲首，雨水爲氣初，以諸法閏餘一之歲爲章首。冬至從上三日五時。日之所在，移舊四度。又月有遲疾，合朔月蝕，不在朔望，亦非曆意也。故元嘉皆以盈縮定其小餘，以正朔望之日。[6]

[1]以中星檢之，所差二十七八度：以中星觀測，據《堯典》載仲夏火中、仲秋虛中，現今觀測，則實得季夏心中，季秋虛中，季節差了一個月。“所差二十七八度”，是通過下面精密觀測推算獲得。

[2]日在須女十度：據中星所差二十七八度推得。再考之《太初曆》時冬至在牛初，後漢《四分曆》在斗二十一度，今在斗十七度。可推知冬至的位置在恒星間移動。

[3]天之南至，日在斗十三四矣：以上所測冬至日度爲《景初曆》之冬至，《景初曆》行用至今，季節已後天三日有餘，以日行一度計，可推得天冬至在斗十三四度。天之南至，各本並脫“至”字，據文義補。

[4]十九年七閏，數微多差：十九年七閏的閏法實際並不精密，

閏得多了一些。何承天以用算太繁爲由，不主張改革十九年七閏法，但主張經常改革曆法，以符合天行。這一論斷，爲以後祖沖之《大明曆》破章法創造了條件。

［5］"案《後漢志》"至"亦何以云"：春分日長，秋分日短，是春秋分不在準確時日的明證，楊偉不明其中的道理，並繼續沿用。科學的道理是，所測春分日長者，爲曆面之春分比真春分後天，近夏至。

［6］以盈縮定其小餘，以正朔望之日：《元嘉曆》本意以定朔注曆，以合天之朔望，但這一科學革新受到朝臣反對而不得行用。

伏惟陛下允迪聖哲，先天不違，劬勞庶政，寅亮鴻業，究淵思於往籍，探妙旨於未聞，窮神知化，罔不該覽。是以愚臣欣遇盛明，效其管穴。伏願以臣所上《元嘉法》下史官考其疏密。若謬有可採，庶或補正闕謬，以備萬分。

詔曰："何承天所陳，殊有理據。可付外詳之。"

太史令錢樂之、兼丞嚴粲奏曰：

太子率更令領國子博士何承天表更改《元嘉曆法》，以月蝕檢今冬至日在斗十七，以土圭測影，知冬至已差三日。詔使付外檢署。以元嘉十一年被勑，使考月蝕，土圭測影，檢署由來用偉《景初法》，冬至之日，日在斗二十一度少。檢十一年七月十六日望月蝕，加時在卯，到十五日四更二唱丑初始蝕，到四唱蝕既，在營室十五度末。《景初》其日日在軫三度。以月蝕所衝考之，其日日應在翼十五度半。[1] 又到十三年十二月十六日望月蝕，加時在酉，到亥初始食，到一更三唱蝕既，在鬼四度。《景初》其日日在女三。以衝考之，其日日應在牛六度半。又到十四年十二月十六日望月蝕，[2]加時在戌之半，到二更四唱亥末始蝕，到三更一唱食既，在井三十八度。[3]《景初》其日日在斗二十五。以衝考之，其日日應在斗二十二度半。[4]到十五年五月十五日望月蝕，加時在戌，其日月始生而已，蝕光已生四分之一格，在斗十六度許。《景初》其日日在井二十四。考取其衝，其日日應在井二十。又到十七年九月十六日望月蝕，加時在子之少，到十五日未二更一唱始蝕，到三唱蝕十五分之十二格，在昴一度半。《景初》其日在房二。以衝考之，則其日日在氐十三度半。凡此五蝕，以月衝一百八十二度半考之，冬至之日，日並不在斗二十一度少，並在斗十七度半間，悉如承天所上。

[1]其日日應在翼十五度半：以月衝182度考之，其日日應在十六度半，疑差一度。

[2]又到十四年十二月十六日望月蝕：上文既言元嘉十三年十二月月食，今又曰十四年十二月月食，已超過一個食年，故此月食所載月日當誤。今推十一月丁亥望（十六日）月食，原文有誤。

[3]在井三十八度：井宿僅爲三十三度，數據有誤。據月食推，當爲“井二十六度”。

[4]其日日應在斗二十二度半：各本並作“二十二度半”。按以此處所述各月食檢日所在，與《景初曆》所推者實差三度半，今《景初》其日日在斗二十五，則實際應在斗二十一度半。今推是月望月食在井二十六度，以衝考之，亦與此數合。故應作“二十一度半”。

又去十一年起，以土圭測影。其年《景初法》十一月七日冬至，前後陰不見影。到十二年十一月十八日冬至，其十五日影極長。到十三年十一月二十九日冬至，其二十六日影極長。到十四年十一月十一日冬至，其前後並陰不見。[1]到十五年十一月二十一日冬至，十八日影極長。到十六年十一月二日冬至，其十月二十九日影極長。到十七年十一月十三日冬至，其十日影極長。到十八年十一月二十五日冬至，二十一日影極長。[2]到十九年十一月六日冬至，其三日影極長。到二十年十一月十六日冬至，其前後陰不見影。尋校前後，以影極長爲冬至，並差三日。以月蝕檢日所在，已差四度。土圭測影，冬至又差三日。今之冬至，乃在斗十四間，又如承天所上。

[1]其前後並陰不見：按上下文例，"見"下應有"影"字。

[2]二十一日影極長：按上下各例，以土圭測影，冬至各差三日，二十五日冬至，則應二十二日影極長。

又承天法，每月朔望及弦，皆定大小餘，於推交會時刻雖審，皆用盈縮，則月有頻三大、頻二小，比舊法殊爲異。舊日蝕不唯在朔，亦有在晦及二日。《公羊傳》所謂"或失之前，或失之後"。愚謂此一條自宜仍舊。

員外散騎郎皮延宗又難承天："若晦朔定大小餘，紀首值盈，則退一日，便應以故歲之晦，爲新紀之首。"承天乃改新法依舊術，不復每月定大小餘，如延宗所難，太史所上。

有司奏："治曆改憲，經國盛典，爰及漢、魏，屢有變革。良由術無常是，取協當時。方今皇猷載暉，舊域光被，誠應綜覈晷度，以播維新。承天曆術，合可施用。宋二十二年，普用《元嘉曆》。"詔可。

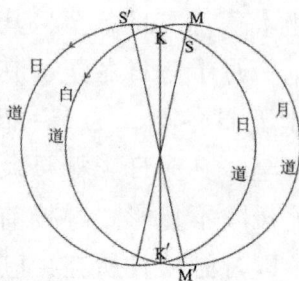

圖一　日月食交替出現示意圖

圖二　《天文訓》五行生壯老分布圖

宋書　卷一三

志第三

律曆下

《元嘉曆法》

上元庚辰甲子紀首至太甲元年癸亥，三千五百二十三年，至元嘉二十年癸未，五千七百三年，算外。[1]

元法，三千六百四十八。[2]

章歲，十九。[3]

紀法，六百八。[4]

章月，二百三十五。[5]

紀月，七千五百二十。[6]

章閏，七。[7]

紀日，二十二萬二千七十。[8]

度分，七十五。[9]

度法，三百四。[10]

氣法，二十四。[11]

餘數，一千五百九十五。[12]

歲中，十二。[13]

日法，七百五十二。[14]

没餘，一百九十六。[15]

通數，二萬二千二百七。[16]

通法，四十七。[17]

没法，三百一十九。[18]

月周，四千六十四。[19]

周天，十一萬一千三十五。[20]

[1]五千七百三年，算外：《元嘉曆》的上元，爲庚辰歲，紀首爲甲子日。上元至太甲元年癸亥，爲 3523 年，太甲爲商湯之孫，太丁之子，在位十二年。自上元至元嘉二十年癸未，相距 5703 年算外。算外之義，是癸未這一年不算在内。

[2]、[3]、[4]、[5]、[6]、[7]、[8]、[15]、[18]：《元嘉曆》仍以十九年爲一章，在十九年中有七個閏月，分別稱爲章歲和章閏。在一章中，共有 235 個月，稱爲章月。又設 608 年爲一紀，共積 7520 個月，稱爲紀月。在一紀中，共有 222070 日，稱爲紀日。一紀的日數稱爲紀法，以紀日除以紀法

$$222070 \div 608 = 365\frac{150}{608} = 360\frac{3190}{608}$$

其中 150 稱爲歲餘。爲了計算方便，作分數式 $\frac{222070}{3190} = 69\frac{196}{319}$，196 稱爲没餘，319 稱爲没法。《元嘉曆》又以六紀爲一元，$6 \times 608 = 3648$，稱爲元法。

[9]、[10]、[12]、[20]：紀法折半 $608 \div 2 = 304$，稱爲度法。紀日折半，$222070 \div 2 = 111035$，稱爲周天。度法 $111035 - 304 \times 360 = 1595$，稱爲餘數。"周天，十一萬一千三十五"，"三"各本作"二"，從局本改。

[11]、[13]、[14]、[16]、[17]：《元嘉曆》將一歲分爲二十四節氣，稱爲氣法，其中有十二中氣，稱爲歲中。16×47＝752，稱爲日法。其中47稱爲通法。紀日的十分之一稱爲通數。將日法除通數22207÷752＝29$\frac{399}{752}$＝29.530587（日），爲一月的日數。分子稱爲朔小餘。古曆將一朔望月整數日後的餘數用分數表示，其分母稱爲日法。爲了計算方法並取得精密數值，曆法家都盡可能將日法取得小一些。周琮在《宋史・律曆志》中指出，在何承天以前，曆家均"率意加減，以造日法。宋世何承天更以四十九分之二十六爲强率，十七分之九爲弱率，於强弱之際以求日法。承天日法七百五十二，得一十五强一弱，自後治曆者，莫不因承天法。"這就是説，何承天爲了克服選擇日法的無序狀態，發明如下不等式：

$$\frac{A}{B} > \frac{AM+CN}{BM+DN} > \frac{C}{D}$$

其中$\frac{A}{B}$稱爲强率，$\frac{C}{D}$稱爲弱率，M和N爲正整數，稱爲强弱數。祇要適當選擇M和N，用此式便可求出與朔望月實測值相當的日法和朔餘。何承天調日法的發明，爲日法的調制提供了强有力的數字方法，後世此法不但被廣泛用於日法的調制，而且推廣到近點月、交點月、交食周期和閏周等的調制，產生了十分深遠的影響。

[19]四千六十四：爲半紀的月行周數。將其除以度法，4064÷304＝13$\frac{112}{304}$＝13.368421，爲一日的月平均行度。

通周，二萬七百二十一。[1]

周日日餘，四百一十七。[2]

周虛，三百三十五。[3]

會數，一百六十。[4]

交限數，八百五十九。[5]

會月，九百三十九。[6]

朔望合數，八十。[7]

[1]、[2]、[3]：以日法除通周，得 $27\frac{417}{752}$ 日，爲月行遲疾曆一周日數。其剩餘 417，即周日日餘，$1-\frac{417}{752}=\frac{335}{752}$，其分子稱爲周虛。

[4]、[5]、[6]、[7]：會數和《乾象曆》的會率相當，交限數、會月與《景初曆》的入交限數、會通相當。故半會數 160＝朔望合數 80，交限數 859＋朔望合數 80＝會月 939。"會月，九百三十九"，"三"各本作"二"，今從局本。

甲子紀第一	遲疾差一萬七千六百六十三 交會差八百七十七
甲戌紀第二	遲疾差三千四十三 交會差二百七十九
甲申紀第三	遲疾差九千一百四十四 交會差六百二十
甲午紀第四	遲疾差一萬五千二百四十五 交會差二十二
甲辰紀第五	遲疾差六百二十五 交會差三百六十三
甲寅紀第六	遲疾差六千七百二十六 交會差七百四[1]

[1]"甲子紀第一"至"交會差七百四"：各紀中之遲疾、交會二差，均實測得來。某紀遲疾差加紀差數，所得如比通周數大，應棄去通周後，而得次紀遲疾差。例如，甲戌紀差 3043＋紀差數＝甲申紀差 9144，故紀差數＝6101。又甲子紀差 17663＋6101＝23763，其中棄去通周 20721，得 3043，爲甲戌紀差。其他仿此。各

紀交會差的得來和計算，亦如前法。甲申紀"交會差六百二十"，各本"十"下均衍"一"字，據計算刪。

　　推入紀法：置上元庚辰盡所求年，以元法除之，不滿元法，以紀法除之，餘不滿紀法入紀年也。滿法去之，得後紀。入甲午紀壬辰歲來，至今元嘉二十年歲在癸未，二百三十一年，算外。

　　推積月術：置入紀年數算外，以章月乘之，如章歲爲積月，不盡爲閏餘。閏餘十二以上，其年閏。

　　推朔術：以通數乘積月，[1]爲朔積分，滿日法爲積日，不盡爲小餘。以六旬去積日，不盡爲大餘，命以紀，算外，所求年正月朔日也。[2]

　　[1]以通數乘積月："月"各本作"分"，今從局本。
　　[2]所求年正月朔日也：在古曆中，由積年求積月，由積月求積日，由積日求平朔，這些都是曆法中最基本的問題。《元嘉曆》的推法與《景初曆》沒有任何差別。

　　求次月，加大餘二十九，小餘三百九十九，小餘滿日法從大餘，即次月朔也。小餘三百五十三以上，其月大也。

　　推弦望法：加朔大餘七，小餘二百八十七，小分三，小分滿四從小餘，小餘滿日法從大餘，命如前，上弦日也。又加之得望，又加之得下弦。

　　推二十四氣術：置入紀年算外，以餘數乘之，滿度法三百四爲積沒，不盡爲小餘。六旬去積沒，不盡爲大餘，命以紀，算外，所求年雨水日也。求次氣，加大餘十五，小餘六十六，小分十一，小分滿氣法從小餘，小餘滿度法從大餘，次氣日也。雨水在十六日以後者，如法減之，得立春。[1]

[1]“求次月”至“得立春”：求任何一年的冬至日，祇需積年乘以年長，再以曆元干支相減即可。但由於推算的是節氣日干支，以六十爲周期，故計算時祇需積年乘餘數即可。以冬至爲曆元之首，以正月爲一歲之首，這是中國曆法的傳統。何承天以爲曆首與歲首不齊同，是不理想的。於是在《元嘉曆》中，將曆元之首改爲正月中氣雨水。但因爲雨水時太陽的宿度難以由實測得到，須由冬至日所在加以換算，這種換算還存在不確定因素。這應是後世曆家並不認同此項改革的原因。

推閏月法：以閏餘減章歲，餘以歲中乘之，滿章閏得一，數從正月起，閏所在也。閏有進退，以無中氣御之。

立春正月節	限數一百九十四 間數一百九十	雨水正月中	限數一百八十六 間數一百八十二
驚蟄二月節	限數一百七十七 間數一百七十二	春分二月中	限數一百六十七 間數一百六十二
清明三月節	限數一百五十八 間數一百五十四	穀雨三月中	限數一百四十九 間數一百四十五
立夏四月節	限數一百四十二 間數一百三十九	小滿四月中	限數一百三十六 間數一百三十四
芒種五月節	限數一百三十三 間數一百三十二	夏至五月中	限數一百三十一 間數一百三十二
小暑六月節	限數一百三十三 間數一百三十四	大暑六月中	限數一百三十六 間數一百三十九
立秋七月節	限數一百四十二 間數一百四十五	處暑七月中	限數一百四十九 間數一百五十三
白露八月節	限數一百五十七 間數一百六十二	秋分八月中	限數一百六十七 間數一百七十二

寒露九月節	限數一百七十七 間數一百八十二	霜降九月中	限數一百八十六 間數一百九十	
立冬十月節	限數一百九十四 間數一百九十七	小雪十月中	限數二百 間數二百三	
大雪十一月節	限數二百五 間數二百六	冬至十一月中	限數二百七 間數二百六	
小寒十二月節	限數二百五 間數二百三	大寒十二月中	限數二百 間數一百九十七	[1]

　　[1]"推閏月法"至"間數一百九十七"：此限數、間限表，不易明白其作用。這是因爲古人習慣於以後半夜月食仍作前一日計，故特創中節限數、間限算法。限數、間限數的來歷，見《景初曆》注。

　　推没滅術：因雨水積，以没餘乘之，滿没法爲大餘，不盡爲小餘，如前，爲所求年雨水前没日也。[1]求次没，加大餘六十九，小餘一百九十六，滿没法從大餘，命如前，雨水後没日也。雨水前没多在故歲，常有五没，官以没正之，一年常有五没或六没。小餘盡爲滅日也。雨水小餘三十九以還，雨水六旬後乃有。[2]

　　[1]"因雨水積"至"前没日也"：依文義，"因雨水積"下缺"没"字。"如前"當作"命如前"。"所求年"前缺"爲"字，今補上。没日，一歲三百六十日之外的日數。

　　[2]雨水六旬後乃有："因雨水積"即從入紀年至所求年雨水（所求年除外）的積没。命一紀年的積没3190，對一年的積没360之比，等於入紀年，至所求年的積没對於所求年相當没餘 X 之比，即 $\frac{360}{3190} = \frac{36}{319} = \frac{X}{雨水積没}$，故 $X = 36\frac{雨水積没}{319}$。求出 X 後，比分母雨水積没的半分爲小，故其最後没日在雨水前，又因周天111035

除以餘數，即 $\dfrac{111035}{1595}=69\dfrac{196}{319}$ 日，故求次没，應加大餘 69 小餘 196，而得雨水後没日。故最後"有"字下當缺"没日"二字。

推土用事法：置立春大小餘小分之數，減大餘十八，小餘七十九，小分十八，命以紀，算外，立春前土用事日也。大餘不足加六十，小餘不足減，減大餘一，加度法而後減之。立夏、立冬求土用事皆如上法。[1]

[1]"推土用事"至"皆如上法"：與《景初曆》的推五行用事一樣。推五行用事或推土用事，實際與曆法無關，祇是供迷信占卜之用的方法。求立春、立夏、立秋、立冬之土用事與土王四季的迷信說法有關，就這點而言，與《景初曆》的立春、立夏、立秋、立冬分別推木、火、土、金、水用事的觀念有別。

推日所在度法：以度法乘朔〔積日，周天去之，餘滿度法爲〕積度，不盡爲分。命度起室二，次宿除之，算外，正月朔夜半日在度及分也。求次日，日加一度，經室去度分。

推月所在度法：以月周乘朔積日，周天去之，餘滿度法爲積度，不盡爲分，命度如前，正月朔夜半月所在度及分。求次月，小月加度二十二，分一百三十三，大月加度三十五，分二百四十五，分滿度法成一度，命如前，次月朔月所在度及分也。曆先月法：以十六除月行分爲大分，如所入遲疾加之，經室去度分。[1]

[1]"推日所在度法"至"經室去度分"：以上三個專名和

《景初曆》中"推五行用事日""推日度術""推月度術"的計算法全同，僅《景初曆》的紀法，本曆中代以度法。"推日所在度法：以度法乘朔"下文理不通，今從局本補"積日，周天去之，餘滿度法爲"十一字。

推合朔月食術：置所求年積月，以會數一百六十乘之，以所入交會紀差二十二加之，滿會月去之，餘則其年正月朔去交分也。求次月，以會數加之，滿會月去之。求望，加合數。朔望去交分如合數以下，交限數以上，朔則交會，望則月食。[1]

[1]朔則交會，望則月食：用會數160，除會月939，得食月5月餘，與《景初曆》以通數除會通得食5月餘相同。彼以通數乘紀後，將會通除餘之數作紀差，故此可以會數乘入紀年積月後，加入所入交會紀差，若加得數大於會月，則須棄去若干倍會月數，至小於會月，即其年正月朔去交分。餘同景初法。

推入遲疾曆法：置所求年朔積分，所入遲疾差一萬五千二百四十五加之，滿通周去之，餘滿日法得一日，[1]不盡爲日餘，命日算外，所求年正月朔入曆。求次月，加一日，日餘七百三十四。求望，加十四日，日餘五百七十五半。餘滿日法成一日，日滿二十七去之，除日餘如周日日餘，不足減，減一日，加周虛。日滿二十七而日餘不滿周日日餘，爲損。周日滿去之，爲入曆一日。[2]

[1]餘滿日法：各本缺"法"字，從局本補。
[2]爲入曆一日：法同《景初》。

推合朔月食定大小餘法：以入曆日餘乘入曆下損益率，入一日，益二十五是也。以損益盈縮積分，值損則損之，值益則益之。爲定積分。以入曆日餘乘列差，滿日法盈減縮加差法，爲定差法。以除定積分，所得減加本朔望小餘，值盈則減，縮則加之。爲定小餘。加之滿日法，合朔月食進一日；減之不足減者，加日法而後減之，則退一日。值周日者，用周日定數。[1]

[1]用周日定數：定積分＝入曆下盈縮積分（遇損則損，遇盈則盈）±日餘×損益率。定差法＝差法（盈減縮加）∓$\dfrac{入曆日餘×列差}{日法}$。本朔望定小餘，等於定積分／定差法減加本朔望小餘。餘法參照《景初》法。

推加時：以十二乘定小餘，滿日法得一辰，數從子起，算外，則朔望加時所在辰也。有餘者四之，滿日法得一爲少，二爲半，三爲太。[1]又有餘者三之，滿日法得一爲強，半法以上排成一，不滿半法棄之。以強并少爲少強，并半爲半強，并太爲太強。得二者爲少弱，[2]以并少爲半弱，以并半爲太弱，以并太爲一辰弱。以所在辰名之。

[1]三爲太："太"各本作"太半"，從局本刪。
[2]得二者爲少弱："少"各本並作"小"，今改正。

推合朔月食加時漏刻法：[1]各以百刻乘定小餘，如日法而一；不盡什之，求分。先除夜漏之半，即晝漏加時刻及分也。晝漏盡，又入夜漏。在中節前後四日以還者，視限數。在中節前後五日以上者，視間限數。月食加時定小餘不滿限數、間數者，皆以算上爲日。[2]

[1]推合朔月食加時滿刻法：“滿刻法”當爲“漏刻法”之誤，今依中華本改正。

[2]“推合朔月食加時漏刻法”至“皆以算上爲日”：每日定爲百刻，日法爲每日積分數。故，日法：100 刻＝定小餘：相差刻數 x，$x = 100 \times$ 定小餘÷日法。因數從夜半起算，故先除夜漏之半，即得晝漏加時刻數及分。

	月行遲疾度	損益率	盈縮積分	列差	差法
一日	十四度 十三分	益二十五	盈	二	二百六十
二日	十四度 十一分	益二十三	盈萬八千八百	三[1]	二百五十八
三日	十四度 八分	益二十	盈三萬六千九十六	四	二百五十五
四日	十四度 四分	益十六	盈五萬一千一百三十六	五	二百五十一
五日	十三度 十八分	益十一	盈六萬三千一百六十八	五	二百四十六
六日	十三度 十三分	益六	盈七萬一千四百四十	六	二百四十一
七日	十三度 七分	益	盈七萬五千九百五十二	五	二百三十五
八日	十三度 二分	損五	盈七萬五千九百五十二	四	二百三十[2]

日	度	損益	盈縮		
九日	十二度十七分	損九	盈七萬二千一百九十二	三	二百二十六
十日	十二度十四分	損十二	盈六萬五千四百二十四	三	二百二十三
十一日	十二度十一分	損十五	盈五萬六千四百	三	二百二十
十二日	十二度八分	損十八	盈四萬五千一百二十	二	二百一十七
十三日	十二度六分	損二十	盈三萬一千五百八十四	二	二百一十五
十四日	十二度四分	損二十二	盈一萬六千五百四十四	二	二百一十三
十五日	十二度二分	益二十四	縮	二[3]	二百一十一
十六日	十二度四分	益二十二	縮一萬八千四十八	二	二百一十三
十七日	十二度六分	益二十	縮三萬四千五百九十二	三	二百一十五
十八日	十二度九分	益十七	縮四萬九千六百三十二	五	二百一十八
十九日	十二度十四分	益十二	縮六萬二千四百一十六	六	二百二十三
二十日	十三度一分	益六	縮七萬一千四百四十	六	二百二十九
二十一日	十三度七分	益	縮七萬五千九百五十二	五	二百三十五
二十二日	十三度十二分	損五	縮七萬五千九百五十二	四	二百四十
二十三日	十三度十六分	損九	縮七萬二千一百九十二	四	二百四十四
二十四日	十四度一分	損十三	縮六萬五千四百二十四	四	二百四十八

日・度	損益	盈縮積分	列差	差法
五日 二十四度 五分	損十七	縮五萬五千六百四十八	三	二百五十二
六日 二十四度 八分	損二十	縮四萬二千八百六十四	三	二百五十五
七日 二十四度 十一分	損二十三	縮二萬七千八百二十四	一	二百五十八
周日 十四度 十三分小分一百三	損二十五 定損二百二十四	縮一萬五百二十八 定縮九萬三千四百八[4]		二百六十 定差法二千三百九[5]

[1]三：各本作"二"，今從局本。

[2]二百三十：各本並作"一百三十"，今從局本。

[3]二：各本作"一"，今從局本。

[4]定縮九萬三千四百八："定縮"各本均爲"定備"，今按文義改。

[5]月行遲疾度、損益率、盈縮積分、列差、差法：這五個專名，都是《元嘉曆》盈縮曆表的項目。該表項目是參酌《乾象》《景初》二曆而設立的，其中月行遲疾度、損益率、盈縮積分三個的計算法與《景初》遲疾曆完全相同。差法就是從《景初曆》表中各日月行的章歲分，減去日每日行一度的章歲分。列差就是從本月的月行分，減去翌日的月行分。此外，本遲疾曆表內周日下縮積分爲10528，此值以日法752除之，得14爲周日日餘的縮積，亦爲該日餘的損率，故由比例 $\frac{12}{周日日餘} = \frac{x}{周虛}$，$x$爲關於周虛的損率，故 $x = 335 \times \frac{12}{417} = 11\frac{103}{417}$ 分，以此和周日日餘損率相加，得周日損率 $25\frac{103}{417}$ 分，復加入月行日平均 13 度 7 分（其 7 分以章歲 19 爲分母），得 13 度 $32\frac{103}{417}$ 分，滿 19 進位得 14 度 $13\frac{103}{417}$ 分。這是表中周日下所以書"十四度十三分，小分一百三"的道理。定差法，原作"定

意差法"，今按文義改。以上月行遲疾表是東漢末劉洪《乾象曆》和曹魏楊偉《景初曆》以來創立的較準確地推算月食發生時刻的一項最重要、最基本的計算表。由於月亮在一個近點月内的運動速度不等，故推算某一時刻的月亮真實位置在平行的基礎上需作出改正。月行遲疾表的主要用途之一，就是計算月亮的實際行度。在先算出欲求時刻同月亮近地點的時距之後，即可應用該表，依一次内插法加以計算。主要用於推算交食發生時刻和晦朔弦望時刻的推算。

推合朔度：以章歲乘朔小餘，滿通法爲大分，不盡爲小分。以大分從朔夜半日日分，滿度命如前，正月朔日月合朔所在共合度也。[1]

[1]"推合朔度"至"正月朔日月合朔所在共合度也"：以最大公約數16除度法和日法，得章歲和通法，故本項計算與《景初曆》推合朔度法相同。

求次月，加度二十九，大分一百六十一，小分十四，小分滿通法從大分，大分滿度法從度。經室除度分。求望，加十四度，大分二百三十二，小分三十半。求望月所在度，加日度一百八十二，分一百八十九，小分二十三半。

二十四氣	日所在度[1]	日中晷影	晝漏刻	夜漏刻	昏中星	明中星
雨水	室　一 太强	八尺二寸 二分	五　十 五分	四十九 五分	觜　一 少强	尾十一强

驚蟄	壁一強	六尺七分二分	五十二九分	四十七一分	井九半強	箕四少弱
春分	奎七少強	五尺三寸九分	五十五五分	四十四五分	井二十九半強	斗四弱
清明	婁六半	四尺二寸五分	五十八	四十二	柳十二太	斗十四半
穀雨	胃九太弱	三尺二寸五分	六十三分	三十九七分	張十	斗二十五半
立夏	昂十一弱	二尺五寸	六十二三分	三十七七分[2]	翼十太弱	女三少
小滿	畢十五少弱	一尺九寸七分	六十三九分	三十六一分	軫十弱	虛二弱
芒種	井三半弱	一尺六寸九分	六十四八分	三十五二分	角十太弱	危七弱
夏至	井十八	一尺五寸	六十五	三十五	氐五少弱	室五少強
小暑	鬼一弱	一尺六寸九分	六十四八分	三十五二分	房四太弱	壁六太弱
大暑	柳十二弱	一尺九寸七分	六十三九分	三十六一分	尾八太弱	奎十二太弱
立秋	張五半強	二尺五寸	六十二三分	三十七七分	箕三	胃二太弱
處暑	翼二半	三尺二寸五分	六十三分	三十九七分[3]	斗三半	昂七太弱
白露	翼十七太弱	四尺二寸五分	五十八	四十二	斗十四半弱	畢十六半弱
秋分	軫十五	五尺三寸九分	五十五五分	四十四五分	斗二十五少強	井九少強

寒露	亢一少	六尺七寸二分	五十二九分	四十七一分	牛八半強	井二十九弱
霜降	氐七半	八尺二寸八分	五十五分	四十九五分	女十一半弱	柳十一半強
立冬	心二半強	九尺九寸一分	四十八四分	五十一六分	危二弱	張八太弱
小雪	尾十二太強	一丈一尺三寸四分	四十六七分	五十三三分	危十三半強	翼八太強
大雪	箕十	一丈二尺四寸八分	四十五六分	五十四四分	室九半強	軫八少強
冬至	斗十四強	一丈三尺	四十五	五十五	壁八太強	角七少強
小寒	牛三半強	一丈二尺四寸八分	四十五六分	五十四四分	奎十五少	亢九
大寒	女十半強	一丈一尺三寸四分	四十六七分	五十三三分	胃四半強	氐十三太強
立春	危四	九尺九寸一分	四十八四分	五十一六分	昴九少	心四強[4]

[1]日所在度：各本無“在”字，從局本補。

[2]三十七：“三”各本作“四”，從局本改。

[3]七分：各本作“三分”，從局本改。

[4]二十四氣、日所在度、日中晷影、晝漏刻、夜漏刻、昏中星、明中星：這六個專名是《元嘉曆》中步晷漏術表的項目。其中二十四氣乃是該曆 $\dfrac{周天}{度法}=365\dfrac{75}{304}$ ，二十四等分之，得15.2186，等於15度少，爲各氣相距日數。其日所在度、昏中星、明中星三項與《四分曆》中晷漏術表相比，均約後退七度，是《元嘉曆》雖不言及歲差，已隱寓歲差在内。至日中晷影、晝漏刻、夜漏刻三

項，亦從實測得來。至於二十八宿還是沿用《太初曆》的星距，這個傳統，直至唐《大衍曆》纔改變。針對何承天上曆表文中所批評的後漢《四分曆》"春分日長，秋分日短，差過半刻""楊偉不悟，即用之"，何承天在《元嘉曆》中給出了正確的二十四節氣漏刻晷影表。爲了叙述方便，我們將《景初曆》《元嘉曆》和祖冲之《大明曆》的二十四節氣的夜漏表和晷影表並載於下。

《景初曆》《元嘉曆》《大明曆》二十四節氣晷漏表

節氣		夜漏（刻）			影長（尺）			
		景初曆	元嘉曆	大明曆	景初曆	元嘉曆		大明曆
冬　至		55.0	55.0	55.0	13	13.0		13
小寒	大雪	54.2　54.5	54.4	54.4	12.3	12.48	12.56	12.43
大寒	小雪	53.2　53.3	53.3	53.3	11.0	11.34	11.4	11.2
立春	立冬	51.4　51.8	51.6	51.6	9.6	9.91	10.0	9.8
雨水	霜降	49.2　49.7	49.5	49.5	7.95	8.22	8.4	8.17
驚蟄	寒露	46.7　47.4	47.1	47.1	6.5	6.72	6.85	6.67
春分	秋分	44.2　44.8	44.5	44.5	5.25	5.39	5.5	5.37
清明	白露	41.7　42.2	42.0	41.9	4.15	4.25	4.35	4.25
穀雨	處暑	39.5　39.8	39.7	39.6	3.2	3.25	3.33	3.26
立夏	立秋	37.6　37.7	37.7	37.6	2.52	2.5	2.55	2.53
小滿	大暑	36.1　36.2	36.1	36.1	1.98	1.97	2.0	1.99
芒種	小暑	35.1　35.3	35.2	35.2	1.68	1.69	1.7	1.69
夏　至		35.0	35.0	35.0	1.5	1.5		1.5

由表可以看出，《元嘉曆》二十四節氣漏刻表中，除冬至和夏至夜漏值與《景初曆》相同外，均取《景初曆》與二至對稱的兩節氣的平均值作爲該兩節氣的夜漏值，其中除了將小滿和大暑兩節氣夜

漏平均值的 0.05 捨去外，其他凡得 0.05 者均入之。這就是説，《元嘉曆》二十四節氣漏刻表並未經實測，而是在《景初曆》的基礎上作技術處理得出的。作這種處理是合理的。從上表也可看出，《元嘉曆》二十四節氣晷影長度則是經過實測的産物，它是自漢靈帝以來第二份留存至今的二十四節氣晷長表。宋代周琮指出：何承天“立八尺之表，連測十餘年，即知舊《景初曆》冬至常遲天三日”。可知何承天作過長期晷影測量工作。考察元嘉十九年（442）所定冬至時刻值與理論值僅差 50 刻，已較前代曆法的精度有了大幅度提高。

推五星法：

	合歲	合數	日度法	室分
木	三百四十四	三百一十五	九萬五千七百六十	二萬三千六百二十五
火	四百五十九	二百一十五	六萬五千三百六十	一萬六千一百二十五
土	三百八十三	三百七十	一十一萬二千四百八十	二萬七千七百五十
金	二百六十七	一百六十七	五萬七百六十八	一萬二千五百二十五
水	七十九	二百四十九	七萬五千六百九十六	一萬八千六百七十五[1]

[1]合歲、合數、日度法、室分：這些是《元嘉曆》推五星法的專名，今以木星爲例加以説明。木星經 344 歲與日合 315 次。前者稱爲合歲，後者稱爲合數。以 $\frac{合歲}{合數} \times \frac{周天度法}{度法} = \frac{344}{315} \times \frac{111035}{304} = 398\frac{83560}{95760}$ 日，爲一合日數。以合數乘度法爲日度法，以合數乘度分爲

室分。其他均仿此。

木後元丙戌，晋咸和元年，至元嘉二十年癸未，百十八年算上。

火後元乙亥，元嘉十二年，至元嘉二十年癸未，九年算上。

土後元甲戌，元嘉十一年，至元嘉二十年癸未，十年算上。

金後元甲申，晋太元九年，至元嘉二十年癸未，六十年算上。

水後元乙丑，元嘉二年，至元嘉二十年癸未，十九年算上。[1]

[1]"木後元丙戌"至"十九年算上"：後元爲《元嘉曆》特有的專名，該曆創行"步氣朔"爲一元，而"步五星"則創行各不相同的後元。《元嘉曆》取用與曹魏楊偉《景初曆》、後秦姜岌《三紀甲子元曆》、北涼趙歐《元始曆》相類似的多曆元法，即對於月亮過近地點和太陽過黃白升交點的時間推算各設不同的起算點，對於五星位置的推算亦如此。特稱之爲後元。如"木後元丙戌，晋咸和元年（326）至元嘉二十年癸未（443），百十八年算上"與《元嘉曆》所設的上元（至元嘉二十年癸未，五千七百三年，算外）截然不同。這一多曆元法，使計算簡便，又可保持經實測得來的天文量的原有精度。這種多曆元法一脉相承，是有別於占主導地位的上元法的曆元流派。

推五星法：各設其元至所求年算上，以合數乘之，滿合歲爲積合，不盡曰合餘，多者以合數除之，得一，星合往年，得二，合前往年，不滿合數，其年。木、土、金則有往年合，火有前往年合，水一年三合或四合也。以合餘減合數爲度分，水度分滿合歲則去之也。以周天十一萬一千三十五乘度分，滿日度法爲積度，不盡曰度餘。[1]命度以室二，算外，星合所在度也。[2]以合數乘其年，内雨水小餘，并度餘爲日餘，滿日度法從積度爲日，命以雨水，算外，星合日也。求星見日法，以法伏日及餘木則十六日及餘是也。加星合日及餘，滿日度法成一日，命如前，星見日也。求星見度法，以法伏度及餘木則二度及餘是也。加星合度及餘，滿日度法成一度，命如前，所見度也。以星行分母木則二十三是也。乘見度餘，滿日度法得一，分乃日加所行分。木順日行四分。分滿其母成一度，逆順母不同，木逆分母七也。當各乘度餘，留者承前，逆則減之，伏不書度，經室去分，不足減者，破全度。五星室分各異，若在行分，各依室分去之。[3]

　　[1]積合、合餘、度分：爲步五星所用。自各後元至所求年算上，命之爲 K，則 $K \times \dfrac{合數}{合歲} = 整數 + \dfrac{餘數}{合歲} = 積合 + \dfrac{合餘}{合歲}$。又以 $\dfrac{合餘}{合數}$，"得一，星合往年，得二，合前往年，不滿合數，其年"，解釋見《景初曆》。$1 - \dfrac{合餘}{合數} = \dfrac{合數 - 合餘}{合數}$，其分子稱爲度分。

　　[2]星合所在度：星和日合時所在的宿度，周天 $\times \dfrac{度分}{日度法} = 積度 + \dfrac{度餘}{日度法}$，這個度餘和積度，除以室宿二度爲起算點外，即可依此而得星合所在宿度。星合日即星、日合的那一天。年内雨水小餘是以度法爲分母，度餘是以日度法爲分母，所以，小餘必用合數乘

後，始可和度餘相加而爲日餘，而再以日度法除之。加入積度，除
計算以年内雨水爲起點外，即得星和日合爲某日。

　　[3]"求星見日法"至"各依室分去之"：星見日、星見度，
即推星合後再經幾何日，該星出現於東方，及再經幾何度，該星見
於某宿度。伏日及餘，即星伏後所經日數及日餘。術文言"以法"，
猶言"法以"。合度及餘，即星伏後所行度數及度餘。故以之各加
入於星合日及餘，及星合度及餘，其日餘及度餘均滿日度法得一日
或一度，仍以雨水爲起算點外，即可推出星見日及星見度。原木則
十六日及餘是也，"餘"各本作"金"，今從局本。　　木則二十三
是也："是"原注文作"見"，據文義改。伏不書度，"書"各本均
作"盡"，據《景初曆》改。

　　木：初與日合，伏，十六日，日餘四萬一千七百八
十，行二度，餘七萬七千八百四十七半，晨見東方。去
日十三度半强。順，日行二十三分之四，一百一十五日行
二十度。留，不行，二十六日而逆。日行七分之一，八
十四日退十二度。又留二十六日。順，一百一十五日行
二十度，夕伏西方，日度餘如初，與日合。一終三百九
十八日，日餘八萬三千五百六十，行星三十三度，餘五
萬九千九百三十五。

　　火：初與日合，伏，七十一日，日餘二萬四千八百
一十二半，[1]行五十四度，度餘四萬九千四百三十，晨
見東方。去日十六度半强。[2]順，疾，日行七分之五，一百
八日半行七十七度半。小遲，日行七分之四，一百二十
六日行七十二度而大遲。日行七分之二，四十二日行十
二度。留，不行，十二日而逆。[3]日行十分之三，六十
日退十八度。又留十二日。順，遲，四十二日行十二

度。小疾，一百二十六日，行七十二度。一百八日半行七十七度半，夕伏西方，日度餘如初，與日合。一終七百七十九日，日餘四萬九千六百二十五，行星四百一十四，度餘三萬三千五百。除一周，行星定四十九度，度餘一萬七千三百七十五。[4]

[1]一十二半：各本並脱“二”字，據計算改正。

[2]去日十六度半強：“六”各本並作“七”，據計算改正。

[3]十二日而逆：“逆”各本並作“遲”，據文義改。

[4]行星定四十九度，度餘一萬七千三百七十五：“定”以上，各本無“行星”二字，“一萬”上無“度餘”二字，據下文金星例補。

土：初與日合，伏，十八日，日餘四千四百八十二半，行二度，度餘四萬六千八百四十七半，晨見東方。去日十五度半強，順，日行十二分之一，八十四日，行七度。留，不行，三十六日而逆。日行十七分之一，一百二日退六度。又留三十六日。順，八十四日行七度，夕伏西方，日度餘如初，與日合。一終三百七十八日，日餘八千九百六十五，行星十二度，度餘九萬三千六百九十五。

金：初與日合，伏，四十一日，日餘四萬九千六百八十四半，行五十一度，[1]度餘四萬九千六百八十四半，見西方。[2]去日十度。順，疾，日行一度十三分之三，九十一日行一百十二度而小遲。日行一度十三分之二，九十一日行一百五度。又大遲。日行十五分之十一，四十五日行三十三度。留，不行，八日而逆。^[3]日行三分之二，九日退六度，伏西方。伏六日，退四度而與日合。又六日退四度，晨見東方。逆，九日退六度。又留八日。順，四十五日行三十三度。小疾，九十一日行一百五度。大疾，九十一日行百一十二度，晨伏東方，日度餘如初，與日合。一終五百八十三日，日餘四萬八千六百一。^[4]除一周，行星定二百一十八度，度餘三萬六千七十六。一合二百九十一日，餘四萬九千六百八十四半，行星如之。

[1]行五十一度："行"下各本並衍"半"字，按五星行度例，"行"下不當有"半"字，今刪。

[2]見西方："見西方"及下"伏西方"，據《景初曆》，當作"夕見西方"及"夕伏西方"。

[3]八日而逆："逆"各本並作"遲"，星由留而逆，不當爲"遲"，今改正。

[4]日餘四萬八千六百一："六百一"下當有"行星如之"四字。

水：初與日合，伏，十七日，日餘七萬一千二百一十半，行三十四度，度餘七萬一千二百一十半，見西方。^[1]去日十七度。順，疾，日行一度三分之一，十八日行二十四度而遲。日行七分之五，七日行五度。留，不行，四日，夕伏西方。伏十一日，退六度，而與日合。又十一日退六度，而晨見東方。留四日。順，遲，七日行五度。疾，十八日行二十四度，晨伏東方，日度餘如初，與日合。一終一百一十五日，日餘六萬六千七百二十五，行星如之。一合五十七日，日餘七萬一千二百一十半，行星亦如之。盈加縮減，十六除月行分，日法除盈縮分，以減度分，盈加縮減。[2]

[1]見西方：按水星例，當作"夕見西方"。

[2]盈加縮減：以木星爲例，"木：初與日合……餘五萬九千九百三十五"幾和《景初曆》全同。根據本志記載，《元嘉曆》的五星會合周期如下：

水星：$115\frac{66725}{75696}$，與今測值合。

金星：$583\frac{48601}{50768}$，比今測值小 11%。

火星：$779\frac{49625}{65360}$，比今測值小 17%。

木星：$398\frac{83560}{95760}$，與今測值合。

土星：$378\frac{8965}{112480}$，比今測值小 1%。

由以上數據可知，《元嘉曆》的五星會合周期已相當精密，這都是魏晋及何承天本人精密觀測的結果。

推卦：因雨水大小餘，加大餘六，小餘三百一十九，小餘滿三千六百四十八成日。[1]日滿二十七日餘不足加減不加周虛。[2]

[1]"推卦"至"三千六百四十八成日"：雨水爲正月中氣，而正月的卦用事，爲小過、蒙、益、漸、泰，皆屬於六日又八十分

之七，而 $6\frac{7}{80}=6\frac{319.2}{3648}$，故曰“加大餘六，小餘三百一十九”。按以前慣例，用元法爲日法。

〔2〕日滿二十七日餘不足加減不加周虛：似與本條文無關，恐有誤。

元嘉二十年，承天奏上尚書：“今既改用《元嘉曆》，漏刻與先不同，宜應改革。按《景初曆》春分日長，秋分日短，相承所用漏刻，冬至後晝漏率長於冬至前。且長短增減，進退無漸，非唯先法不精，亦各傳寫謬誤。今二至二分，各據其正。[1] 則至之前後，無復差異。更增損舊刻，參以晷影，删定爲經，改用二十五箭。[2] 請臺勒漏郎將考驗施用。” 從之。

〔1〕今二至二分，各據其正：由於《四分曆》《景初曆》二十四節氣晷漏刻數出現“春分日長，秋分日短”的矛盾現象，與理不合，故《元嘉曆》作出改正。

〔2〕改用二十五箭：後漢《四分曆》《景初曆》均用四十八箭，是因爲自冬至到夏至太陽黃緯每增減二度用一箭。何承天發現上半年和下半年對應的節氣晷影相同，晝夜刻度也相同，故當用相同的箭，於是全年祇需用二十五箭。

前世諸儒依圖緯云，月行有九道。[1] 故畫作九規，更相交錯，檢其行次，遲疾換易，不得順度。劉向論九道云：“青道二出黃道東，白道二出黃道西，黑道二出北，赤道二出南。” 又云：“立春、春分，東從青道；立夏、夏至，南從赤道。秋白冬黑，各隨其方。” 按日行黄道，陽路也，月者陰精，不由陽路，故或出其外，或入其內，出入去黄道不得過六度。入十三日有奇而出，出亦十三日有奇而入，凡二十七日而一入一出矣。[2] 交於黃道之上，與日相掩，則蝕焉。漢世劉洪推檢月行，作陰陽曆法。元嘉二十年，太祖使著作令史吳癸依洪法，制新術，令太史施用之。

[1]月行有九道：月行九道，出自《乾象曆》，與劉向之九道術無關。

[2]凡二十七日而一入一出矣：月出入黃道，凡二十七日而一入一出，指月亮的一個交點月日數。劉洪作陰陽曆，用以推算交食，知在交點附近，纔能發生交食。

《元嘉曆》月行陰陽法：

陰陽曆		損益率	兼數
一日		益十七	初
二日	前限餘六百六十五 微分一千七百三十八	益十六	十七
三日		益十五	三十三
四日		益十二	四十八
五日		益八	六十
六日		益四	六十八
七日		益一	七十二
八日		損二	七十三
九日		損六	七十一

十日	損十	六十五
十一日	損十三	五十五
十二日	損十五	四十二
十三日 後限餘二千一十九 微分一千七十九	損十六	二十七
分 日 二千六百八十五半	損十六大 大者五千三百七十一分之三千四百七十二	十一[1]

　　[1]《元嘉曆》月行陰陽法：此表完全沿用《乾象曆》陰陽的各個項目，僅省去"衰"一項。《乾象曆》有"朔合分"，即是由朔望月日數，減去交點月日數的餘日數，且推算陰陽曆則用月周爲日法。今《元嘉曆》的交點月既等於 $27\frac{1307}{4064}$ 日，故朔合分就爲已知數。將朔合分的一半，除以月周，得一日又日餘若干，以減交點月的一半 $13\frac{2685.5}{4064}$，適得第二日又日餘若干，爲日月食的前限。又將朔合分的餘一半，除以月周，從周日日餘倒減之，適爲其第十三日又日餘若干，爲日月食的後限。　損益率：月過黄白二道交點時，其損益爲零，由一日至七日，其益由多而少，八日至"分日"，其損由少而多。　兼數：損益率的累積數。兼數和損益率，同以 12 爲分母，以 12 除兼數得度數，例如，八日下兼數爲 73，以 12 除之，得 $6\frac{1}{12}$ 度，即黄白道交角（中國古度）。又分日的兼數 11，可視爲周日（即占月周全分的的日）之損率，今以月周一分日 = 1378.5，由比例式：$\frac{11}{分日} = \frac{所求數\ X}{月周一分日}$，故 $X = 11 \times \frac{月周一分日}{分日} = 5\frac{3472}{5371}$，以加兼數 11，得 $16\frac{3472}{5371}$，即分日下的損 16 大。

　　曆周，五萬五千五百一十七半。[1]

差率，一萬一百九十。[2]

微分法，一千八百七十八。[3]

　[1]曆周：2 乘曆周得周天，以月周除之，得交點月 27 $\frac{1307}{4064}$ 日。

　[2]差率：等於會月＋朔望合數＝1019，"一萬一百九十"，當係傳寫之誤。黃白道交點一月約逆行一度餘，差率即爲一會月月行交周數，亦爲一日月行交周的積度分。

　[3]微分法：即 2 乘會月數。用法見後文注。

推入陰陽曆術曰：以會月去入紀積月，餘以會數乘之，以所入紀交會差加之，周天乘之，滿微分法爲大分，不盡爲微分。大分滿周天去之，餘不滿曆周者爲入陽曆。餘，皆如月周得一日，算外，所求年正月合朔入曆也。不盡爲日餘。求次月，加二日，日餘一千三百三十一，微分一千五百九十八，如法成日，日滿十三去之，除日餘如分日。陰陽曆竟互入端，入曆在前限餘前，後限餘後者，月行中道。[1]

　[1]"推入陰陽曆術曰"至"月行中道"：由入紀積月，減去若干倍會月數，則剩下的尚有小於會月數的若干個朔望月。依《乾象曆》，應以朔合分乘之，滿周天去之，方得所入陰曆或陽曆，但朔合分＝周天×朔望合數/會月＝周天×會月/微分法。在《元嘉曆》，因爲交會差的緣故，會數乘剩餘月後，尚須加入所入紀交會差，即（會數×剩餘月＋本紀交會差）$\frac{周天}{微分法}$＝大分＋$\frac{不盡數}{微分法}$，其大分若大於周天，則於其中棄去周天若干倍，其棄餘若小於曆周，

則爲入陽曆。皆滿月周得一月算外，爲所求正月朔入曆，不盡爲日餘。如求次月，則需加朔合分二日及日餘 1331，微分 1598。加後如日滿 13，餘滿分日，仍須棄去。當陰陽曆交互入端，入曆至接近交點，即所謂"前限餘前，後限餘後"，是謂月行中道。竟互入端，"互"各本均作"平"，據《晉書·律曆志中》改。餘不滿曆周者爲入陽曆，依曆理，以下當有"滿去之，餘爲入陰曆"數字。

求朔弦望定數：各置入遲疾曆盈縮定積分，以章歲乘之，差法除之，所得滿通法爲大分。不盡，以微分法乘之，如法爲微分。盈減縮加陰陽日餘，盈不足，以月周進退日而定，以定日餘乘損益兼數，[1] 爲加時定數。[2]

[1] 以定日餘乘損益兼數：據文義，"定日餘乘"下當脫"損益率如月周得一以"九字。

[2]"求朔弦望定數"至"爲加時定數"：先將由前所述的盈縮定積分，除以差法，則得入曆日盈縮日分，再將該日分，由日法系統改爲度法系統，即盈縮日分：日法 = X：度法，即盈縮日分：47 = X：19，故 $X = 19 \times \dfrac{定積分}{差法}/47 = 大分 + \dfrac{不盡數}{通法}$。又將不盡數改成以微分法爲分母，即不盡數：47 = X′：微分法，故 X′ = 不盡數 × 微分法/47，以之盈減縮加陰陽日餘，加後如多於月周，則進一日，減時如不足減，則加月周而退一日，以之爲定日餘。再以定日餘乘損益率，而除以月周（由此而得前注所補脫文），將所得以損益兼數，即得加時定數。

推夜半入曆：以差率乘朔小餘，[1] 如微分法得一，以減入曆餘，不足，加月周而減之，却一日，却得分日，加其分，[2] 半微分爲小分，[3] 即朔日夜半入曆曆餘小分也。

[1]以差率乘朔小餘："差率"下各本並脱"乘"字，據曆理補。

[2]加其分："加"各本並作"如"，依曆理改。

[3]爲小分：各本並脱"分"字，今據《晋書·律曆志下》補。

　　求次日，加一日，日餘十六，小分三百二十，小分如會月從餘，[1]餘滿月周去之，又加一日。曆竟，下日餘滿分日去之，互入曆初也。[2]不滿分日者，值之，加餘一千三百九十四，[3]小分七百八十九半，爲入次曆。[4]

[1]小分如會月從餘：各本並脱"月"字，依曆理補。

[2]互入曆初也："互"各本作"于"，互入曆初，言互入次曆之初。互即參錯之意，今改正。

[3]加餘一千三百九十四："三百"各本並作"二百"，據推算改。

[4]"求次日"至"爲入次曆"：朔小餘，即夜半至合朔加時的日行分，屬於日法系統。而微分法爲 2×會月之數。差率，爲一會月月行交周數，亦爲一日月行交之積分。故由比例式差率：微分法 = X：朔小餘，故 X = 差率×朔小餘/微分法，此式全與術文相合。再由入曆日餘減去 X，而得朔日夜半入曆。如 X 大於入曆日餘，則加月周而減之，退後一日，則加分日的分，且通例含有半微分法爲分母的小分，即得朔日夜半入曆及日餘和小分。如求次日夜半入曆，則須加一日又日餘 16 小分 320，這日餘及小分，特稱爲月行交時的日進分。今先就日進分説明其定義，由比例式，章歲：章

月＝會歲：會月，故會歲＝章歲×會月/章月＝19×939/235＝75 $\frac{216}{235}$，即一會日行周天回數。又會數爲一會食數，日過兩交點而行一交周，生食數二回。半會數爲朔望合數，是朔望合數等於一會日行交周數，故：朔望合數－會歲＝80－75 $\frac{216}{235}$＝4 $\frac{19}{235}$＝交點退行周數。今將4 $\frac{19}{235}$ 由會月系統改爲半紀月系統下，即比例式：939：4 $\frac{19}{235}$＝3760：X，故 X＝3760×（4 $\frac{19}{235}$）/939＝16 $\frac{320}{939}$，此變會從紀的交退行周數，亦爲一月交點退行分數，稱日進分。更將日進分與半紀月周相和，得4080 $\frac{320}{939}$，爲半紀月分交周數，亦爲一日月行交周分數，又將該行交分數改紀爲會，即 3760：4080 $\frac{320}{939}$＝939：X′，故 X′＝939×（4080 $\frac{320}{939}$）/3760＝1019，即差率，亦即一日月行交周的微分數。再就加一日及日進分而言，曆竟下推，馴至滿分日去之，則爲入曆初日。若不滿分日，則由月周及日進分減去分日，得1394 $\frac{789.5}{939}$，加入此數爲入次曆。

　　求夜半定日：以朔小餘減入遲疾曆日餘，不足一日，却得周日，加餘四百一十七，即月夜半入曆日及餘也。以日餘乘損益率，以損益盈縮積分，[1]爲定積分。滿通法爲大分，不盡以會月乘之，如法爲小分，以盈加縮減入陰陽日餘，盈不足進退日而定也。以定日餘乘損益率，如月周，以損益兼數，爲夜半定數。[2]

　　[1]以損益盈縮積分：各本並脫“以損益”三字，據曆理補。

[2]"求夜半定日"至"爲夜半定數"：由入遲疾曆日餘，減去朔小餘，若被減數不滿一日而得周日，則加周日日餘417，即爲月夜半入曆及日餘。次以該日餘由比例法乘損益率，以損益盈縮積分爲定積分，更將定積分改會從紀，即得章歲×定積分/通法＝大分＋不盡數/通法。又將不盡數改紀從會，即：半紀月：不盡數＝會月：小分，故小分＝會月×不盡數/半紀月，即所謂"如法爲小分"。以之盈加縮減，入陰陽日餘。若加時有盈，或減時不足減，則以月周進退其日，而得定日餘。然後再由比例法得定日餘×損益率/月周，以之損益兼數，爲夜半定數。

求昏明數：以損益率乘所近節氣夜漏，二百而一爲明，以減損益率爲昏，而以損益夜半數爲昏明定數也。[1]

[1]"求昏明數"至"而以損益夜半數爲昏明定數也"：曆日下的損益率，爲一日的損益兼數，一百刻爲一日刻數，而明時刻須從入曆日夜半起，故一百刻：所近節氣夜漏的一半＝損益率：X，即 X＝損益率×所近節氣夜漏/200，爲明。從損益率所得之明，和從夜半起至日没相當，故爲昏。然後以之損益上所求的夜半數，爲昏明定數。

求月去黃道度：置加時若昏明定數，以十二除之爲度，其餘三而一爲少，不盡爲强，二少弱也。所得爲月去黃道度。[1]

[1]"求月去黃道度"至"所得爲月去黃道度"：將昏明定數視爲加時，以 12 除之，得度數及度餘。又將度餘改算爲少半太，所得即月去黃道度。

大明六年，南徐州從事史祖沖之上表曰：

古曆疏舛，頗不精密，群氏糾紛，莫審其要。[1]何承天所奏，意存改革，而置法簡略，今已乖遠。以臣校之，三覿厥謬：日月所在，差覺三度；二至晷影，幾失一日；五星見伏，至差四旬，留逆進退，或移兩宿。分至乖失，則節閏非正；宿度違天，則伺察無準。[2]

[1]莫審其要：下文皆作“莫審其會”。
[2]“何承天所奏”至“則伺察無準”：指出了《元嘉曆》在行用了約二十年之後，已出現了“三覿厥謬”，即所推日行，已差至三度；所推節氣，已差一日；所推五星，見伏差四旬，留逆差二宿。主要是置法簡易所致。

臣生屬聖辰，逮在昌運，敢率愚瞽，更創新曆。謹立改易之意有二，設法之情有三。

改易者，[1]其一，以舊法一章十九歲有七閏，閏數爲多，經二百年，輒差一日。節閏既移，則應改法，曆紀屢遷，實由此條。今改章法，三百九十一年有一百四十四閏。令却合周、漢，則將來永用，無復差動。其二，以《堯典》云：“日短星昴，以正仲冬。”以此推之，唐代冬至，日在今宿之左五十許度。漢代之初，即用秦曆，冬至日在牽牛六度。漢武改立《太初曆》，冬至日在牛初。後漢《四分法》，冬至日在斗二十一。[2]晉時姜岌以月蝕檢日，知冬至在斗十七。今參以中星，課以蝕望，冬至之日，在斗十一。通而計之，未盈百載，所差二度。舊法並令冬至日有定處，天數既差，則七曜宿度漸與曆舛。乖謬既著，輒應改制，僅合一時，莫能通遠，遷革不已，又由此條。今令冬至所在，歲歲微差，却檢漢注，並皆審密，將來久用，無煩屢改。[3]

[1]改易者：各本並脱“易”字，據《南齊書》卷五二《祖沖之傳》改。

[2]冬至在斗二十一：“一”各本並作“二”，據《續漢書·律曆志下》改。

[3]“改易者”至“無煩屢改”：所上新曆，改易有二，一曰破章法，二曰用歲差制曆。均屬創新。

又設法者，其一，以子爲辰首，位在正北，爻應初九，斗氣之端，虛爲北方，列宿之中，元氣肇初，宜在此次。前儒虞喜，備論其義。今曆上元日度，發自虛一。其二，以日辰之號，甲子爲先，曆法設元，應在此歲。而黃帝以來，世代所用，凡十一曆，上元之歲，莫值此名。今曆上元，歲在甲子。其三，以上元之歲，曆中衆條，並應以此爲始，而《景初曆》交會遲疾，元首有差。又承天法，日月五星，各自有元，交會遲疾，亦並置差，[1]裁合朔氣而已。條序紛互，不及古意。今設法，日月五緯，交會遲疾，悉以上元歲首爲始。則合璧之曜，[2]信而有徵，連珠之暉，於是乎在，群流共源，實精古法。

[1]“而《景初曆》”至“並置差”：各本並作“而《景初曆》

交會遲疾，亦置紀差"，文義不通，今據《南齊書》卷五二《祖沖之傳》補改。

[2]今設法：設法者三，一曰上元日度自虛一，二曰日辰之號自甲子，三曰共用同一上元。

若夫測以定形，據以實效，縣象著明，尺表之驗可推，動氣幽微，寸管之候不忒。今臣所立，易以取信。但深練始終，大存整密，革新變舊，有約有繁。用約之條，理不自懼，用繁之意，顧非謬然。何者？夫紀閏參差，數各有分，分之爲體，非細不密。臣是用深惜毫釐，以全求妙之準，不辭積累，以成永定之制。[1]非爲思而莫悟，知而不改也。竊恐讚有然否，每崇遠而隨近，論有是非，或貴耳而遺目。所以竭其管穴，俯洗同異之嫌，披心日月，仰希葵藿之照。若臣所上，萬一可采，伏願頒宣群司，賜垂詳究，庶陳錙銖，少增盛典。

[1]以成永定之制：新曆的制訂方法正好與《元嘉曆》相反，前者之法簡易，故尋求"非細不密"，"以成永定之制"。

曆法

上元甲子至宋大明七年癸卯，五萬一千九百三十九年算外。[1]

元法，五十九萬二千三百六十五。[2]

紀法，三萬九千四百九十一。[3]

章歲，三百九十一。[4]

章月，四千八百三十六。[5]

章閏，一百四十四。[6]

閏法，十二。[7]

月法，十一萬六千三百二十一。[8]

日法，三千九百三十九。[9]

餘數，二十萬七千四十四。[10]

歲餘，九千五百八十九。[11]

沒分，三百六十萬五千九百五十一。[12]

沒法，五萬一千七百六十一。[13]

周天，一千四百四十二萬四千六百六十四。[14]

虛分，萬四百四十九。[15]

行分法，二十三。[16]

小分法，一千七百一十七。[17]

通周，七十二萬六千八百一十。[18]

會周，七十一萬七千七百七十七。[19]

通法，二萬六千三百七十七。[20]

差率，三十九。[21]

[1]五萬一千九百三十九年算外：自上元至大明七年癸卯，積51939年，以60去除，餘39，可見癸卯不計在內，故稱算外。

[2]、[3]：紀法39491×15＝592365，稱爲元法，故一元等於十五紀。

[4]、[5]、[6]、[7]：何承天造《元嘉曆》時（443），已知十九年七閏的章法不密，但擔心用密率太繁，故仍用舊法不改。至412年，北涼趙𣌦造《元始曆》，始破章法，祖沖之繼之，以391年爲一章，有閏月144，得章月4836，特設閏法。具體方法爲：因知十九年七閏法每經二百年而差一日，設舊法20章380年有140閏，

再加 11 年四閏，得 391 年有 144 閏，於是得章月爲 4836。

［8］、［9］：以日法 3939 除月法 116321，得 $29\frac{2090}{3939}=$ 29.53059，爲一朔望月日數。

［10］、［11］：今特補入歲周一名，爲數 14423804。以紀法除歲周，得 $14423804\div39491=360\frac{207044}{39491}=365\frac{9589}{39491}$，稱前者分子爲餘數，後者分子爲歲餘。

［12］、［13］：以最大公約數 4，除歲周及餘數，得没分 3605951，及没法 51761。

［14］、［15］：將周天與歲周相減，得歲數分 860，此歲差以紀法爲分母。虛分 10449，亦以紀法爲分母，與《元嘉曆》的室分相當。

［16］、［17］：定行分法爲 23，小分法爲 1717，其相乘積等於紀法。

［18］、［19］、［20］：以通法除通周即 $726810\div26377=27\frac{14631}{26377}$月 = 27.55469 日，爲 1 近點月日數。以通法除會周，即 $717777\div26377=27\frac{5598}{26377}=27.21223$ 日，爲 1 交點月日數。

［21］：由日法 $\div101=$ 差率 39。

推朔術：置入上元年數，算外，以章月乘之，滿章歲爲積月，不盡爲閏餘。閏餘二百四十七以上，其年有閏。以月法乘積月，滿日法爲積日，不盡爲小餘。六旬去積日，不盡爲大餘。大餘命以甲子，算外，所求年天正十一月朔也。小餘千八百四十九以上，其月大。

求次月，加大餘二十九，小餘二千九十，小餘滿日法從大餘，大餘滿六旬去之，命如前，次月朔也。

求弦望：加朔大餘七，小餘千五百七，小分一，小分滿四從小餘，小餘滿日法從大餘，命如前，上弦日也。又加得望，又加得下弦，又加得後月朔也。

推閏術：以閏餘減章歲，餘滿閏法得一月，命以天正，算外，閏所在也。閏有進退，以無中氣爲正。[1]

[1]以無中氣爲正：推算閏月，以前諸曆所用公式，爲 12 ×（章歲－閏餘）/章閏，今以本曆諸數，代入此式，得：12（391－閏餘）/144 ＝（391－閏餘）÷12，即爲本術文所言，完全相合。之前的推朔術、求弦望等條，均同景初法。

推二十四氣術：置入上元年數，算外，以餘數乘之，滿紀法爲積日，不盡爲小餘。六旬去積日，不盡爲大餘。大餘命以甲子，算外，天正十一月冬至日也。

求次氣，加大餘十五，小餘八千六百二十六，小分五，小分滿六從小餘，小餘滿紀法從大餘，命如前，次氣日也。

求土用事：加冬至大餘二十七，小餘萬五千五百二十八，季冬土用事日也。又加大餘九十一，小餘萬二千二百七十，次土用事日也。

推沒術：以九十乘冬至小餘，以減沒分，滿沒法爲日，不盡爲日餘，命日以冬至，算外，沒日也。

求次沒，加日六十九，日餘三萬四千四百四十二，餘滿沒法從日，次沒日也。日餘盡爲滅。[1]

[1]日餘盡爲滅：此推沒滅法，可參照《大衍曆》相應注釋，

本處用了最大公約數4，除以360和餘數、歲周後，分別得90、没法、没分。前推二十四氣術和求土用事，可參照《景初曆》。

推日所在度術：以紀法乘朔積日爲度實，周天去之，餘滿紀法爲積度，不盡爲度餘，命以虛一，次宿除之，算外，天正十一月朔夜半日所在度也。

求次月，大月加度三十，小月加度二十九，入虛去度分。

求行分，以小分法除度餘，所得爲行分，不盡爲小分。小分滿法從行分，行分滿法從度。

求次日，加一度。入虛去行分六，小分百四十七。[1]

[1]"推日所在度術"至"小分百四十七"：前推日所在度術，係用算式：紀法×朔積日－周天的若干倍＝小於周天的度實，再由：度實/紀法＝度數＋度餘/紀法＝天正十一月朔日所在度。其次月若爲大月或小月，從而加30或29。由於，紀法＝1717×23＝小分法×行分法，故上式取度餘/紀法＝（度餘/1717）/23＝（整數$\frac{小分}{1717}$）/23，完全和術文相一致。若求次日的日所在度，須加入1度。入虛宿後，須去虛分10449/39491＝$\frac{10449}{1717}$/23＝（$6\frac{147}{1717}$）/23，故術文言"去行分六，小分百四十七"。

推月所在度術：以朔小餘乘百二十四爲度餘。又以朔小餘乘八百六十爲微分。微分滿月法從度餘，[1]度餘滿紀法爲度，以減朔夜半日所在，則月所在度。

　　求次月，大月加度三十五，度餘三萬一千八百三十四，微分七萬七千九百六十七，小月加度二十二，度餘萬七千二百六十一，微分六萬三千七百三十六，入虛去度分也。[2]

　　[1]微分滿月法從度餘：各本並脱"餘"，依曆理補。

　　[2]入虛去度分也：由前條注文知，天正十一月朔夜半日所在度＝小於周天的度實/紀法＝度數＋$\dfrac{度餘}{紀法}$，由於有歲差860/紀法的關係，實際上太陽每日東行平均度1＋（860÷紀法）÷$\dfrac{歲周}{紀法}$＝1＋860/14423804＝1＋860/124×月法＝$\dfrac{1}{124}$×（124＋$\dfrac{860}{月法}$）。今要計算月所在度，須先求每日月運行的真正平均度，即由（章月＋章歲）/章歲＝5227/391＝$\dfrac{月行周數}{日行周數}$＝月每日行度/日每日行度＝13$\dfrac{144}{391}$度。故由比例式：1：$\dfrac{1}{124}$×（124＋$\dfrac{860}{月法}$）＝13$\dfrac{144}{391}$：月真正本行度 X，故 X＝13$\dfrac{144}{391}$×（1＋$\dfrac{860}{124×月法}$）＝13$\dfrac{144}{391}$＋13$\dfrac{144}{391}$×$\dfrac{6.94}{116321}$。爲計算方便，將其簡化，省去右邊第二項分數$\dfrac{144}{391}$，6.94省去小數以下的若干數，使成爲13$\dfrac{144}{391}$×$\dfrac{6.94}{116321}$＝$\dfrac{3387540}{39491×116321}$＝（29$\dfrac{14231}{116321}$）÷39491，於是 X＝13$\dfrac{14544}{39491}$＋（29$\dfrac{14231}{116321}$）÷39491＝13＋（14573$\dfrac{14231}{116321}$）÷39491。即得真正月平行度 X，減去日平行度1，得一日間月對於日的距度爲12＋（14573$\dfrac{14231}{116321}$）÷39491。爲了推天正十一月朔夜半月所在度，可先設想，在夜半後

再經過和朔小餘相當的時間，即日月同度，而成合朔現象。故由逆推法，假想日月在同度時出發，逆行經朔小餘相當時間，而求其距度，即可得所求的月所在度。於是，從比例式 1：$\left[12+\left(14573\frac{14231}{116321}\right)\div39491\right]=\frac{\text{朔小餘}}{3939}$：相當距離 X，故 X ＝（124 朔小餘 ＋ $\frac{860\times\text{朔小餘}}{116321}$）÷39491。這個表示式與術文所言，完全相合。故由日所在度，減去此式，而得夜半月所在度。如求次月月所在度，若逢大月，由 $30\times\left[13+\left(14573\frac{14231}{116321}\right)\div39491\right]-365\frac{10449}{39491}=35+\left(31834\frac{77967}{116321}\right)\div39491$ 度；若遇小月，則由 $29\times\left[13+\left(14573\frac{14231}{116321}\right)39491\right]-365\frac{10449}{39491}=22+\left(17261\frac{63736}{116321}\right)\div39491$ 度。這兩個大小月的最後結果，即最後計算式，亦與術文一一相合。各本並脱"分"字，依曆理補。

遲疾曆：

	月行度	損益率	盈縮積分	差法[1]
一日	十四行分十三	益七十	盈初	五千三百四
二日	十四十一	益六十五	盈百八十四萬二千三百一十六	五千二百七十
三日	十四八	益五十七	盈三百五十五萬七百六	五千二百一十九
四日	十四四	益四十七	盈五百五萬八千二百八[2]	五千一百五十一

五日	十三二十二[3]	益三十四	盈六百二十九萬七千八百五十七	五千六十
六日	十三十七	益二十二	盈七百二十萬二千六百九十一	四千九百八十一
七日	十三十一	益六	盈七百七十七萬二千七百一十[4]	四千八百七十九
八日	十三五	損九	盈七百九十四萬九百五十二	四千七百七十七
九日	十二二十二	損二十四	盈七百七十萬七千四百一十五	四千六百七十五
十日	十二十六	損三十九	盈七百七萬二千一百	四千五百七十三
十一日	十二十一	損五十二	盈六百三萬五千七	四千四百八十八
十二日	十二八	損六十	盈四百六十六萬三千一百	四千四百三十七
十三日	十二六	損六十五	盈三百九萬三百二	四千四百三
十四日	十二四	損七十	盈百三十八萬三千五百八十	四千三百六十九
十五日	十二五	益六十七	縮四十五萬七千六十九	四千三百八十六
十六日	十二七	益六十二	縮二百二十三萬七百五十五	四千四百二十
十七日	十二十	益五十五	縮三百八十七萬五百一十四	四千四百七十一
十八日	十二十四	益四十四	縮五百三十萬九千三百八十五[5]	四千五百三十九

十九日	十二十九	益三十二	縮六百四十八萬四百四	四千六百二十四
二十日	十三一	益十九	縮七百三十一萬六千六百八	四千七百百九[6]
二十一日	十三七	益四	縮七百八十一萬七千九百九十六	四千八百一十一
二十二日	十三十三	損十一	縮七百九十一萬七千六百七	四千九百一十三
二十三日	十三十九	損二十七	縮七百六十一萬五千四百四十	五千一十五
二十四日	十四一	損三十九	縮六百九十萬一千四百九十五	五千一百
二十五日	十四六[7]	損五十二	縮五百八十七萬二千七百三十五	五千一百八十五
二十六日	十四十	損六十二	縮四百四十九萬九千一百五十九	五千二百五十三
二十七日	十四十二	損六十七	縮二百八十五萬七千七百三十二	五千二百八十七
二十八日	十四十四	損七十四	縮百八萬二千三百七十九	五千三百二十一[8]

[1]損益率：以一日之月平行分5227，減各日之月實行分，得損益率小分。以日法乘之，約以通法，小數四捨五入，即得表上之損益率數。　盈縮積分：以各日盈縮率小分，乘101，以30減之，餘乘39，再加34或35，得各日之盈縮分。以各日前盈縮分累加之，即得各日之盈縮積分。　差法：各日之月實行分，減以一日之日行分391，即得各日之差法。對本表各數，均已經過校算。

[2]盈五百五萬八千二百八："二百八"各本並作"三百"，今據計算改。

[3]二十二：各本誤作"二十一"，據局本改。

[4]盈七百七十七萬二千七百一十："七百一十"各本並作"一百一十一"，今據推算改。

[5]縮五百三十萬九千三百八十五："三十萬"各本並作"三十一萬"，據推算改。

[6]四千七百九：各本並脱，今據局本補。

[7]六：各本並作"十六"，今改正。

[8]五千三百二十一："二十一"各本均作"三十一"，據局本改。《大明曆》遲疾曆表中的月行度之含義，例如一日下"十四行分十三"，即這一日的月實行是 14 度 13 分，但 13 分是以行分法爲分母的。若今度分兩項，均改算成章歲爲分母，則 14 度改成 5474，其 13 分由章歲 = 17 × 23 的關係，須用 17 乘之，得 221，以加 5474，得 5695，減去月行度的章歲分，得 5304，就是由月行和日行日平均的差，稱爲差法。又將月日平行的繁分數，依十進小數展出之，得 13.369084 度，再以章歲 391 乘之，得 5227.312，以減表中一日下 $14\frac{13}{23}$ 度的章歲分 5695，得 467.688，但表中所載的益率爲 70，是因爲下面計算便利起見，將表中一月下月平行和實行的差 467.688，由通法分改成日法分，即 26377：467.688 = 3939：益率，故，益率 = $467.688 \times \dfrac{3939}{26377} = 467.688 \times \dfrac{303}{2029} = 70 \times 8$ 日下月實行和平行的差爲 59.312，故其損益率爲 $59.312 \times \dfrac{303}{2029} = 9$，其他各日均仿此計算。又在表中所取的月平行度，是繁分數式，其損益率又是從比例得來，故用逐日累積的損益率，以乘通法 26377，使成盈縮積分時，其所得和各日下盈縮積分比較，總有正負的微差，至於第二十八日下的縮積分 1082379，用通法除之，得 41 許，亦可依《元嘉曆》遲疾表的計算，視爲周日日餘的損率。其他可參照《元嘉曆》的説明。

推入遲疾曆術：以通法乘朔積日爲通實，通周去之，餘滿通法爲日，不盡爲日餘。命日算外，天正十一月朔夜半入曆日也。

求次月，大月加二日，小月加一日，日餘皆萬一千七百四十六。曆滿二十七日，日餘萬四千六百三十一，則去之。

求次日，加一日。[1]

[1]"推入遲疾曆術"至"加一日"：本條所求乃天正十一月朔夜半遲疾曆，所以與《景初曆》略有不同。其法置入紀年以來朔積日，以遲疾曆一月日數除之，即朔積日 ÷ $\dfrac{通周}{通法}$ = 通法 × 朔積日 ÷ 通周 = 通周的若干倍數 + $\dfrac{剩餘}{通周}$，棄去通周的整數倍，而剩餘既小於通周，故用 $\dfrac{剩餘}{通法}$ = 若干日 + $\dfrac{日餘}{通法}$，故曰"命日算外"，得夜半入曆。如求次月朔入曆，則可免去照舊時方法，施用所謂朔行分加入的繁瑣計算，另設簡法，即將周虛 11746 加入近點月內，湊成二十八日，然後次月遇大月加二日，遇小月加一日，則前者得三十日，後者得二十九日。所以除日算外，當然得次月朔夜半。又近點月爲 $\dfrac{72681}{26377} = 27\dfrac{14631}{26377}$ 日，故曰"曆滿二十七日，日餘萬四千六百三十一，則去之。"如求朔夜半的次日入曆，應加一個整日。

求日所在定度：以夜半入曆日餘乘損益率，以損益盈縮積分，如差率而一，所得滿紀法爲度，不盡爲度餘，以盈加縮減平行度及餘爲定度。[1]益之或滿法，損之或不足，以紀法進退。求度行分如上法。求次日，如所入遲疾加之，虛去分如上法。

[1]日所在定度：合朔時以之盈加縮減月的平行度及餘，而得定度。設加後大於紀法，或減數大於被減數，可以紀法進退其度。至於"求度行分"，則須以17乘月平行和實行度數差的章歲分，其結果毫不更變。所以術文言如上法。如求次日定度，則加1度後，再以年日由遲疾所得的度餘，並經虛去分即可。　夜半入曆日餘：若表以計算式，應爲：日餘/通法。今求日所在定度，即將月行遲疾條件加入於經朔日所在度，論理應先用比例式：通法：損益率＝日餘：該日餘相當的損益率X，故X＝日餘×損益率/通法。以X加減盈縮積，即由盈縮積±日餘×損益率/通法＝（盈縮積×通法±日餘×損益率）/通法＝（盈縮積分±日餘×損益率）/通法。唯由月行遲疾曆表各項目的説明，已知損益率是以日法×章歲爲分母的，從而盈縮積亦當以日法×章歲爲分母，故上式若由度數計算，即得：

$$\frac{盈縮積分 \pm 日法 \times 損益率}{通法} / 日法 \times 章歲$$

$$= \frac{盈縮積分 \pm 日法 \times 損益率}{通法} / 39 \times 101 \times 391$$

$$= \frac{（盈縮積分 \pm 日法 \times 損益率/39）}{通法} / 紀法,$$

即爲所求的結果。

陰陽曆	損益率	兼數
一日	益十六	初
二日	益十五	十六
三日	益十四	三十一

四日	益十二	四十五
五日	益九	五十七
六日	益五	六十六
七日	益一	七十一
八日	損二	七十二
九日	損六	七十
十日	損十	六十四
十一日	損十三	五十四
十二日	損十五	四十一
十三日	損十六	二十六
十四日	損十六	十[1]

[1]陰陽曆、損益率、兼數：這三個專名已見《元嘉曆》。唯由本曆會周/通法的計算，其交點月日數應爲 $27\frac{5598}{26377}$ 日，即分日的通法分爲5598；虛日的通法分爲20779。其他請見《元嘉曆》陰陽曆表注。

推入陰陽曆術：置通實以會周去之，不滿交數三十五萬八千八百八十八半爲朔入陽曆分，滿去之，爲朔入陰曆分。各滿通法得一日，不盡爲日餘，命日算外，天正十一月朔夜半入曆日也。

　　求次月，大月加二日，小月加一日，日餘皆二萬七百七十九。曆滿十三日，日餘萬五千九百八十七半則去之。陽竟入陰，陰竟入陽。

　　求次日，加一日。[1]

[1]“推入陰陽曆術”至“加一日”：“交數三十五萬八千八百八十八半”，即會周的一半。《元嘉曆》中所謂的曆周。所以，用會周減通實後，若小於或大於曆周，從而爲朔入陽曆分或陰曆分，而皆以通法爲分母，故以通法除後，其剩餘即所謂月餘分，而得天正十一月朔夜半入曆。如求次月，和入遲疾曆求次日的計算法全同，餘參見《元嘉曆》注。

　　求朔望差，以二千二十九乘朔小餘，滿三百三爲日餘，不盡倍之爲小分，則朔差數也。加一十四日，日餘二萬一百八十六，小分百二十五，小分滿六百六從日餘，日餘滿通法爲日，即望差數也。又加之，後月朔也。[1]

　　求合朔月食：置朔望夜半入陰陽曆日及餘，有半者去之，置小分三百三，以差數加之，小分滿六百六從日餘，日餘滿通法從日，日滿一曆去之。命日算外，則朔望加時入曆也。朔望加時入曆一日，日餘四千一百九十八，小分四百二十八以下，十二日，日餘萬一千七百八十八，小分四百八十一以上，朔是交會，望則月食。[2]

　　求合朔月食定大小餘：令差數日餘加夜半入遲疾曆餘，日餘滿通法從日，則朔望加時入曆也。以入曆餘乘損益率，以損益盈縮積分，如差法而一，以盈減縮加本朔望小餘，爲定小餘。益之或滿法，損之或不足，以日法進退日。[3]

求合朔月食加時：以十二乘定小餘，滿日法得一辰，命以子，算外，加時所在辰也。有餘者四之，滿日法得一爲少，二爲半，三爲太。又有餘者三之，滿日法得一爲强，以强并少爲少强，并半爲半强，并太爲太强。得二者爲少弱，以并太爲一辰弱，以前辰名之。[4]

求月去日道度：[5]置入陰陽曆餘乘損益率，如通法而一，以損益兼數爲定，定數十二而一爲度，不盡三而一，爲少、半、太。又不盡者，一爲强，二爲少弱，則月去日道數也。陽曆在表，陰曆在裏。

[1]“求朔望差”至“後月朔也”：朔小餘是以日法爲分母的，今要改成以通法爲分母，則須乘以通法／日法 $= \frac{26377}{3939} = \frac{2029}{303}$，這分數 $= 6\frac{211}{303} = 6\frac{422}{606}$，以乘朔小餘，其所得仍須以通法爲分母，所以符合術文所言的求朔差數。如求望差數，則須加入朔望月的一半，即 1/2 月法／日法 ＝月法／2 日法。今要由日法分改成通法分，即由月法／2 日法 ＝ X／通法，故 X ＝月法×通法／2 日法 ＝月法×2029／606，所以，X／通法 ＝ 14 + 20186 $\frac{125}{606}$／通法，即所求望差數。這個繁分數式，完全合於術文所言，則再加一個望差數，而得後月朔。

[2]“求合朔月食”至“望則月食”：因交點月一半的通法分爲358888.5，比此數小或大的朔望夜半入陰陽曆日及餘，例須含有0.5，今爲計算便利計，將0.5棄去，而代以 $\frac{303}{606}$，是即術文所謂“有半者去之，置小分三百三”的命意。其後部分則就朔望加時入

曆，而論其入食限的條件，這須先求所謂“朔合分”，即由：

$$\frac{月法}{日法} - \frac{會周}{通法} = \frac{月法 \times \frac{通法}{日法} - 會周}{通法}$$

$$= \frac{116321 \times \frac{2029}{303} - 717777}{26377} = \frac{朔合分}{通法}$$

$$朔合分 = 61151\frac{125}{303} = 2 \times 朔合分的一半$$

$$= 2 \times \left(30575\frac{428}{606}\right)$$

今將朔合分的一半，除以通法，得 $1\frac{4198\frac{428}{606}}{26377}$ 日，稱爲日月交食的

前限，又從曆周 $13\frac{15987\frac{303}{606}}{26377}$ 減去朔合分的一半/26377，得 12

$\frac{11788\frac{481}{606}}{26377}$ 日，爲後限，所以術文言“一日日餘……望則月食”。

[3]依前數條的解釋，差數日餘及夜半入遲疾曆日餘，皆以通法爲分母，將二種日餘相加，等於定朔望加時入曆日餘。但術文又續言“以入曆餘乘損益率，以損益盈縮積分，如差法而一”。如用計算式去代表它，則得（盈縮積分 ± 入曆日餘 × 損益率）/差法，因由遲疾曆表內各項目定義説來，損益率 = 月實行和平行差的章歲分 $\times \frac{日法}{通法} = K \times \frac{日法}{通法}$，盈縮積分 = K 的累積數 × 通法 $\times \frac{日法}{通法} = K' \times$ $\frac{日法}{通法}$，那麼，上面的計算式 =（$K' ±$ 入曆日餘 × K）$\times \frac{日法}{通法}$/差法。今依《乾象曆》方法，將（$K' ±$ 入曆日餘 × K）/通法，視爲求“盈縮日分”過程中必要算式，故由此例法，即差法：日法 =（K' ± 入曆日餘 × K）/通法：盈縮積分相當的日法分 X，即 X =（$K' ±$

入曆日餘×K）×$\dfrac{日法}{通法}$／差法。即此式和術文所言，皆全相符合，故以之盈減縮加本朔望小餘，得爲定小餘，但此處有應行注意的所在，即加得數若滿日法，則須進一日；減時被減數小於減數，則須退一日。

[4]以前辰名之：參照《景初曆》（在遲疾曆表後）及《元嘉曆》（在遲疾曆表前）的"推加時"條。

[5]求月去日道度：先作比例式，通法：損益率＝入陰陽曆餘：曆餘相當的損益數 X，故 $X = \dfrac{入陰陽曆餘×損益率}{通法}$。然後以之損益兼數爲定數，這定數由前所述，須以十二除後，始得度數及分，即月去日道度。其他術文所言，可參照《景初》《元嘉》兩曆"推加時"條。

二十四氣	日中影	晝漏刻	夜漏刻	昏中星度	明中星度
冬至	一丈三尺	四十五	五十五	八十二行分二十一	二百八十三行分八
小寒	一丈二尺四寸三分	四十五六	五十四四	八十四	二百八十二六
大寒	一丈一尺二寸	四十六七	五十三三	八十六一	二百八十五[1]
立春	九尺八寸	四十八四	五十一六	八十九三	二百七十七三
雨水	八尺一寸七分	五十五	四十九五	九十三	二百七十三七[2]
驚蟄	六尺六寸七分	五十二九	四十七一	九十七九[3]	二百六十八二十
春分	五尺三寸七分	五十五五	四十四五	百二三	二百六十四三
清明	四尺二寸五分	五十八一	四十一九	百六二十一	二百五十九八

穀雨	三尺二寸六分	六十四	三十九六	百一十一三	二百五十五三[4]
立夏	二尺五寸三分	六十二四	三十七六	百一十四十八	二百五十一十
小滿	一尺九寸九分	六十三九	三十六一	百一十七十二	二百四十八七
芒種	一尺六寸九分	六十四八	三十五二	百一十九四	二百四十七二
夏至	一尺五寸	六十五	三十五	百一十九十二	二百四十六十七
小暑	一尺六寸九分	六十四八	三十五二	百一十九四	二百四十七二
大暑	一尺九寸九分	六十三九	三十六一	百一十七十二	二百四十八七
立秋	二尺五寸三分	六十二四	三十七六	百一十四十八	二百五十一十
處暑	三尺二寸六分	六十四	三十九六	百一十一三	二百五十五三[5]
白露	四尺二寸五分	五十八一	四十一九	百六二十一	二百五十九八
秋分	五尺三寸七分	五十五五	四十四五	百二三	二百六十四三
寒露	六尺六寸七分	五十二九	四十七一	九十七九	二百六十八二十
霜降	八尺一寸七分	五十五	四十九五	九十三	二百七十三六[6]
立冬	九尺八寸	四十八四	五十一六	八十九三	二百七十七三
小雪	一丈一尺二寸	四十六七	五十三三[7]	八十六一	二百八十五[8]
大雪	一丈二尺四寸三分	四十五六	五十四四	八十四	二百八十二六

　　求昏明中星：各以度數加夜半日所在，則中星度也。[9]

[1]五：各本並作"六"。昏中星度與明中星度之和應爲 366 度 6 分，本表此兩項數，均據此校改。

[2]七：各本並作"六"，今改正。

[3]九：各本均脱行分"九"，今補。

[4]三：各本並作"四"，今改正。

[5]三：各本並作"四"，今改正。

[6]六：各本並作"七"，今改正。

[7]三：各本並作"二"，今改正。

[8]五：各本並作"六"，今改正。

[9]則中星度也：二十四氣、日中影、晝漏刻、夜漏刻、昏中星度、明中星度，這五個專名是本曆步晷漏表内的各項目，大概均經過祖沖之實測。因爲其所上曆表中説《元嘉曆》頒行至今，業已"二至晷影，幾失一日"此等語，非經實測不能有此説法。詳審表中各值，其關於日中影的，在距冬夏至前後各氣均對稱，其晷影尺度皆相等，大抵是根據《四分曆》的改正值。因《四分曆》冬至前後對稱二氣，例如雨水及霜降，其中影爲七尺九寸五分及八尺四寸，令兩數相加而折半之，得八尺一寸七分，即本曆雨水及霜降的日中影，其餘仿此。晝夜漏刻須根據黄道去極度，故與《四分曆》不過微有差異。至於昏明中星二項，其度餘的表示，則用行分法，例如，冬至昏中星度爲 82 度 23 分度之 21；明中星度爲 283 度 23 分度之 8，其他仿此。

推五星術

木率：千五百七十五萬三千八十二。

火率：三千八十萬四千一百九十六。

土率：千四百九十三萬三百五十四。

金率：二千三百六萬一十四。

水率：四百五十七萬六千二百四。[1]

[1]推五星術：推五星術中，特設木、火、土、金、水五率。例如，以紀法 39491 除木率 15753082，得木星會合周期 $398\frac{35664}{39491}$ 日，故木率是一紀的合數（即會合周期），亦即一合的紀法分。其他四率仿此。

推五星術：置度實各以率去之，餘以減率，其餘如紀法而一，爲入歲日，不盡爲日餘。命以天正朔，算外，星合日。[1]

求星合度：以入歲日及餘從天正朔日積度及餘，滿紀法從度，滿三百六十餘度分則去之，命以虛一，算外，星合所在度也。[2]

求星見日術：以伏日及餘，[3]加星合日及餘，餘滿紀法從日，命如前，見日也。

求星見度術：以伏度及餘，[4]加星合度及餘，餘滿紀法從度，入虛去度分，命如前，星見度也。[5]

[1]星合日：以木星爲例，置上元以來朔積日，以$\frac{木率}{紀法}$除之，得$\frac{紀法×朔積日}{木率}=\frac{度實}{木率}=$積合$+\frac{度餘分}{木率}$，令棄去積合，而所剩的度餘分爲小於一合日數的紀法分，以之和木率相減，則其減餘數，應爲所求年，天正朔日後的日數及餘的紀法分。今如圖一（見卷末圖一推求星合日示意圖）所示，A 點代表上元起首點、R 爲所求年天正朔日點，AR 表示度實，AB = BC = …… = TF = FD，均表木率，AF 爲積合總和的紀法分，FR 爲度餘分，由木率 FD 減去度餘分 FR，其所得爲 RD，但 D 爲天正朔算後的星合日點，故以紀法除

RD，而得入歲日及日餘，即星合日。

　　[2]從天正朔日：加天正朔日。　滿紀法從度：滿紀法成度。星合所在度也：因日每日行一度，故可以入歲日及日餘和天正朔日星的積度及度餘相加。設加得後，大於周天度數及分，例須棄去之，其他不滿周天度數的，則命以虛宿一度爲起算點，即得星合所在度。

　　[3]求星見日術，以伏日及餘：“術以”各本均作“以術”，依前後文例改。

　　[4]求星見度術，以伏度及餘：“術以”各本均作“以術”，今從殿本改。

　　[5]參照《元嘉曆》推五星法內“求星見日法”“求星見度法”二條，不過《元嘉曆》用日度法，本曆用紀法代之。

　　行五星法：以小分法除度餘，所得爲行分，不盡爲小分，及日加所行分滿法從度，留者因前，逆則減之，伏不書度。[1]從行入虛，去行分六，小分百四十七；逆行出虛，則加之。

　　木：初與日合，伏，十六日，餘萬七千八百三十二，行二度，度餘三萬七千五百四，晨見東方。從，日行四分，百一十二日，行十九度十一分。留二十八日。逆，日行三分，八十六日，退十一度五分。又留二十八日。從，日行四分，百一十二日，夕伏西方。日度餘如初。一終，三百九十八日，日餘三萬五千六百六十四，行三十三度，度餘二萬五千二百一十五。

　　火：初與日合，伏，七十二日，日餘六百八，行五十五度，度餘二萬八千八百六十五，晨見東方。從，疾，日行十七分，九十二日，行六十八度。小遲，日行十四分，九十二日，行五十六度。大遲，日行九分，九十二日，行三十六度。留十日。逆，日行六分，六十四日，退十六度十六分。[2]又留十日。從，遲，日行九分，九十二日。小疾，日行十四分，九十二日。大疾，日行十七分，九十二日，夕伏西方，日度餘如初。一終，七百八十日，日餘千二百一十六，行四百一十四度，度餘三萬二百五十八。除一周，定行四十九度，度餘萬九千八百九。

土：初與日合，伏，十七日，日餘千三百七十八，行一度，度餘萬九千三百三十三，晨見東方。行順，日行二分，八十四日，行七度七分。留三十三日。行逆，日行一分，百一十日，退四度十八分。又留三十三日。從，日行二分，八十四日，夕伏西方，日度餘如初。一終，三百七十八日，日餘二千七百五十六，行十二度，度餘三萬一千七百九十八。

金：初與日合，伏，三十九日，餘三萬八千一百二十六，行四十九度，度餘三萬八千一百二十六，夕見西方。從，疾，日行一度五分，九十二日，行百十二度。小遲，日行一度四分，九十二日，行百八度。大遲，日行十七分，四十五日，行三十三度六分。留九日。遲，日行十六分，退六度六分。夕伏西方。伏五日，退五度，而與日合。又五日退五度，而晨見東方。逆，日行十六分，九日。留九日。從，遲，日行十七分，四十五日。小疾，日行一度四分，九十二日。大疾，日行一度五分，九十二日，晨伏東方，日度餘如初。一終，五百八十三日，日餘三萬六千七百六十一，行星如之。除一周，定行二百十八度，度餘二萬六千三百一十二。一合，二百九十一日，日餘三萬八千一百二十六，行星亦如之。

水：初與日合，伏，十四日，日餘三萬七千一百十五，行三十度，度餘三萬七千一百一十五，夕見西方。從，疾，日行一度六分，二十三日，行二十九度。遲，日行二十分，八日，行六度二十二分。留二日。逆，[3]日行十一分，二日，退二十二分。夕伏西方。伏八日，退八度，而與日合。又八日，退八度，晨見東方。逆，日行十一分，二日。留二日，從，遲，日行二十分，八日。疾，日行一度六分，二十三日，晨伏東方，日度餘如初。一終，百一十五日，日餘三萬四千七百三十九，行星如之。一合，五十七日，日餘三萬七千一百一十五，行星亦如之。[4]

上元之歲，歲在甲子，天正甲子朔夜半冬至，日月五星，聚于虛度之初，陰陽遲疾，並自此始。[5]

[1]伏不書度：“書”各本作“盡”，據《景初曆》改。

[2]退十六度十六分：各本均脱“分”字，據前後文例改。

[3]逆：各本並作“遲”，據文義改。

[4]“行五星法”至“行星亦如之”：根據以上記載，《大明曆》的五星會合周期如下：

水星：$115\frac{34739}{39491}=115.83$，與今測值合。

金星：$583\frac{36761}{39491}=583.93$，比今測值大 1%。

火星：$779\frac{1216}{39491}=780.03$，比今測值大 9%。

木星：$398 \dfrac{35664}{39491} = 398.90$，比今測值大 3%。

土星：$378 \dfrac{2756}{39491} = 378.07$，比今測值小 2%。

由以上數據可以看出，《大明曆》的五星會合周期，比《元嘉曆》平均又提高了一步。

[5]"行五星法"至"並自此始"：本條第一段術文，可參照前面所述"求行分"條及《景初曆》注解五星術內"五星曆步術"條。其第二段至第六段術文，則記載五星在各軌道上實際動態。今以木星爲例：自"木：初與日合"至末尾，和《景初曆》術文比較，詞句順序大同小異，其所差異的，不過本曆內日餘及度餘皆以紀法爲分母。"從，日行四分，百一十二日，行十九度十一分"，指星跟隨日行，每日行 $\dfrac{4}{23}$ 分，計行 112 日得 $19\dfrac{11}{23}$ 度。"從日行"即"順日行"。又"日度餘如初"，指日數、度數、日餘、度餘均和最初一樣，因爲術文首數句所說是合後伏的日數、日餘和度數、度餘，此處所言的是合前伏的日度餘，從對稱理由設想，應該是相等的。這是關於木星的運行。第三至六段的術文，亦仿此。

世祖下之有司，使內外博議，時人少解曆數，竟無異同之辯。唯太子旅賁中郎將戴法興議，以爲：

三精數微，五緯會始，自非深推測，窮識晷變，豈能刊古革今，轉正圭宿。案沖之所議，每有違舛，竊以愚見，隨事辨問。

案沖之新推曆術，"今冬至所在，歲歲微差"。臣法興議：夫二至發斂，南北之極，日有恒度，而宿無改位。[1]古曆冬至，皆在建星。戰國橫鶩，史官喪紀，爰及漢初，格候莫審，後雜觇知在南斗二十一度，元和所用，即與古曆相符也。[2] 逮至景初，而終無毫忒。《書》云："日短星昴，以正仲冬。"直以月維四仲，則中宿常在衛陽，羲、和所以正時，取其萬世不易也。沖之以爲唐代冬至日在今宿之左五十許度，[3] 遂虛加度分，空撤天路。其置法所在，近違半次，則四十五年九月，率移一度。[4] 在《詩》"七月流火"，此夏正建申之時也。"定之方中"，又小雪之節也。若冬至審差，則豳公火流，晷長一尺五寸，楚宮之作，晝漏五十三刻，此詭之甚也。仲尼曰："丘聞之，火伏而後蟄者畢。今火猶西流，司曆過也。"就如沖之所誤，則星無定次，卦有差方。名號之正，古今必殊，典誥之音，代不通軌，堯之開、閉，今成建、除，[5] 今之壽星，乃周之鶉尾，[6] 即時東壁，已非玄武，軫星頓屬蒼龍，誣天背經，乃至於此。[7]

[1] 日有恒度，而宿無改位：太陽在各個節氣的日度是恒定的，不會有變，十二星次所包含的宿位也沒有改變。後觀測資料證明，戴法興的這兩個論斷都是錯誤的。

[2] "古曆冬至"至"即與古曆相符也"：戴法興爲使漢代冬至日在建星和東漢冬至日在斗二十一度二種説法不矛盾，將建星強解爲斗宿。實際建星在南斗北。二十一度，各本並作"二十二度"，據《續漢書·律曆志》改。

[3] 唐代：指唐堯時代。

[4] 則四十五年九月，率移一度：祖沖之所定四十五年九個月率移一度，歲差太大，後世所定赤道歲差，在七十七年差一度。

[5] 堯之開、閉，今成建、除：古代有以十二建除判斷吉凶日的迷信方法，此十二日名爲建、除、滿平、定、執、破、危、成、

收、開、閉，又稱十二直。建、除與開、閉都屬十二直之一，輪流值日循環。

［6］壽星、鶉尾：均屬十二星次之一。

［7］"即時東壁"至"乃至於此"：原本東壁屬北方玄武，軫星屬南方朱雀，其義爲若依祖説，則有東壁不屬玄武，軫星不屬朱雀的情況，這種説法，是誣天背經的。

沖之又改章法三百九十一年有一百四十四閏。臣法興議：夫日有緩急，故斗有闊狹，古人制章，立爲中格，年積十九，常有七閏，晷或虛盈，此不可革。沖之削閏壞章，倍減餘數，則一百三十九年二月，於四分之科，頓少一日；七千四百二十九年，輒失一閏。夫日少則先時，閏失則事悖。竊聞時以作事，事以厚生，以此乃生人之大本，曆數之所先，愚恐非沖之淺慮妄可穿鑿。

沖之又命上元日度發自虛一，云虛爲北方列宿之中。臣法興議：沖之既云冬至歲差，又謂虛爲北中，舍形責影，未足爲迷。何者？凡在天非日不明，居地以斗而辨。借令冬至在虛，則黃道彌遠，東北當爲黃鍾之宮，室壁應屬玄枵之位，虛宿豈得復爲北中乎？曲使分至屢遷，而星次不改，招搖易繩，而律吕仍往，則七政不以璣衡致齊，建時亦非攝提所紀，不知五行何居，六屬安託。

沖之又令上元年在甲子。臣法興議：夫置元設紀，各有所尚，或據文於圖讖，或取效於當時。沖之云，"群氏糾紛，莫審其會"。昔《黃帝》辛卯，日月不過，

《顓頊》乙卯，四時不忒，《景初》壬辰，晦無差光，《元嘉》庚辰，朔無錯景，豈非承天者乎。沖之苟存甲子，可謂爲合以求天也。

沖之又令日月五緯，交會遲疾，悉以上元爲始。臣法興議：夫交會之元，則食既可求，遲疾之際，非凡夫所測。昔賈逵略見其差，劉洪輙著其術。至於疏密之數，莫究其極。且五緯所居，有時盈縮，即如歲星在軫，見超七辰，[1]術家既追算以會今，則往之與來，斷可知矣。《景初》所以紀首置差，《元嘉》兼又各設後元者，其並省功於實用，不虛推以爲煩也。沖之既違天於改易，又設法以遂情，愚謂此治曆之大過也。

[1]見超七辰："辰"各本並作"晨"，據下沖之駁戴法興議引文改。

臣法興議：日有八行，各成一道，月有一道，離爲九行，左交右疾，倍半相違，其一終之理，日數宜同。沖之通周與會周相覺九千四十，其陰陽七十九周有奇，遲疾不及一帀。[1]此則當縮反盈，應損更益。

[1]通周："周"各本並作"同"，據《大明曆》文改。 遲疾不及一帀：指祖沖之所用的近點月周期比古法小，將會導致"當縮反盈，應損更益"。帀，周。

沖之隨法興所難辯折之曰：
臣少銳愚尚，專功數術，搜練古今，博采沈奧，唐篇夏典，莫不揆量，周正漢朔，咸加該驗。罄策籌之思，究疏密之辨。至若立圓舊誤，張衡述而弗改，[1]漢時斛銘，[2]劉歆詭謬其數，此則算氏之劇疵也。《乾象》之弦望定數，《景初》之交度周日，匪謂測候不精，遂乃乘除翻謬，斯又曆家之甚失也。及鄭玄、闞澤、王蕃、劉徽，並綜數藝，而每多疏舛。臣昔以暇日，撰正衆謬，理據炳然，易可詳密，此臣以俯信偏識，不虛推古人者也。按何承天曆，二至先天，閏移一月，五星見伏，或違四旬，列差妄設，當益反損，皆前術之乖遠，臣曆所改定也。既沿波以討其源，刪滯以暢其要，能使躔次上通，晷管下合，反以譏誚，不其惜乎。尋法興所議六條，並不造理難之關楗。謹陳其目。

[1]立圓舊誤，張衡述而弗改：指張衡以前有關渾天儀的有誤之辭，張衡對它作了闡述而沒有予以改正。立圓，立圓爲渾，故立圓者，渾天儀也。

[2]斛：各本作“解”，據《隋書·律曆志上》改。

其一，日度歲差，前法所略，臣據經史辨正此數，而法興設難，徵引《詩》《書》，三事皆謬。其二，臣校晷景，改舊章法，法興立難，不能有詰，直云“恐非淺慮，所可穿鑿”。其三，次改方移，臣無此法，求術意誤，橫生嫌貶。[1]其四，曆上元年甲子，術體明整，則苟合可疑。其五，臣其曆七曜，咸始上元，無隙可乘，復云“非凡夫所測”。其六，遲疾陰陽，法興所未解，誤謂兩率日數宜同。凡此衆條，或援謬目譏，或空加抑絕，未聞折正之談，厭心之論也。謹隨詰洗釋，依源徵對。仰照天暉，敢罄管穴。

[1]次：星次。　方：方位。

法興議曰：“夫二至發斂，南北之極，日有恒度，而宿無改位。故古曆冬至，皆在建星。”沖之曰：周漢之際，疇人喪業，曲技競設，圖緯實繁，或借號帝王以崇其大，或假名聖賢以神其説。是以讖記多虛，桓譚知其矯妄；古曆舛雜，杜預疑其非直。按《五紀論》黃帝曆有四法，顓頊、夏、周並有二術，詭異紛然，則孰識其正，此古曆可疑之據一也。夏曆七曜西行，特違衆法，劉向以爲後人所造，此可疑之據二也。殷曆日法九百四十，而《乾鑿度》云殷曆以八十一爲日法。[1]若《易緯》非差，殷曆必妄，此可疑之據三也。《顓頊》曆元，歲在乙卯，而《命曆序》云：“此術設元，歲在甲寅。”此可疑之據四也。[2]《春秋》書食有日朔者凡二十六，其所據曆，非周則魯。以周曆考之，檢其朔日，失二十五，魯曆校之，又失十三。二曆並乖，則必有一僞，此可疑之據五也。古之六術，並同《四分》，《四分》之法，久則後天。以食檢之，經三百年，輒差一日。古曆課今，其甚疏者，朔後天過二日有餘。以此推之，古術之作，皆在漢初周末，理不得遠。且却校《春秋》，朔並先天，此則非三代以前之明徵矣，[3]此可疑之據六也。尋《律曆志》，前漢冬至日在斗牛之際，度在建星，其勢相鄰，自非帝者有造，則儀漏或闕，豈能窮密盡微，纖毫不失。建星之説，未足證矣。

[1]殷曆日法九百四十，而《乾鑿度》云殷曆以八十一爲日法：此二數，均是指朔日法，殷曆爲古六曆中的一種，屬《四分曆》，其朔望月爲 $29\frac{499}{940}$ 日。故曰“殷曆日法九百四十”。又《太初曆》朔望月長爲 $29\frac{43}{81}$，故八十一爲《太初曆》日法也。《乾鑿度》誤以爲殷曆日法，故祖沖之據此説明古人所言並非句句可信。

[2]“《顓頊》曆元”至“此可疑之據四也”：《顓頊》之甲寅元與乙卯元之不同説法，是紀年法不同而出現的誤差。

[3]“《春秋》書食”至“此則非三代以前之明徵矣”：有人以爲《黄帝曆》是黄帝時代的曆法，《顓頊曆》是顓頊時代的曆法，但據其法推算春秋時代曆日，並校以《春秋》記録，朔皆先天，證明所謂古六曆，都在漢初、周末，並不適用於春秋時代。

法興議曰：“戰國横騖，史官喪紀，爰及漢初，格候莫審，後雜觇知在南斗二十一度，[1]元和所用，即與古曆相符也。逮至景初，終無毫忒。”沖之曰：“古術訛雜，其詳闕聞，乙卯之曆，秦代所用，必有效於當時，故其言可徵也。漢武改創，檢課詳備，正儀審漏，事在前史，測星辨度，理無乖遠。今議者所是不實見，所非徒爲虚妄，辨彼駮此，既非通談，運今背古，所誣誠多，偏據一説，未若兼今之爲長也。《景初》之法，實錯五緯，今則在衝口，至曩已移日。[2]蓋略治朔望，無事檢候，是以晷漏昏明，並即《元和》，二分異景，尚不知革，日度微差，宜其謬矣。

[1]二十一度：各本並作“二十二度”，據《續漢書·律曆志》改。

[2]今則在衝口，至曩已移日：就字面含義而言，衝口即相衝的當口，但並不排除“口”字是“日”字之誤。如爲“衝日”，則爲五星與太陽相衝之日。二者皆通，以後者更爲通順。此句是説《景初曆》推五星法不精，這個周期推算與衝日相合，至下一個周期就已移動了日期，不相合了，故言其“實錯五緯”。五緯即五星。

法興議曰：“《書》云‘日短星昴，以正仲冬’。直以月推四仲，則中宿常在衞陽，羲、和所以正時，取其萬代不易也。沖之以爲唐代冬至，日在今宿之左五十許度，遂虚加度分，空撤天路。”沖之曰：《書》以四星昏中審分至者，據人君南面而言也。且南北之正，其詳易准，流見之勢，中天爲極。先儒注述，其義僉同，而法興以爲《書》説四星，皆在衞陽之位，自在巳地，進失向方，退非始見，迂迴經文，以就所執，違訓詭情，此則甚矣。捨午稱巳，午上非無星也。必據中宿，餘宿豈復不足以正時。若謂舉中語兼七列者，觜參尚隱，則不得言，昴星雖見，當云伏矣。奎婁已見，復不得言伏見□□不得以爲辭，則名將何附。若中宿之通非允，當實謹檢經旨，直云星昴，不自衞陽，衞陽無自顯之義，此談何因而立。苟理無所依，則可愚辭成説，曾泉、桑野，皆爲明證，分至之辨，竟在何日，循復再三，竊深嘆息。[1]

[1]“法興議曰”至“竊深歎息”：以上是祖沖之批駁戴法興

《堯典》四中星"皆在衛陽之位"的説法。按祖沖之的解釋，衛陽之位在巳，東南爲辰巳之位，那麼巳位爲南方偏東。按戴法興的解釋，四仲中星的方位不在南中，而在南偏東的巳位。巳位與午位已差了一辰，即方位已偏東三十度，若論歲差，即已差了三十度。戴法興不信歲差，故作此强辯。

    法興議曰："其置法所在，近違半次，則四十五年九月率移一度。"沖之曰：《元和》日度，法興所是，唯徵古曆在建星，以今考之，臣法冬至亦在此宿，斗二十一了無顯證，[1]而虛貶臣曆乖差半次，此愚情之所駭也。又年數之餘有十一月，而議云九月，涉數每乖，皆此類也。月盈則食，必在日衝，以檢日則宿度可辨，請據效以課疏密。按太史註記，元嘉十三年十二月十六日甲夜月蝕盡，[2]在鬼四度，以衝計之，日當在牛六。依法興議曰"在女七"。又十四年五月十五日丁夜月蝕盡，在斗二十六度，以衝計之，日當在井三十。依法興議曰："日在柳二。"又二十八年八月十五日丁夜月蝕，在奎十一度，以衝計之，日當在角二。依法興議曰："日在角十二。"又大明三年九月十五日乙夜月蝕盡，在胃宿之末，以衝計之，日當在氐十二。依法興議曰："日在心二。"凡此四蝕，皆與臣法符同，纖豪不爽，而法興所據，頓差十度，違衝移宿，顯然易覩。[3]故知天數漸差，則當式遵以爲典，事驗昭晢，豈得信古而疑今。

    [1]斗二十一了無顯證："二十一"各本並作"二十二"，據《續漢書·律曆志》改。

[2]元嘉十三年十二月十六日甲夜："甲"各本並作"中"，據
《漢舊儀》改。

[3]違衝移宿，顯然易覩：祖沖之據元嘉、大明年間四次月食
檢日對衝之所在，得到日冬至在斗十一度，而戴法興堅持冬至日在
斗二十一度。故祖沖之説祇須檢之衝日法，便顯然易覩。

法興議曰："在《詩》'七月流火'，此夏正建申之
時也。'定之方中'，又小雪之節也。若冬至審差，則豳
公火流，暑長一尺五寸，楚宮之作，晝漏五十三刻，此
詭之甚也。"沖之曰：臣按此議三條皆謬。《詩》稱流
火，蓋略舉西移之中，以爲驚寒之候。流之爲言，非始
動之辭也。就如始説，冬至日度在斗二十一，[1]則火星
之中，當在大暑之前，豈鄰建申之限。此專自攻糾，非
謂矯失。[2]《夏小正》："五月昏，大火中。"此復在衞
陽之地乎。又謂臣所立法，楚宮之作，在九月初。按
《詩》傳箋皆謂定之方中者，室辟昏中，形四方也。然
則中天之正，當在室之八度。臣曆推之，元年立冬後四
日，此度昏中，乃自十月之初，又非寒露之日也。議者
之意，蓋誤以周世爲堯時，度差五十，故致此謬。小雪
之節，自信之談，非有明文可據也。[3]

[1]二十一：各本並作"二十二"，據《續漢書・律曆志》改。

[2]專自攻糾，非謂矯失：專門進行攻擊，製造糾紛，而非矯
正新曆的失誤之處。

[3]"法興議曰"至"非有明文可據也"：祖沖之批戴法興所
言"七月流火"等三條皆謬。立秋七月節，處暑七月中，白露八月
節，秋分八月中，寒露九月節，霜降九月中，立冬十月節，小雪十

月中，大雪十一月節，冬至十一月中。據沖之所測，定之方中，非九月初之寒露，而是立冬後四日，即十月初之立冬。而戴法則所言之十月中小雪，並無明文記載。

　　法興議曰：“仲尼曰：‘丘聞之，火伏而後蟄者畢。今火猶西流，司曆過也。’就如沖之所誤，則星無定次，卦有差方，名號之正，古今必殊，典誥之音，時不通軌。堯之開、閉，今成建、除，今之壽星，乃周之鶉尾也。即時東壁，已非玄武，軫星頓屬蒼龍，誣天背經，乃至於此。”沖之曰：臣以爲辰極居中，而列曜貞觀，群像殊體，而陰陽區別，故羽介咸陳，則水火有位；蒼素齊設，則東西可準，[1]非以日之所在，定其名號也。何以明之？夫陽爻初九，氣始正北，玄武七列，虛當子位。若圓儀辨方，以日爲主，冬至所舍，當在玄枵；而今之南極，乃處東維，違體失中，其義何附。若南北以冬夏稟稱，則卯酉以生殺定號，豈得春躔義方，秋麗仁域，名舛理乖，若此之反哉！因茲以言，固知天以列宿分方，而不在於四時，景緯環序，日不獨守故轍矣。至於中星見伏，記籍每以審時者，蓋以曆數難詳，而天驗易顯，各據一代所合，以爲簡易之政也。亦猶夏禮未通商典，《濩》容豈襲《韶》節，誠天人之道同差，則蓺之興，因代而推移矣。月位稱建，諒以氣之所本，名隨實著，非謂斗杓所指，[2]近校漢時，已差半次，審斗節時，其效安在。或義非經訓，依以成説，將緯候多詭，僞辭間設乎？次隨方名，義合宿體，分至雖遷，而厥位不改，豈謂龍火貿處，金水亂列，名號乖殊之譏，抑未

詳究。至如壁非玄武，軫屬蒼龍，瞻度察曙，實效咸
然。《元嘉曆法》，壽星之初，亦在翼限，參校晉注，顯
驗甚衆。天數差移，百有餘載，議者誠能馳辭騁辯，令
南極非冬至，望不在衝，則此談乃可守耳。若使日遷次
留，則無事屢嫌，乃臣曆之良證，非難者所宜列也。尋
臣所執，必據經史，遠考唐典，近徵漢籍，讖記碎言，
不敢依述，竊謂循經之論也。月蝕檢日度，事驗昭著，
史注詳論，文存禁閣，斯又稽天之說也。《堯典》四星，
並在衛陽，今之日度，遠準元和，誣背之誚，實此
之謂。

[1]羽介：羽蟲和介蟲。羽蟲即朱雀，介蟲即玄武。　水火：
五行中的水行和火行。水與玄武相對，火與朱雀相對。　蒼：蒼
龍，在東方。　素：白虎，在西方。

[2]月位稱建，諒以氣之所本，名隨實著，非謂斗杓所指：月
位在子稱建子，在丑稱建丑。氣，指節氣。即月建本之於節氣。非
斗杓所指，在先秦不知歲差時，爲了定季節，曾創立斗柄指向定十
二月建的方法。但隨著歲差的改變，這十二月建至南北朝時已出現
較大誤差。

法興議曰：“夫日有緩急，故斗有闊狹，古人制章，
立爲中格，年積十九，常有七閏，曙或盈虛，此不可
革。沖之削閏壞章，倍減餘數，則一百三十九年二月，
於四分之科，頓少一日；七千四百二十九年，輒失一
閏。夫日少則先時，閏失則事悖。竊聞時以作事，事以
厚生，此乃生民之所本，曆數之所先。愚恐非沖之淺

慮，妄可穿鑿。”沖之曰：按《後漢書》及《乾象》
説，《四分曆法》，雖分章設篰創自元和，而晷儀衆數定
於熹平三年。[1]《四分志》，立冬中影長一丈，立春中影
九尺六寸。尋冬至南極，日晷最長，二氣去至，日數既
同，則中影應等，而前長後短，頓差四寸，此曆景冬至
後天之驗也。二氣中影，日差九分半弱，進退均調，略
無盈縮，以率計之，二氣各退二日十二刻，則晷影之
數，立冬更短，立春更長，並差二寸，二氣中影俱長九
尺八寸矣。即立冬、立春之正日也。以此推之，曆置冬
至，後天亦二日十二刻也。熹平三年，[2]時曆丁丑冬至，
加時正在日中。以二日十二刻減之，天定以乙亥冬至，
加時在夜半後三十八刻。又臣測景歷紀，躬辨分寸，銅
表堅剛，暴潤不動；光晷明潔，纖毫懵然。[3]據大明五
年十月十日，影一丈七寸七分半，十一月二十五日，一
丈八寸一分太，二十六日，一丈七寸五分强，折取其
中，則中天冬至，應在十一月三日。求其蚤晚，令後二
日影相減，則一日差率也。倍之爲法，前二日減，以百
刻乘之爲實，以法除實得冬至加時在夜半後三十一刻，
在《元嘉曆》後一日，天數之正也。[4]量檢竟年，則數
減均同，異歲相課，則遠近應率。臣因此驗，考正章
法。今以臣曆推之，刻如前，竊謂至密，永爲定式。尋
古曆法並同《四分》，《四分》之數久則後天，經三百
年，朔差一日。[5]是以漢載四百，食率在晦。魏代已來，
遂革斯法，世莫之非者，誠有效於天也。章歲十九，其
疏尤甚，同出前術，非見經典。而議云此法自古，數不

可移。若古法雖疏，永當循用，謬論誠立，則法興復欲施《四分》於當今矣，理容然乎？臣所未譬也。若謂今所革創，違舜失衷者，未聞顯據有以矯奪臣法也。《元嘉曆》術，減閏餘二，直以襲舊分粗，故進退未合。至於棄盈求正，非爲乖理。就如議意，率不可易，則分無增損，承天置法，復爲違謬。節氣蚤晚，當循《景初》，二至差三日，曾不覺其非，橫謂臣曆爲失，知日少之先時，未悟增月之甚惑也。誠未覿天驗，豈測曆數之要，生民之本，諒非率意所斷矣。又法興始云窮識晷變，可以刊舊革今，[6]復謂晷數盈虛，不可爲准，互自違伐，罔識所依。若推步不得准，天功絶於心目，未詳歷紀何因而立。案《春秋》以來千有餘載，以食檢朔，曾無差失，此則日行有恒之明徵也。且臣考影彌年，窮察毫微，課驗以前，合若符契，孟子以爲千歲之日至，可坐而知，斯言實矣。日有緩急，未見其證，浮辭虛貶，竊非所懼。

[1]熹平三年："熹平"各本並作"嘉平"，今改正。

[2]熹平三年："熹平"各本並作"嘉平"，今改正。

[3]銅表堅剛，暴潤不動；光晷明潔，纖毫憺然：銅表質地堅硬，無論在暴烈的氣候或潤澤的氣候下，其晷影都是明潔的，纖毫的長度都能分辨得清清楚楚。

[4]"據大明五年十月十日"至"天數之正也"：從與戴法興的辯論中，可以看出祖沖之發明了一種新的冬至時刻的測定計算方法，他測定宋孝武帝大明五年（461）十一月冬至時刻的方法引述如下表：

本志原文	今　　譯
十月十日，影一丈七寸七分半	十月十日影長 10.7750 尺
十一月二十五日，一丈八寸一分太	十一月二十五日影長 10.8175 尺
（十一月）二十六日，一丈七寸五分强	十一月二十六日影長 10.7508 尺
折取其中，則中天冬至，應在十一月三日	冬至應在十月十日和十一月二十五日之間正中的十一月三日
求其蚤晚	求冬至時刻在十一月三日早晚什麼時候
令後二日影相減，則一日差率也	一日差率 = 10.8175 – 10.7508 = 0.0667
倍之爲法	法 = 0.0667 × 2 = 0.1334
前二日減，以百刻乘之爲實	實 = （10.8175 – 10.7750）× 100 刻 = 4.25 刻
以法除實得冬至加時在夜半後三十一刻	冬至時刻 = 實 ÷ 法 4.25 ÷ 0.1334 = 31.86 刻

由此即得大明五年冬至時刻在十一月三日夜半後三十一刻（計算中的 0.86 刻捨去不計）。祖冲之的方法中使用了兩條假設：冬至前後影長變化是對稱的，即在冬至前後距冬至時間相同的兩個時刻的影長是相等的，冬至前後影長相等的兩個時刻的中點即爲冬至時刻；在一日之內，影長的變化是均匀的，由此可導出祖冲之算法的數學原理。如圖二（見卷末祖冲之測算冬至時刻方法示意圖）所示，設 A 爲十月十日正午，影長爲 a，B 爲十一月二十五日正午，影長爲 b，C 爲十一月二十六日正午，影長爲 c。已知 b > a > c，則必可在 B、C 之間找到一個假想影長等於 a 的 F 點。由於一晝夜的影長變化爲 b – c 尺，則每刻的影長變化爲 $\frac{b-c}{100}$ 尺，於是 BF = （b – a）÷ $\frac{(b-c)}{100}$ 刻 = $\frac{(b-a)}{(b-c)}$ × 100 刻。又設 D 爲 A 和 B 之間的中點，即 AD

= BD。已知 AB 相距四十五日，則 D 點正爲十一月三日夜半。再設 AF 的中點爲 E，AE = EF，則 A 和 F 點的影長均等於 a，那麽，E 即爲冬至時刻。由此可得 $DE = \frac{1}{2}BF = \frac{(b-a) \times 100}{(b-c) \times 2}$ 刻，此分數式中的分母，就是祖沖之所説的法，分子便是實。研究表明，祖沖之測得大明五年冬至時刻的誤差爲二十刻，又較何承天的誤差縮小了很多，這正是祖沖之創立冬至時刻測算新法應用的直接成果。

[5]經三百年，朔差一日：《四分曆》一朔望月爲 29.53085 月，《大明曆》一朔望月爲 29.53059 日，每朔望月差 0.00026 日，則 1：X = 12×0.00026：1，X = 0.0312 年。故言"經三百年，朔差一日"。

[6]可以刊舊革今：各本脱"革"字，據戴法興議補。

法興議曰："沖之既云冬至歲差，又謂虚爲北中，[1] 捨形責影，未足爲迷。何者？凡在天非日不明，居地以斗而辨。借令冬至在虚，則黄道彌遠，東北當爲黄鍾之宮，室壁應屬玄枵之位，虚宿豈得復爲北中乎？曲使分至屢遷，而星次不改，招摇易繩，而律吕仍往，則七政不以璣衡致齊，建時亦非攝提所紀，不知五行何居，六屬安託。"沖之曰："此條所嫌，前牒已詳。次改方移，虚非中位，繁辭廣證，自搆紛惑，皆議者所謬誤，非臣法之違設也。七政至齊，實謂天儀，[2] 鄭、王唱述，厥訓明允，雖有異説，蓋非實義。

[1]北：指北陸，北方七宿。 中：中星，即冬至日所在。

[2]七政至齊，實謂天儀：上元時七政齊同，正是天體運動的規則所致。儀，規則。

法興議曰："夫置元設紀，各有所尚，或據文於圖讖，或取效於當時。沖之云'群氏糾紛，莫審其會'。昔《黃帝》辛卯，日月不過，《顓頊》乙卯，四時不忒，《景初》壬辰，晦無差光，《元嘉》庚辰，朔無錯景，豈非承天者乎。沖之苟存甲子，可謂爲合以求天也。"沖之曰：夫曆存效密，不容殊尚，合讖乖説，訓義非所取，雖驗當時，不能通遠，又臣所未安也。元值始名，體明理正。[1]未詳辛卯之説何依，古術詭謬，事在前牒，溺名喪實，殆非索隱之謂也。若以曆合一時，理無久用，元在所會，非有定歲者，今以效明之。夏、殷以前，載籍淪逸，《春秋》漢史，咸書日蝕，正朔詳審，顯然可徵。以臣歷檢之，數皆協同，誠無虛設，循密而至，千載無殊，則雖遠可知矣。備閱曩法，疏越實多，或朔差三日，氣移七晨，未聞可以下通於今者也。元在乙丑，前説以爲非正，今值甲子，議者復疑其苟合，無名之歲，自昔無之，則推先者，將何從乎？歷紀之作，幾於息矣。夫爲合必有不合，願聞顯據，以覈理實。

[1]元值始名，體明理正：上元始逢甲子之名，是事明理正的。

法興曰："夫交會之元，則蝕既可求，遲疾之際，非凡夫所測。昔賈逵略見其差，劉洪粗著其術，至於疏密之數，莫究其極。且五緯所居，有時盈縮，即如歲星在軫，見超七辰，術家既追算以會今，則往之與來，斷可知矣。《景初》所以紀首置差，《元嘉》兼又各設後元者，其並省功於實用，不虛推以爲煩也。沖之既違天於改易，又設法以遂情，愚謂此治曆之大過也。”沖之曰：遲疾之率，非出神怪，有形可檢，有數可推，劉、賈能述，則可累功以求密矣。議又云“五緯所居，有時盈縮”。“歲星在軫，見超七辰”。謂應年移一辰也。案歲星之運，年恒過次，行天七帀，輒超一位。[1]代以求之，曆凡十法，並合一時，此數咸同，史注所記，天驗又符。此則盈次之行，自其定准，非爲衍度濫徙，頓過其衝也。若審由盈縮，豈得常疾無遲。夫甄耀測象者，必料分析度，考往驗來，准以實見，據以經史。曲辯碎説，類多浮詭，甘、石之書，互爲矛楯。今以一句之經，誣一字之謬，堅執偏論，以罔正理，此愚情之所未厭也。自近始，衆法可同，但《景初》之二差，承天之後元，[2]實以奇偶不協，故數無盡同，爲遺前設後，以從省易。夫建言倡論，豈尚矯異，蓋令實以文顯，言勢可極也。稽元曩歲，群數咸始，斯誠術體，理不可容譏；而譏者以爲過，謬之大者。然則《元嘉》置元，雖七率舛陳，而猶紀協甲子，氣朔俱終，此又過謬之小者也。必當虛立上元，假稱曆始，歲違名初，日避辰首，閏餘朔分，月緯七率，並不得有盡，乃爲允衷之製乎？設法情實，謂意之所安；改易違天，未覩理之譏者也。

[1]行天七帀，輒超一位：此言歲星超辰之法也。歲星繞行七個周天，則超過一辰。即爲八十四年超一辰也。比劉歆一百四十四年超一辰密。

[2]承天之後元：各本脱“後”字，據上文補。

　　法興曰："日有八行，合成一道，月有一道，離爲九行，左交右疾，倍半相違，其一終之理，日數宜同。[1]沖之通周與會周相覺九千四十，[2]其陰陽七十九周有奇，遲疾不及一市，此則當縮反盈，應損更益。"沖之曰：此議雖游漫無據，然言迹可檢。按以日八行譬月九道，此爲月行之軌，當循一轍，環市於天，理無差動也。然則交會之際，當有定所，豈容或斗或牛，同麗一度。去極應等，安得南北無常。若日月非例，則八行之說是衍文邪？左交右疾，語甚未分，爲交與疾對？爲舍交即疾？若舍交即疾，即交在平率入曆七日及二十一日是也。值交蝕既當在盈縮之極，豈得損益，或多或少。若交與疾對，則在交之衝，當爲遲疾之始，豈得入曆或深或淺，倍半相違，新故所同，復摽此句，欲以何明。臣覽曆書，古今略備，至如此說，所未前聞，遠乖舊準，近背天數，求之愚情，竊所深惑。尋遲疾陰陽不相生，故交會加時，進退無常，昔術著之久矣，前儒言之詳矣。而法興云日數同。竊謂議者未曉此意，乖謬自著，無假驟辯。[3]既云盈縮失衷，復不備記其數，或自嫌所執，故汎略其說乎？又以全爲率，當互因其分，法興所列二數皆誤，或以八十爲七十九，當縮反盈，應損更益，此條之謂矣。總檢其議，豈但臣曆不密，又謂何承天法乖謬彌甚。若臣曆宜棄，則承天術益不可用。法興所見既審，則應革創。至非景極，望非日衝，凡諸新說，必有妙辯乎？

[1]左交右疾，倍半相違，其一終之理，日數宜同：以上戴法興所言，認定遲疾曆與陰陽曆的周期應該相同，並想以此否定祖沖之新曆。

[2]沖之通周與會周相覺九千四十："通周""會周"，二"周"字各本並作"同"，據《大明曆》文改。

[3]"遲疾陰陽不相生"至"無假驟辯"：實際上，遲疾曆與陰陽曆是不相生的，即二者是無關的，互不相干的。戴法興不懂得遲疾曆與交會曆有不同的含義，將二者混爲一談，竟說二法日數相同，那麼交點月之交點與遲疾月之遲點到底相會在何處，議者是說不清楚的，所以議者"乖謬自著，無假驟辯"。

時法興爲世祖所寵，天下畏其權，既立異議，論者皆附之。唯中書舍人巢尚之是沖之之術，執據宜用。上愛奇慕古，欲用沖之新法，時大明八年也。故須明年改元，因此改曆。未及施用，而宮車晏駕也。[1]

[1]"時法興爲世祖所寵"至"而宮東晏駕也"：阮元《疇人傳》評論說："沖之減去閏分，增立歲差，毅然不顧世俗之驚，著爲成法，非頻年測候深有得於心者不能也。法興依寵藉勢，泥古強辯，抑其術使不行，豈不惜哉。"

所求年天正朔日

A　　B　　C　　…　　T　　F R　D

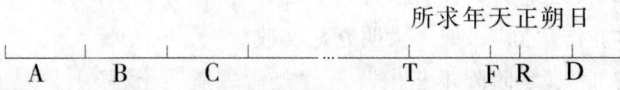

推求星合日示意圖

圖一　推求星合日示意圖

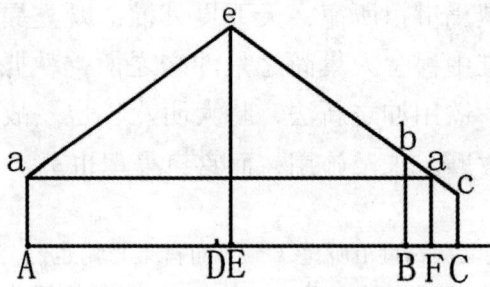

圖二　祖沖之測算冬至時刻方法示意圖